utb 6238

Eine Arbeitsgemeinschaft der Verlage

Brill | Schöningh – Fink · Paderborn
Brill | Vandenhoeck & Ruprecht · Göttingen – Böhlau · Wien · Köln
Verlag Barbara Budrich · Opladen · Toronto
facultas · Wien
Haupt Verlag · Bern
Verlag Julius Klinkhardt · Bad Heilbrunn
Mohr Siebeck · Tübingen
Narr Francke Attempto Verlag – expert verlag · Tübingen
Psychiatrie Verlag · Köln
Ernst Reinhardt Verlag · München
transcript Verlag · Bielefeld
Verlag Eugen Ulmer · Stuttgart
UVK Verlag · München
Waxmann · Münster · New York
wbv Publikation · Bielefeld
Wochenschau Verlag · Frankfurt am Main

Heiko Schrader ist Soziologe an der Fakultät für Humanwissenschaften der Otto-von-Guericke-Universität Magdeburg. Von 1997 bis 1999 war er Professor für Wirtschaftsanthropologie an der Staatlichen Universität St. Petersburg. Er habilitierte und promovierte an der Universität Bielefeld.

Heiko Schrader

Sozialer Wandel

transcript Verlag, Bielefeld

Ein digitaler Foliensatz zum Buch steht kostenlos zur Verfügung unter: https://www.utb.de/doi/book/10.36198/9783838562384

Bibliografische Information der Deutschen Nationalbibliothek
Die Deutsche Nationalbibliothek verzeichnet diese Publikation in der Deutschen Nationalbibliografie; detaillierte bibliografische Daten sind im Internet über https://dnb.dnb.de abrufbar.

utb-Bandnr. 6238
Print-ISBN 978-3-8252-6238-9
PDF-ISBN 978-3-8385-6238-4

Einbandgestaltung: siegel konzeption | gestaltung
Korrektorat: Lio Dohmen, Laura Mathews
Satz: Michael Rauscher
Druck: Elanders Waiblingen GmbH, Waiblingen

Gedruckt auf alterungsbeständigem Papier mit chlorfrei gebleichtem Zellstoff.

Inhalt

Vorwort

Dieses Buch geht aus meiner Vorlesung »Sozialer Wandel, Modernisierung und Transformation: die sozialwissenschaftliche Weltperspektive« hervor, die ich jährlich von 1999–2023 an der Otto von Guericke-Universität Magdeburg für Studierende der Sozial-, Geistes- und Wirtschaftswissenschaften gehalten habe. Dabei wurde fortlaufend die zugrunde gelegte Literatur erweitert und andere Teile gekürzt, um neuere Diskussionen zur Thematik in der Soziologie einfließen zu lassen und dennoch den Rahmen einer 14-teiligen Veranstaltung nicht zu sprengen. Für diese Buchausgabe wurde der Umfang allerdings etwas erweitert. Im Ergebnis liegt damit ein überschaubares Buch vor, das sich an Studierende wie auch fachinteressierte Kollegen[1] richtet.

Das Buch beschäftigt sich insbesondere mit der Theorieentwicklung zum sozialen Wandel, in den Theorien der Modernisierung einfließen – einem Kernstrang soziologischer Theoriebildung, der im Zeitverlauf in seiner Sichtbarkeit mal mehr in den Vordergrund, mal mehr in den Hintergrund gerückt ist. Soziologische Zeitdiagnosen der Gegenwart wenden sich dem sozialen Wandel nach einem Hoch um die Jahrtausendwende und einer anschließenden Abnahme des Interesses nun wieder stärker zu.

Das Besondere dieses Buches ist die Perspektive, die sich aus meinem eigenen soziologischen Werdegang ergeben hat. Als Soziologe und Volkswirt habe ich mich immer intensiv mit Ländern des globalen Südens und sozioökonomischen Themen befasst und mich als in Bielefeld ausgebildeter Soziologe früh auf die »Entwicklungssoziologie« spezialisiert, später dann mit meiner Lehrtätigkeit in Russland auch auf die Transformationssoziologie. Die »Entwicklungssoziologie« findet sich in der Deutschen Gesellschaft für Soziologie als spezielle

Soziologie in der Arbeitsgruppe »Entwicklungssoziologie und Sozialanthropologie«, deren Sprecher ich für einige Jahre war. Nach dem Verständnis dieser Sektion ist Entwicklungssoziologie nicht alleine eine Soziologie für sog. Entwicklungsländer, sondern befasst sich mit Entwicklungsprozessen. Theoretisch muss sich daher die Entwicklungssoziologie zuerst einmal mit den Theorien der Modernisierung und des sozialen Wandels aus der allgemeinen Soziologie auseinandersetzen, bevor sie nun ihre spezifische entwicklungssoziologische Sichtweise einnimmt. Dabei geht es nicht nur um eine kritische Diskussion der modernisierungstheoretischen Ansätze der allgemeinen Soziologie, sondern in jüngster Zeit insbesondere auch um eine verstehende Soziologie aus der Perspektive des globalen Südens – sozusagen als Reaktion und Antwort auf die europäisch-westliche Hegemonie im Rahmen des Kolonialismus, aber auch hinsichtlich einer eurozentrischen Perspektive auf die Welt (Schrader 2010; Kolland 2005; Dannecker 2013; Bierschenk 2023; Hauck 1996). Diese Sichtweise habe ich auch in die Transformationssoziologie integriert.

Bis in die 1960er Jahre hinein wurde die Soziologie des sozialen Wandels und der Modernisierung durch westliche Denker dominiert; erst dann entstand eine kritische Soziologie im globalen Süden, die deren Denkweise hinterfragte und im Zuge der Dekolonisierung alternative Interpretationsmuster lieferte. Unter diesen ersten Autoren finden wir Edward Said und Franz Fanon sowie etwas später die Dependenztheoretiker aus Lateinamerika und Nordafrika. Dieser kritische Ansatz findet sich heute in diversen Strömungen wie Postkoloniale Studien, Post-Development, Poststrukturalismus usw. Als lehrender und forschender Wissenschaftler, insbesondere in Südasien, Russland und Zentralasien, bin ich immer wieder in Diskussionen mit Studierenden und anderen Lehrenden mit der Brisanz dieser emotional hoch aufgeladenen Thematik konfrontiert worden. Dabei geht es nicht nur um eine Abrechnung mit dem Kolonialismus und dessen Fortsetzung in einer hegemonialen internationalen Arbeitsteilung, sondern in jüngerer Zeit insbesondere auch um die Suche nach Identität und Modernisierung – nicht auf Grundlage der westlichen, sondern der eigenen Kultur.

Entsprechend ist das Buch so aufgebaut, dass die Geschichte der Soziologie im Hinblick auf ihre eurozentrische Sichtweise im Rahmen von Sozialevolutionismus, den Klassikern der Soziologie zur Modernisierung und insbesondere auch deren Perspektive auf Europa und außereuropäische Gesellschaften und der eigentlichen Modernisierungstheorie unter Berücksichtigung der sog. Entwicklungsländer zurückverfolgt wird, bevor mit Dependenz- und Weltsystemtheorie die Modelle unilinearer Entwicklung entzaubert wurden. Vor dem Hintergrund des Theorems der Pfadabhängigkeit von Entwicklung werden dann drei Typen von Gesellschaften unterschieden: die alten privatkapitalistischen Industriegesellschaften, die (post)kolonialen Gesellschaften und die (post)sozialistischen Gesellschaften (Reinhard Kößler & Schiel 1996) und deren spezifische Entwicklungen im Hinblick auf deren Modernisierung aufgezeigt. Mit der Theorie der reflexiven Modernisierung und Zweiten Moderne nimmt Beck dann auch eine über Europa hinaus reichende Perspektive ein. Die Kapitalismuskritik nimmt im Zuge der globalen Erwärmung und dem Ende der Wachstumsgesellschaft wieder an Fahrt auf. Eisenstadts Multiple Moderne bildet dann für mich ein geeignetes theoretisches Instrumentarium, um vor dem Hintergrund von Kultur und Religion die Weber'sche Säkularisierungsthese als festen Bestandteil von Modernisierung zu hinterfragen. Abgeschlossen wird das Buch dann mit poststrukturalistischen und Post-Development Ansätzen zur Modernisierung.

Die Thematik impliziert einen Rückblick auf soziologische Literatur von den Anfängen der Soziologie bis zur Gegenwart. Dabei ist die Auswahl der Autoren und die Schwerpunktsetzung subjektiv und unvollständig, und andere Soziologen würden sicherlich eine andere Zusammenstellung wählen. Ich hoffe aber, dass meine Auswahl für die Leser dieses Buches sowie meine Intention der Zusammenstellung nachvollziehbar ist.

Im Sommer 2023,
Heiko Schrader

Einführende Bemerkungen

In diesem Buch, dem meine Vorlesung »Sozialer Wandel, Modernisierung und Transformation: Die sozialwissenschaftliche Weltperspektive« zugrunde liegt, geht es darum, das große Bild der Gesellschaftstheorie der Moderne zu bearbeiten. Das Interesse an der Moderne bzw. Postmoderne hat mit der Jahrtausendwende zunehmend abgenommen. In den 1980er und 90er Jahren gab es in den Sozialwissenschaften dagegen eine starke Auseinandersetzung mit der Thematik etwa durch Ulrich Beck, Anthony Giddens, Zygmunt Bauman, David Harvey, Scott Lash oder Manuel Castells. Zeitgenössische Soziologen wie Andreas Reckwitz und Hartmut Rosa (Reckwitz & Rosa 2021) sehen aber die Tendenz zur Rückkehr zur »Großen Gesellschaftstheorie« seit der Jahrtausendwende.

Moderne

So kann mit Reckwitz und Rosa festgestellt werden, dass Moderne einen langen Zeitraum umfasst, der aus drei aufeinanderfolgenden Versionen von Moderne besteht: der bürgerlichen Moderne als frühe Version (in der zweiten Hälfte des 18. Jahrhunderts), die sich gegen die Ständegesellschaft und Aristokratie durchsetzte, der industriellen oder auch organisierten Moderne (zweite Hälfte des 19. Jahrhunderts bis in die Mitte des 20. Jahrhunderts, zumindest in Europa, Nordamerika und der Sowjetunion), und schließlich der jüngsten Version, die als Spätmoderne, zweite Moderne, teilweise auch Postmoderne bezeichnet wird.

Großtheorien

Ein Kernproblem von Großtheorien war und ist immer deren Anspruch auf Reichweite. Gilt sie für jede Gesellschaft, oder müssen wir seit der Hinterfragung des Gesellschaftsbegriffes als zentrale Bezugseinheit im späten 20. Jahrhundert sogar besser von einer Weltgesellschaft sprechen? Oder gab es nicht doch viele gute Gründe, gerade wegen ihres unklaren Anspruchs auf Reichweite die Großtheorien aufzugeben und sich eher Theorien mittlerer Reichweite zuzuwenden, z. B. mit regional begrenzter Aussagekraft?

Zeitdiagnose

Ist es ein Problem der soziologischen Zeitdiagnose (wie auch der älteren soziologischen Theorie), dass sie nach wie vor ethnozentrisch denkt und trotzdem verallgemeinert? Anders ausgedrückt, dass sie europäische und US-amerikanische Entwicklungen beschreibt und sie dann als allgemeingültig annimmt? Diese Frage stellt sich besonders, wenn wir uns dem hier fokussierten Thema des sozialen Wandels zuwenden. Wir müssen daher mit der allgemeinen Soziologie und ihrer Sichtweise beginnen, bevor wir die Frage der Reichweite aufgreifen und untersuchen, ob, wie und warum in der Zeitdiagnose außereuropäischer Soziologien die Theorien aus der allgemeinen Soziologie des Westens hinterfragt werden, ja, sogar, ob es Alternativen zur Betrachtung gibt.

Im Zentrum der Analyse steht der Begriff des Sozialen Wandels, der in der Soziologie als Wissenschaft der westlichen modernen Gesellschaft eine zentrale Funktion hat, um die eigene gesellschaftliche Entwicklung von der Vormoderne zur Moderne und weiter zu beschreiben. Darüber hinaus geht es dann um die Frage, wie neben der eigenen Nabelschau die Perspektive auf andere und anderer Gesellschaften im Gesellschaftsvergleich in die sozialwissenschaftliche Perspektive einfließt.

Entwicklungsbegriff

Fangen wir mit einigen Begriffsklärungen an, bevor wir in die soziologische Theorie einsteigen. Dazu betrachten wir zuerst einmal den Entwicklungsbegriff. Hierzu fallen zahlreiche Disziplinen auf, die sich mit diesem Begriff auseinandersetzen: die Biologie, die Psychologie, die Pädagogik, die Wirtschaftswissenschaften, und eben die Soziologie. Für das Thema des sozialen Wandels möchte ich mit folgender Arbeitsdefinition anfangen:

Definition

Entwicklung ist der Fortschritt bzgl. des Lebensstandards und wirtschaftlicher Aktivitäten in einer Nation oder lokalen Gemeinschaften, der oft auf Erfindung, Konstruktion, einer intensiveren Landnutzung und höherer Produktivität basiert.

Diese Definition macht das gute Leben am Fortschritt und an der Produktivität fest. Ähnliche Definitionen gesellschaftlicher Entwicklung stellen, wie wir noch sehen werden, hier oftmals eine Analogie zum biologisch/kognitiven Begriff der Entwicklung dar: von der »Wiege der Menschheit« über die »Kindheit« bis zur »Reife«.

Sozialer Wandel

Kommen wir nun zum Begriff des sozialen Wandels: Ältere soziologische Lehrbücher aus den 1960er Jahren kommen nicht ohne den Begriff des sozialen Wandels aus und tragen ihn oftmals im Titel. Neuere Lehrbücher substituieren den Begriff oftmals durch verschiedene andere Begriffe wie Entwicklung, Modernisierung, Differenzierung oder Transformation, was schon darauf hinweist, dass gesellschaftlicher Wandel nicht eindimensional ist und ein Bündel von Faktoren betrifft, die mit verschiedenen theoretischen Zugängen diskutiert werden können. Grundlage der Überlegungen zu sozialem Wandel in den älteren Theorien war die Thematik des Entstehens und der Folgen der Industriegesellschaft, mit dem Bezugspunkt der nationalen Gesellschaft als Entität. Neuere Theorien verlagern dagegen den Schwerpunkt der Betrachtungen auf den Übergang von der industriellen zur postindustriellen, informationellen Gesellschaft bzw. sogar auf die Entstehung einer Weltgesellschaft, und mit den neuen Schwerpunktsetzungen verschwand der Begriff des sozialen Wandels für die Veränderung des »Sozialen Ganzen« zunehmend.

Definition

Als **Sozialer Wandel** (*auch*: **Gesellschaftlicher Wandel**) werden die Veränderungen bezeichnet, die innerhalb einer Gesellschaft über einen längeren Zeitraum vor sich gehen. Er bezieht sich auf die Veränderungen der Sozialstruktur, der Bevölkerungsstruktur, des Zusammenlebens (Familienstruktur), der Normen und Werte, der Kommunikationsformen, Rollen, Denkweisen, Institutionen und Organisationen, der Technologien usw. Ziel der Betrachtung des sozialen Wandels sind nicht so sehr die hier angesprochenen Einzelfaktoren, sondern die Gesamtveränderungen der abstrakten Struktur von Gesellschaft, die gerade solch hoch aggregierte Begrifflichkeiten wie Industriegesellschaft oder postindustrielle Gesellschaft rechtfertigen (vgl. Goetze 1997: 380 ff.).

Sozialer Wandel kann dabei harmonisch vonstattengehen. Die Sichtweise des harmonischen Konsenses von Gesellschaft, die immer wieder zum Gleichgewicht führt, geht auf Auguste Comte zurück, der die Herrschaft des aufklärerischen Diskurses, Vernunft und Moral als ausreichend für den gesellschaftlichen Zusammenhang sah, und findet sich immer wieder in der Soziologie. Gegenüber dieser Sichtweise können die meisten Strömungen der Soziologie als ›Krisenwissenschaft‹ bezeichnet werden, die nach ausgleichenden gesellschaftlichen Steuerungsmechanismen suchen, da Gesellschaft sich eben nicht selbst reguliert. Ein typisches Beispiel hierzu bildet Thomas Hobbes mit seinem Werk »Leviathan«, der, gegründet auf einem utilitaristischen Menschenbild, den starken Staat als notwendiges Steuerungsinstrument gegen das Chaos propagiert. Ein zweites Hauptthema der Soziologie bezieht sich auf die Ungleichheit von Akteuren oder Gruppen (Schichten, Klassen).

Ungleichheit

Als Kennzeichen für Ungleichheit gibt es in modernen Gesellschaften zahlreiche Determinanten, die alleine oder in Kombination zueinander vorkommen können. So determiniert in der modernen westlichen Gesellschaft zwar Herkunft (Geburt) über die Einordnung in den Stand nicht mehr eindeutig das weitere Leben, aber dennoch gibt es oftmals Dependenzen zwischen Herkunft (Elternhaus) und Bildung, Bildung und Beruf etc., und hinzu kommen zahlreiche weitere Determinanten wie Einkommen, Geschlecht, Alter, ethnische Zugehörigkeit oder regionale Unterschiede, die eng an das Phänomen ›Ungleichheit‹ geknüpft sind. Dies ist die Thematik der Sozialstrukturanalyse. Wenn wir z. B. über Armut in Deutschland sprechen, treten oftmals bestimmte sozialstrukturelle Faktoren zutage: arm sind bevorzugt Alte, alleinerziehende Mütter, ethnische Minderheiten etc. In der kontinentaleuropäischen Gesellschaft, die eng an die »soziale Marktwirtschaft« geknüpft ist, zielt Sozialpolitik darauf hin, die »Marktgeschädigten« über Ausgleichsmechanismen (Transferzahlungen, Umschulungen usw.) wieder in die Gesellschaft zu integrieren. Ungleichheit ist aber einer der Faktoren, die konfligierende Kräfte in der Gesellschaft zutage treten lassen können (Aufstände, Plünderungen) oder solche Brandherde zumindest unter der Oberfläche latent schwelen lassen.

Neben dem Phänomen der Ungleichheit von Schichten oder Klassen steht ein anderes, semantisch ähnliches, aber von der Perspektive unterschiedliches gesellschaftliches Phänomen im Vordergrund, das sich thematisch als roter Faden durch die Soziologie zieht: die zunehmende Ungleichartigkeit von Teilen der modernen Gesellschaft. Diese Herangehensweise wird als differenzierungstheoretische Perspektive bezeichnet. Sie stellte anfangs insbesondere die berufliche (und später geschlechtliche) Arbeitsteilung über die Ausdifferenzierung neuer beruflicher, aber auch sozialer Rollen in den Vordergrund ihrer Betrachtungen und entwickelte sich weiter in die Ausdifferenzierung von Teilsystemen der Gesellschaft, wobei wir hier von der Systemtheorie sprechen.

Eine weitere Sichtweise bzgl. Ungleichheit geht in der allgemeinen Soziologie, die sich auf Deutschland, Europa oder die Vereinigten Staaten bezieht, leider allzu oft verloren. Sie bezieht sich auf soziale Ungleichheit im internationalen Kontext: Ungleiche Verteilung von Wohlstand (Armut und Reichtum), ungleiche Chancen über Geburtsregion und Nationalität (Lebenserwartung, Nahrung, Ausbildung, politische Partizipation, Mobilitätschancen usw.) und heutzutage auch ungleiche Folgen der globalen Erwärmung. Die Unterschlagung dieser Perspektive in der allgemeinen Soziologie ist darauf gegründet, dass diese Disziplin sich als ›bürgerliche Wissenschaft‹ aus eben der bürgerlichen Gesellschaft Westeuropas und den USA und den dort auftretenden Problemen entwickelte. Allgemeine Soziologie hat damit ein eindeutig westliches, industriegesellschaftliches Bias, das mit einem Überlegenheitsanspruch verknüpft wurde. Und entsprechend dieses Bias wurde die europäische und nordamerikanische nationalstaatlich organisierte Industriegesellschaft zum Maßstab für die Entwicklung von Gesellschaft schlechthin. Unter den Klassikern der Soziologie, die bis zu Parsons ausschließlich in Europa beheimatet waren, finden sich daher auch wenige, die sich überhaupt mit außereuropäischen Kulturen auseinandersetzen, und wenn dies geschieht, dann üblicherweise auf der Ebene der Kontrastierung moderner westlicher und traditioneller Gesellschaften. Hierbei werden dann viele außereuropäische Länder auf die Stufe von vormodernen westlichen Gesellschaften gestellt. Dies erlaubt ihnen dann, nicht Ungleichheit, sondern Ungleichartigkeit von Entwicklung als Schlüssel für die Analyse zu setzen.

Infobox

Verschiedene Zugänge zur Betrachtung des Soziales Wandels

Sozialer Wandel: *langfristige* Prozessanalyse; demgegenüber abrupter Wandel, z. B. durch technische und/oder soziale Revolutionen: Entwicklungsschübe wie auch -hemmnisse, ...

Sozialer Wandel makrosoziologisch:
Veränderung der Sozialstruktur, (nationale und internationale) Ungleichheit, Differenzierung, (nationale und internationale) Ungleichartigkeit, Wertewandel, ...

Sozialer Wandel mikrosoziologisch:
Veränderung von Institutionen, Milieus, Individualität, ...

Modernisierung

Gesellschaftliche Entwicklung bezieht sich auf einen Prozess der **Modernisierung** von der Vormoderne zur Moderne und darüber hinaus. Für das menschliche Zusammenleben bedeutet dieser Prozess enorme Veränderungen in Bezug auf Rollenvielfalt, Rollenverhalten, Sozialstruktur, Verpflichtungen und Freiheiten des Individuums (oder auch: Individualisierung), Eigenverantwortung, soziale, wirtschaftliche und politische Institutionen, Ausdifferenzierung von Teilsystemen usw.

Was bedeutet nun konkret Modernisierung?

Definition

Modernisierung bezeichnet ein sozialwissenschaftliches Theorem, das den sozialen Wandel in Europa und Nordamerika charakterisiert, wurde aber als Folge internationaler Politik (Kolonialismus, Welthandel) und des Kulturaustausches (über Diffusion, Migration usw.) auch auf die Gesellschaften Asiens, Afrikas, Ozeaniens und Lateinamerikas angewendet. Inhaltlich geht es dabei um die Beschreibung und Analyse von globalen gesellschaftlichen Strukturtransformationen, die eine eigene Logik der Modernisierung hervorbringen. Hierbei »entstehen neue Weisen der (per-

> sonalen, sozialen, kulturellen und politisch-ökonomischen) Integration als auch neue Potentiale für weitere Transformationen. Gleichzeitig werden neue Probleme und Krisenhorizonte gesellschaftlicher Entwicklung erkennbar« (Goetze 1997: 380).

Die Theorien des sozialen Wandels und der Modernisierung, die ich hier darstelle, beschäftigten sich in der klassischen Soziologie mit der Entstehung der eigenen modernen Gesellschaft.

- Wir beginnen mit dem Sozialevolutionismus und dem Wandel von Gemeinschaft zu Gesellschaft.
- Dem folgen einige Klassiker der Soziologie zur Modernisierung und zum sozialen Wandel (Marx, Simmel, Durkheim, Weber). Dabei kommt insbesondere bei Max Weber die Methode des Gesellschaftsvergleichs auf, um Entwicklungsunterschiede erklären zu können.
- Die Synthese der Gedanken der Klassiker mit dem Evolutionismus führt zur (einfachen) Modernisierungstheorie und hier auch zur Einbeziehung sog. Entwicklungsländer im Vergleich zu den Industrieländern. Kerngedanke dieser Großtheorie ist, dass alle Gesellschaften demselben Entwicklungspfad folgen, aber hier verschiedene Entwicklungsgrade erreicht haben. Dieser (einfachen) Modernisierungstheorie folgt die neomarxistische Kritik (Dependenz- und Weltsystemtheorie), die zum ersten Mal außereuropäische Sozialwissenschaftler zu Wort kommen lässt.
- Mit der Rückkehr zur Modernisierungstheorie nach dem neomarxistischen Zwischenspiel konstatieren verschiedene Autoren in ihrer gesellschaftlichen Zeitdiagnose einen Bruch mit der ersten Moderne (Theorien der Hochmoderne/Spätmoderne/2. Moderne usf.), die auch teilweise eine Weltperspektive einnimmt. Dies fällt in die Zeit, wo den Großtheorien ein Ende konstatiert wird und eher Theorien mittlerer Reichweite aufkommen. Eine dieser Theorien (Kößler und Schiel) knüpft am Pfadabhängigkeitstheorem an, so dass wir aufgrund von Gemeinsamkeiten und Unterschiedenen mindestens drei Typen von Gesellschaften unterscheiden können: Privatkapitalistische Gesellschaften, (post)sozialistische Gesellschaften und (post)

koloniale Gesellschaften. Wir betrachten die Theorien des sozialen Wandels und ihre Implikationen entlang dieser Typen.

- Seitdem sich die außereuropäische Soziologie etabliert, entstehen insbesondere aus außereuropäischer Perspektive kritische Theorien der Modernisierung, die sich mit einer eigenständigen Modernisierung und kolonialen Kritik auseinandersetzen.

Verknüpfen wir nun die hier angesprochenen Theorien mit ihren Urhebern und ordnen sie auf einem Zeitstrahl an, so ergibt sich folgendes Bild:

Abb. 1: Zeitstrahl einiger (hier behandelter) Theorien der Modernisierung

Klassiker	
• Auguste Comte	1800
• Karl Marx	1850
• Émile Durkheim	1900
• Max Weber	1900
• Georg Simmel	1900
• Talcott Parsons	1940
Modernisierungstheorie/Dependencia-Theorie/Weltsystemtheorie	
• Walt Witman Rostow	1960
• André Gunder Frank, Immanuel Wallerstein	1980
Postkoloniale Kritik / Post-Development (fortlaufend)	ab 1980
Zweite Moderne/Reflexive Moderne/Multiple Moderne/Spätmoderne	
• E. F. Schumacher und Appropriate Technology	ab 1970
• Ulrich Beck / Anthony Giddens / Zygmunt Bauman	1990 ff.
• Kößlers / Schiels Kritische Theorie der Modernisierung	1996
• Shmuel N. Eisenstadts Multiple Moderne, Poststrukturalismus	1990 ff.
• Klaus Dörre, Hartmut Rosa, Stephan Lessenich	2005 ff.
• Serge Latouche und Postwachstumsgesellschaft	1990, 2005 ff.
• Becks Weltrisikogesellschaft, Metamorphose der Welt	2007, 2016
• Andreas Reckwitz und Hartmut Rosa	2021

Die Zeitstruktur der Moderne und der Blick auf Fremdkulturen

Fortschritt

Wie Reckwitz (Reckwitz/Rosa 2021) feststellt, ist die Zeitstruktur der Moderne auf die Unterscheidung von Vergangenheit, Gegenwart und Zukunft ausgerichtet. Dies liegt schon alleine im Fortschrittsgedanken, der in der Idee des Sozialen Wandels angelegt ist. Tradition ist etwas Vergangenes, das im Zuge der Modernisierung verschwunden ist bzw. verändert wurde oder werden musste. Im Fortschritt liegt das soziale Regime des Neuen, das positiv besetzt ist und besser ist als das Alte, das wir zurücklassen, um dem Neuen Platz zu schaffen. Fortschrittsnarrative gibt es seit etwa 1770. Hier entsteht die Fortschrittsidee. Sie basiert auf der an Turgot angelehnten Idee, dass die menschliche Geschichte vorangetrieben wird über die notwendigen Anpassungen der sozialen Verhältnisse an die kontinuierlichen Errungenschaften von Technik und Wissenschaft (Nisbet 1994). Ihr steht aber zumindest implizit, teilweise auch explizit der Verlust gegenüber: Für den Fortschritt muss das Vergangene geopfert, aufgegeben oder zumindest modifiziert werden.

Entwicklungsprozesse

Wie sieht der Entwicklungsprozess aus? Verläuft Entwicklung linear progressiv oder in Phasen und Stufen mit Sprüngen und Entwicklungsschüben? Geht es immer aufwärts, oder sind auch Regressionen möglich? Verläuft Entwicklung vielleicht sogar degenerativ und entfernt sich immer mehr von einem reinen Urzustand? Oder ist Geschichte gar nicht teleologisch, sondern eher zufällig, wie dies im Postmodernismus anklingt?

Schauen wir uns einmal an, wie Entwicklung und Fortschritt konzeptionell erfasst werden:

Abb. 2: Projektionen von Entwicklung/Fortschritt 1

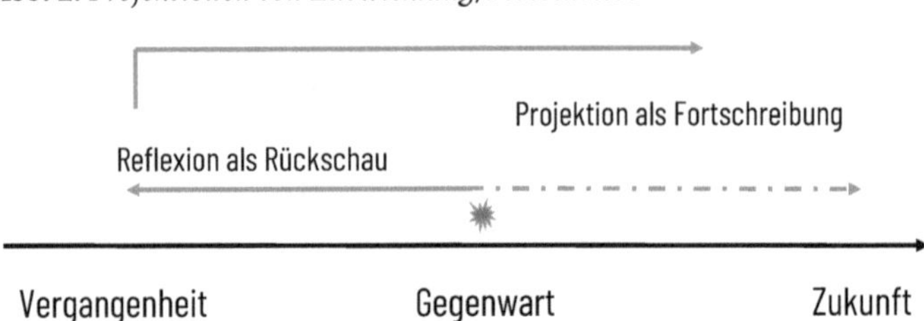

Wenn wir von der Gegenwart, dem Punkt in der Darstellung, auf die Vergangenheit schauen und hier Regelmäßigkeiten zu erkennen glauben, so projizieren wir diese in die Zukunft, um Annahmen über diese zu treffen. Vergangenheit wird damit sozusagen in die Zukunft »fortgeschrieben«.

Wenn wir den Fokus der Gesellschaft verlassen und uns Gesellschaftsvergleichen zuwenden, bekommt die Diskussion von Entwicklung eine weitere Dimension. Interkulturelle Vergleiche waren kulturell niemals neutral. Sie beinhalten immer Grenzen von Inklusion und Exklusion, damit Wertigkeiten. Im Hinblick auf Entwicklung bedeutet dies, verschiedene Entwicklungsgrade zu diagnostizieren.

Anfänge der »Entwicklungstheorie« finden sich schon im Zeitalter der »Entdeckungen«. Ein gutes Beispiel hierfür ist die »Cosmographia« von Sebastian Münster aus dem Jahr 1544. Diese Gesamtenzyklopädie der Welt, die zum Teil auf wissenschaftlichen Erkenntnissen, vielfach aber auch auf Mythen von Seefahrern basiert, hat eine ethnozentrische Sichtweise: je mehr wir uns von der eigenen Kultur entfernen, desto »fabelhafter« werden die Beschreibungen.[2] Münster selbst hat Europa nie verlassen; er sammelte Berichte und Informationen von anderen und stellte sie ungeprüft in der anfangs 660 Seiten, später 1200 Seiten umfassenden Enzyklopädie zusammen, angereichert mit vielen Holzschnitten und Karten, 70.000 mal gedruckt und in verschiedene Sprachen übersetzt. Die letzte Auflage erschien 1628 nach 84 Jahren und findet sich heute noch in einigen europäischen Bibliotheken als Rarität. Das Werk wurde immer erweitert aber nicht revidiert und lässt in den Mythenbeschreibungen eine Nähe zum

Epos ›Odyssee‹ erkennen. Schließlich waren die wissenschaftlichen und geographischen Erkenntnisse aber so weit, dass die Mythen verblassten, die Fabeltiere und Menschenfresser verschwanden. Übrig geblieben ist der ethnozentrische und eurozentrische Blick auf die Welt.

Durch die Öffnung Europas nach außen im Zeitalter der Entdeckungen und des Handels stellte sich die Frage nach Einordnung dieser Fremdkulturen in eine Entwicklungs- bzw. Zivilisationsskala (Nicht-Menschen, Barbaren etc. gegenüber der Zivilisiertheit der eigenen Gesellschaft), aber auch nach der Zufälligkeit oder Gesetzmäßigkeit unterschiedlicher Entwicklungsgrade von Kulturen. Hierzu gab es im Laufe der Geschichte verschiedene Erklärungsmuster: Ein Erklärungsmuster war theologisch degenerativ. Entwickelte Gesellschaften hätten sich von einem ursprünglichen Zustand der Reinheit stärker entfremdet als unentwickelte Gesellschaften, in denen noch paradiesische Zustände herrschten (der glückliche Wilde). Eine teleologisch generative Erklärung der Wissenschaft im 17. und 18. Jahrhundert war, dass Zivilisationen aus einem unentwickelten Zustand der Wildheit und Barbarei hervorgegangen sind, während andere Kulturen im Zustand der Wildheit oder der Barbarei verhaftet blieben. Im Gegensatz zur Annahme des Verfalls der theologischen Richtung erscheint hier also ein evolutionärer Fortschrittsgedanke und je nach Interpretation Ungleichheit oder Ungleichartigkeit.

Rassenkunde

Die Erweiterung des Wissenshorizonts über die Entdeckungen der Welt bedeutet, sich mit anderen Kulturen und Ethnien zu beschäftigen. Während das Römische Recht und das Naturrecht von der Gleichheit aller Menschen ausgingen, entstand – auch zur Rechtfertigung des europäischen Sklavenhandels – eine Rassenkunde. Der schwedische Naturforscher Carl Linnée etwa bestimmt 1735 anhand der Hautfarbe vier »Rassen«, und deklariert den *homo europaeicus* als allen anderen überlegen, den Schwarzen als geistig und kulturell unterlegen. Zedlers Universallexikon bezeichnet den Schwarzen als »[g]anz viehisch, faul, dumm und unwissend«, und auch verschiedene Aufklärer wie Voltaire, der an sich gegen die Sklaverei war, betrachtet Schwarze als unterlegen. Immanuel Kant schreibt 1775, Schwarze seien voller Affekt und Leidenschaft – sie nähmen Bildung an, aber nur eine Bildung der Knechte (GeoEpoche: 42). An europäischen Höfen galt es als schick und weltoffen, unter der Dienerschaft einen »Mohren« zu haben.

Was ich an diesem Beispiel verdeutlichen möchte, ist der Gleichschritt der europäischen Sichtweise auf die Welt mit Nationalismus nach innen (dazu später) und Rassismus nach außen: eingepasst in den Sozialevolutionismus/Sozialdarwinismus. Er basiert auf einer ethnozentrischen, imaginierten Hierarchisierung der Welt nach »fitteren«, höherwertigen und »unfitten«, minderwertigen »Rassen« und der rassistisch-/faschistischen Unterscheidung von »wertvollem« und »unwertem Leben« (Decker 2020: 39, 40).

Die rassistische Ideologie erlaubte, die unterlegenen/untergeordneten »Rassen« im Kolonialismus als ausrottbar (Ureinwohner in den Anfängen des Kolonialismus), später dann systemisch als ausbeutbar in die ethnozentrische Weltsicht einzubeziehen, wie dies Immanuel Wallerstein (Balibar und Wallerstein 1988: 44 ff.) treffend zeigt. Und Balibar hierzu:

> »Die Kolonialkasten der verschiedenen Nationen (England, Frankreich, Holland, Portugal usw.) haben gemeinsam die Idee von einer ›weißen‹ Überlegenheit, von der Verteidigung der Zivilisation gegen die Wilden aufgebaut. Diese Darstellung – die ›Bürde des weißen Mannes‹ – hat in entscheidender Weise dazu beigetragen, die moderne Vorstellung von einer europäischen oder westlichen, supranationalen Identität zu schaffen« (ebd.: 56).

Im British Empire standen die viktorianische Anthropologie, die Rassenkunde und der Evolutionismus im Vordergrund, die die eigene Überlegenheit demonstrieren und dokumentieren sollten. Während des 19. Jahrhunderts fungierte die Rassenkunde als Verbindung zwischen biologischem und sozialem Evolutionismus. Alle erklärten und legitimierten europäische Überlegenheit: die kaukasische, nordische und angelsächsische Rasse wurden als überlegen definiert und Europa als die höchste Stufe auf dem Weg zur menschlichen Perfektion dargestellt.

Stadientheorien

Typische sozialwissenschaftliche Betrachtungsweisen waren Stadientheorien, wie auch dualistische Theorien, die die für die Entwicklung kritischen Variablen identifizierten. Comtes »soziale Dynamik«, Marx' »ökonomisches Gesetz der Entwicklung moderner Gesellschaft«, Morgans Untersuchungen über die Entwicklung des Verwandtschaftssystems, Maines Betrachtungen über Familie und Besitz – alle basieren auf der Annahme der Aufklärung, dass soziale Evolution eine Abfolge von Stadien ist: Primitivität/Wildheit, Barbarei und Zivilisation. Dichotomie-Theorien sehen sozialen Wandel verkürzt als bipolaren Prozess: von Status zu *Contractus* (Maine), von der mechanischen zur organischen Solidarität (Durkheim), von Gemeinschaft zu Gesellschaft (Toennies) etc. Stadientheorien sind dann weiter ausformulierte Dichotomie-Theorien. Der Wandel wird dann zumeist festgemacht an einer kritischen Variable: Differenzierung, Individualisierung oder Rationalisierung (vgl. Durkheim, Simmel, Weber).

Soziale Evolution

Zentral für das Verstehen sozialen Wandels waren die biologischen Metaphern des Wachstums. Wandel wurde, wie Nisbet (1969) formulierte, als natürlich, gerichtet, immanent, fortgesetzt usw. betrachtet. Soziale Evolution galt als unilinear, was bedeutete, dass sich alle Gesellschaften in der Welt nach dem gleichen Muster entwickelten. Interessant dabei war die Gleichzeitigkeit von Stufen im Gesellschaftsvergleich, so dass Menschen auf früheren Stufen als zeitgenössische »Vorfahren« betrachtet wurden, die den Europäern etwas über ihre Vergangenheit, und diesen »Vorfahren« etwas über ihre Zukunft sagten. Die Evolutionstheorie produzierte ein imperialistisches Panorama, das außereuropäische Gesellschaften ihrer eigenen Geschichte entriss und sie mit deren »Entdeckung« in die europäische Geschichte einordnete.

Eurozentrismus

Sozialer Evolutionismus strukturierte somit nicht nur Geschichte, sondern auch Geographie, indem er ein Zentrum-Peripherieschema entwarf, das in den historischen Kontext gestellt wurde. Die gesamte Betrachtungsweise kann aus heutiger Sicht als eurozentristisch bezeichnet werden: **Europa definierte und deutete die Welt aus seiner Sicht**, ohne diesen Eurozentrismus zu erkennen und zu hinterfragen. Jenseits der Analyse diente die Konzeption auch als Legitimation für kolonialistisches und imperialistisches Management (Nederveen Pieterse 2001: 18–19).

Im neunzehnten Jahrhundert war die Theorie kultureller Evolution durch empirische Bestrebungen gekennzeichnet. Der Engländer Tylor und der Amerikaner Morgan waren Vertreter eines ethnologischen Evolutionismus, Hegel, Marx und Engels trugen mit ihren Arbeiten zur politisch-revolutionären Theorie bei. Die Entwicklungsstufen-Modelle hatten Konjunktur. Es wurde angenommen, dass jede Gesellschaft einer unilinearen Entwicklung durch dieselben Stufen folgt.

Der soziale Evolutionismus: Comte, Spencer, Morgan und der Neoevolutionismus

Biologische und gesellschaftliche Entwicklung über die Evolution zu erklären war seit der Aufklärung bis Ende des 19. Jahrhunderts üblich. Die Grundidee hierbei war, dass diese Entwicklung bestimmten Naturgesetzen folgt. Erst im 20. Jh. setzte sich dann die Idee durch, dass der Mensch frei und selbst bestimmt und gesellschaftliche Entwicklung eher sozial determiniert und planbar ist. Mitte des 20. Jh. erfuhr dann der Neoevolutionismus Auftrieb, und heutzutage finden wir etwa in der Neurowissenschaft Überlegungen dahingehend, dass der Selbstbestimmtheit des Menschen doch zahlreiche biologische Schranken gesetzt sind. Evolution

Schauen wir uns Auguste Comte, den Gründervater des Positivismus,[3] an, der den Begriff »Soziologie« einführte und ihn vom alten Begriff »Soziale Physik« absetzte.

Der **Positivismus** kann als wissenschaftliche Perspektive bezeichnet werden, die alle spekulativen Geisteswissenschaften auf dieselbe Ebene wie die Naturwissenschaften stellen will. Er ging von drei Prämissen aus: (1) Er forderte, die Suche nach der ultimativen Wahrheit aufzugeben und stattdessen nach Gesetzmäßigkeiten zu suchen; (2) die wissenschaftlichen Aussagen sollten auf Beobachtungen beruhen, die die Basis für die Entwicklung einer Wissenstheorie stellen sollten und (3) er betonte, dass die Beziehungen zwischen Fakten zur Entdeckung genereller Gesetze führen würden (Morrison 1998: 122). **Definition**

Enzyklopädisches Gesetz

Comte ging es darum, die Erweiterung des Wissens der Menschen in Relation zur gesellschaftlichen Entwicklung zu setzen und – wie zu seiner Zeit üblich – Entwicklungsgesetze herauszuarbeiten. Diese formulierte er in *Système de politique positive* von 1825 (2004) als »Dreistadiengesetz« und »Enzyklopädisches Gesetz«. Erstes zieht eine Parallele zwischen psychisch individueller und gesellschaftlich sozialer Entwicklung und diagnostiziert eine prozesshafte Drei-Stadien-Entwicklung:

(1) Der Kindheit entspricht das theologische oder fiktive Stadium,
(2) der Jugend das metaphysische oder abstrakte Stadium und
(3) dem Erwachsenenalter das wissenschaftliche oder positive Stadium.

Dabei richte sich der Prozess auf die Vervollkommnung des menschlichen Wesens. Im ersten Stadium sei der Mensch auf der Suche nach Ursprung, Ziel und Sinn und fände die Antwort in Gott, dem Schöpfer und Lenker. Im metaphysischen Stadium ersetze er die göttliche Macht durch abstrakte Wesenheiten, die das Denken und Handeln bestimmen. Im positiven Stadium basiere das Wissen empirisch auf Beobachtung und Erfahrung, und mithilfe logischen Denkens stelle er Beziehungen zwischen Phänomenen her, die Naturgesetzen ähneln. Dabei baue die zunehmend abstrakte Erkenntnis von einer Stufe auf die nächste auf.

Das »Enzyklopädische Gesetz« unterstellt eine Rangordnung der Wissenschaften hinsichtlich abnehmender Allgemeinheit und zunehmender Komplexität. Comte schreibt die höchste Komplexität der sozialen Physik zu, die er dann als Soziologie bezeichnet. Sie befasste sich mit menschlicher Gesellschaft, die ebenfalls einer gesetzmäßigen Entwicklung unterliege. Sie könne durch die historische Methode erkannt werden, über den Vergleich von Lebensformen in ihrem geschichtlichen Zusammenhang zentrale Veränderungen herauszuarbeiten. Neben Comte gilt Spencer als Wegbereiter des Sozialen Evolutionismus.

Selektion

Herbert Spencer wird zu den Sozialdarwinisten gerechnet. Zwischen den Theorien von Darwin und Spencer besteht ein großer Unterschied: Laut Darwin überleben nur die Arten, die über Selektion im Evolutionsprozess in ihrer sich ändernden Umwelt überleben können. Die Spezies, so Darwin, besäßen selbst keine Anpassungsfähigkeit in ihrem Verhalten. Dem widerspricht Spencer; es sei genau die Anpassungsfähigkeit der Spezies, die das Überleben sichere. So wird bei Spencer und nicht Darwin der Begriff »*Survival of the fittest*« verortet.

Soziale Organisamen

In »*Social Statistics*« (1851) beschreibt er die Gesellschaft als einen »Überorganismus« mit Organen. Dieser sei in seinem Fortbestand unabhängig von den einzelnen Teilen, aber im Prozess der Entwicklung werden die einzelnen Teile mehr voneinander abhängig, und das gemeinsame Interesse am Wohlergehen des Individuums mache den Staat langfristig gesehen überflüssig.

In »The *Social Organism*« (1875) und weiteren Werken nach 1860 arbeitet er diese Ideen aus, indem er die Evolution als ein in allem Lebenden wirkendes Prinzip erkennt. Evolution sei ein Prozess, in dem sich die Welt ohne göttliche (oder anderweitige) Lenkung entwickle und dabei aus »Einfachem« etwas »Komplexeres« oder »Höheres« entstehe, so dass sich Dinge vom Homogenen zum Heterogenen ausdifferenzieren. Diesem Evolutionsgesetz folgten biologische Organismen, Lebensweisen, politische Organisation usw. (vgl. auch Spencer 1972). Hier deckt sich Spencer mit Comte. Dies ist genau die evolutionistische Annahme der Theorien gesellschaftlicher Entwicklung: Kopplung von Komplexität mit Fortschritt.

Spencer denkt aber weiter als Comte, indem er sich auf das gesamte Universum bezieht. Es funktioniere wie ein gigantischer Organismus, der immer höhere Spezialisierung und Differenzierung hervorbringe und über Dependenzen der Teile zur Harmonie des Ganzen führe. Dies ist das Prinzip der Arbeitsteilung, das dann später von Emile Durkheim vertieft wird.

Sozialevolutionistische Stufentheorie

Als Beispiel für eine sozialevolutionistische Stufentheorie möchte ich Lewis Henry Morgans Werk »*Die Urgesellschaft*« (1891) aufgreifen. Morgan arbeitete mit der Methode der Feldforschung bei den Irokesenvölkern. In Anlehnung an die sozialen Evolutionisten unterteilt er die menschliche Evolution in drei Stufen, wobei er diese allerdings an die Naturbeherrschung durch Erfindungen und technischen Fortschritt knüpft. Die drei Stufen sind die Wildheit, Barbarei und Zivilisation. Jede dieser drei Stufen enthält eine untere, eine mittlere und eine höhere Stufe, die vom Fortschritt in der Produktion von Nahrungsmitteln und Werkzeugen abhängt. Denn, so stellt Morgan fest, menschliche Überlegenheit und Naturbeherrschung seien durch beide determiniert. Nur der Mensch hat diesen hohen Grad an Naturbeherrschung entwickeln können. Alle großen Epochen menschlicher Entwicklung (das Aufsteigen von Zivilisationen) hingen letztendlich mit der Ausweitung der Nahrungsmittelproduktion, einem Mehrprodukt zusammen, das erst das Zusammenleben vieler Menschen auf engem Raum ermögliche.

(1) Wildheit

Die erste Unterstufe menschlicher Entwicklung nennt Morgan Kindheit des Menschengeschlechts. Hier lebten die Menschen größtenteils auf Bäumen, um sich vor den wilden Raubtieren zu schützen. Ihnen dienten Nüsse, Früchte und Wurzeln als Nahrung. Diese Unterstufe brachte letztendlich als Hauptergebnis die Artikulierung von Sprache hervor. Die Mittelstufe ist durch die Verwertung von Fischen und den Gebrauch des Feuers gekennzeichnet. Dies macht die Menschen unabhängiger vom Klima, und sie können sich stärker regional ausbreiten. Sie erfinden Steinwerkzeuge und entwickeln sich von Sammlern zu Sammlern und Jägern. Das Jagen alleine gab es nie, da diese Nahrungserwerbsform mit zu großen Unsicherheiten behaftet sei. Am Ende des 19. Jahrhunderts, so Morgan, befanden sich die Ureinwohner Australiens und Polynesiens auf dieser Stufe. Die Oberstufe fällt mit der Erfindung von Pfeil und Bogen zusammen, und hiermit erhöhen sich die Jagdchancen. Einfache Erfindungen, aber noch nicht die Töpferei, führen zu einem eher sesshaften Leben. Solche Erfindungen sind zum Beispiel hölzerne Gefäße und geflochtene Körbe, die eine bessere Aufbewahrung und den Transport ermöglichen.

(2) Barbarei

Die Erfindung der Töpferei ist bahnbrechend für den Übergang zur Barbarei. Sie entstand aus der Überdeckung geflochtener Gefäße mit Lehm, so dass diese Gefäße auf der Feuerstelle fürs Kochen verwendet werden konnten. Mit dem Eintritt in die Barbarei wird die lineare Entwicklung der Menschheit unterbrochen, und von hier aus geht die Entwicklung nach Morgan Kontinent-spezifisch weiter (was inzwischen widerlegt wurde). Im östlichen Kontinent, der »alten Welt« findet die Domestizierung von Tieren und die Nutzbarmachung von Wildpflanzen statt. In der westlichen (Neuen) Welt gibt es Restriktionen bei der Tierhaltung (außer beim Lama im Süden). In der Mittelstufe findet im Osten die Zähmung von Haustieren statt, die ein nomadisches oder seminomadisches Hirtenleben ermöglicht, im Westen die Kultivierung von Nährpflanzen und die Metallverarbeitung, die Ackerbau ermöglicht und ein Leben in festen Häusern (Bsp. Puebloindianer). In der Oberstufe entsteht die Entwicklung zum Schmelzen von Eisenerz und die Erfindung der Buchstabenschrift. Diese Stufe ist nur auf der östlichen Halbkugel vollständig erfolgt und ermöglicht einen sehr großen technologischen Fortschritt: die eiserne Flugschar, die erst die wirkliche Feldarbeit statt Gartenarbeit ermöglicht und die Vermehrung der Nahrungsmittelproduktion zur Folge hat. Die Axt macht die Ausrodung des Waldes und das Anlegen von Feldern möglich. Die erhöhte Nahrungsmittelproduktion ermöglicht das Bevölkerungswachstum und die Entstehung von Dörfern. Mit der Erfindung der Buchstabenschrift findet der Übergang zur

(3) Zivilisation

statt, die in den einzelnen Unterstufen die Nahrungsmittelproduktion, die industrielle Produktion, die Wissenschaft usw. vervollkommnet.

Soweit das Beispiel Morgans für eine evolutionistische Stadienlehre, die menschliche Entwicklung in Abhängigkeit von Natur und deren Domestizierung zu erklären versucht. Auch wenn einige Details heute wiederlegt sind, wird deutlich: Die Theorie ist hinsichtlich der demographischen Entwicklung an den Gedanken der Knappheit von

Ressourcen angelegt, die über Produktivitätssteigerung gemeistert wird und damit Bevölkerungswachstum zulässt. Die technische Naturbeherrschung bestimmt also nach dieser Sichtweise die Ökonomie und Demographie des menschlichen Zusammenlebens. Friedrich Engels greift später in seinem Buch *»Der Ursprung der Familie, des Privateigentums und des Staates«* (1884) Morgans Stufenlehre auf und verfeinert sie, um letztendlich aus der Stufe der Zivilisation die Klassengegensätze und die zwangsläufige Revolution herzuleiten. Hierzu hatte bereits Proudhon festgestellt, dass Fortschritt als Stufenprozess durch die sich stets erneuernde Aussöhnung von Klassenunterschieden erzeugt würde (Cole 1953: 169). Diese Gedanken gehen dann in den Historischen Materialismus von Marx ein.

Aus heutiger Sicht zeigen die Anthropologie und Archäologie, dass das lineare von Spencer entwickelte und von Morgan aufgegriffene Standardmodell von sozialevolutionistischer Entwicklung und Fortschritt – die Entwicklung von gemeinschaftlicher Einfachheit zu Komplexität – nicht den Tatsachen entspricht. Sicherlich ist richtig, dass die Naturbeherrschung das Leben determinierte, aber es gab doch starke Differenzierungen diesbezüglich und Gleichzeitigkeiten von Tätigkeiten wie Jagen, Sammeln und frühem Ackerbau. Die berühmte neolithische Revolution hat so nicht stattgefunden. Auch die sog. »Steinzeit« war bereits stark ausdifferenziert in egalitäre wie hierarchische Gemeinschaften. Lineare Entwicklungsmodelle sind letztlich Produkte von Eurozentrismus und Hegemonie; sie rechtfertigen eine einseitige Aneignung von und Beherrschung der sog. »Naturvölker« (vgl. Wengrow und Graeber 2022) bzw. der im Rassismus als minderwertig deklarierter Rassen.

Artenübergreifende Solidarität

Mit der sozialevolutionistischen Sichtweise einher geht ein anthropozentrisches Weltbild, das auch religiös mit dem Menschen als Krone der Schöpfung legitimiert wurde und Naturaneignung rechtfertigte. In der zeitgenössischen philosophischen Strömung des Posthumanismus stellt der Mensch dagegen nicht mehr das Zentrum der Betrachtungen dar, sondern es gibt eine Gleichwertigkeit von Lebensformen, die miteinander in Austausch stehen. Die Philosophin Braidotti (2020) spricht von einer artenübergreifenden Solidarität zwischen menschlichen und nichtmenschlichen Akteuren, einem neuen Gesellschaftsvertrag von Gleichberechtigung und Koexistenz von Mensch und Natur.

So müssen wir diese letzten Überlegungen und Kritiken am Sozialevolutionismus auf alle neueren europäischen Theorien anwenden, die aus dem Sozialevolutionismus hervorgegangen sind.

Neuer Evolutionismus

In der ersten Hälfte des 20. Jahrhunderts wurde der kulturelle Evolutionismus weitgehend abgelehnt und verschwand zugunsten des Strukturfunktionalismus, dessen bedeutendster Vertreter sicherlich Talcott Parsons war. Erst Mitte des 20. Jahrhunderts wandten sich einige Anthropologen einem neuen Evolutionismus zu (Cuzzort 1969). Der Unterschied zu früheren Ansätzen ist, dass Entwicklung nicht mehr deterministisch erklärt wird, sondern dass ökologischer und kultureller Druck und Anpassung als Motor evolutionären Wandels gesehen werden. Somit wird Entwicklung nicht mehr alleine endogen erklärt, sondern es werden exogene Einflüsse berücksichtigt. Der Vorteil dieser Sichtweise ist, dass sich dann Unterschiede im Evolutionstempo (Revolution bis Stagnation) mit historischen Fakten verbinden lassen.

Abb. 3: Neoevolutionistische Theorie des Wandels nach Leslie White

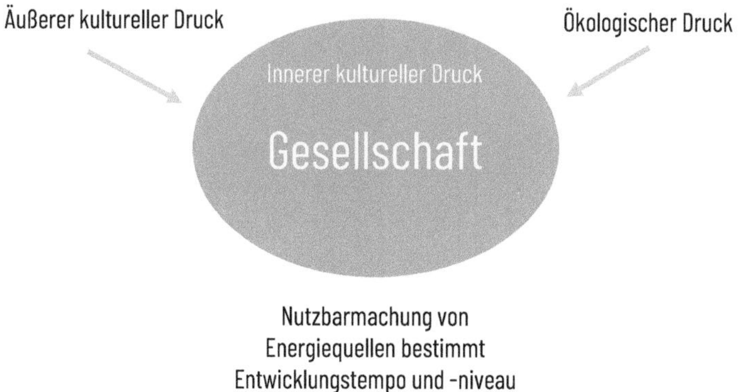

Leslie White verfasste eine Großtheorie der Soziogenese. Er argumentiere, soziale Systeme würden durch technologische Systeme determiniert, wobei der Energieverbrauch das Entwicklungsniveau und -tempo bestimme (Muskelkraft, domestizierte Tiere, Energie von Pflanzen, Nutzung natürlicher Energiequellen). Dabei wird aber auch die Übernahme von Wissen aus anderen Kulturen berücksichtigt.

Karl Marx und der Historische Materialismus

Historischer Materialismus

Karl Marx, der zeitgleich mit Comte und Spencer lebte, schuf mit dem Historischen Materialismus eine Stadienlehre. Jede Theorie kann nur aus ihrer Zeit und ihrer Lebenswelt heraus verstanden werden, so dass ein Blick auf die Biographie von Marx sinnvoll ist. Ich folge bei den Biografien der Klassiker dem Autor Klages (1972).

Karl Marx

Karl Marx war sowohl Revolutionär als auch bedeutender Philosoph. Er hatte sich zeitlebens dem Thema gewidmet, die kapitalistische Ordnung zu beseitigen, die er als Ursache der Degradierung der großen Masse der Menschen begriff. Er verbrachte einen Großteil seines Lebens unter ärmlichen Lebensbedingungen als Flüchtling in London, und geringe Einkünfte als Journalist sowie Zuwendungen von Freunden (z. B. Friedrich Engels) hielten ihn und seine Familie am Leben. Sein Ziel war, das Wesen des Kapitalismus zu bestimmen, damit die Menschen die Kontrolle über ihr Leben zurückerhielten. Marx' Einfluss war in seiner Zeit und darüber hinaus phänomenal: nicht nur auf bestimmte soziale Bewegungen, Parteien und Ideologien hatte er Einfluss, sondern auch auf wissenschaftliche Disziplinen wie Soziologie, Wirtschaftswissenschaften, Geschichte, Politische Theorie, Philosophie, Anthropologie, usf.

Marx wurde 1818 in Trier in gut bürgerlichen Verhältnissen geboren. Sein Vater war Rechtsanwalt. Auch Sohn Karl studierte Recht in Bonn und Berlin und interessierte sich zunehmend für Hegels Philosophie. Er bildete zusammen mit einigen anderen Intellektuellen einen Kreis, der als Junge Hegelianer bekannt wurde. Nach seiner Promotion erhoffte sich Karl Marx einen Posten an der Universität, aber der preußische Staat wurde zunehmend intoleranter gegenüber den radikalen Reden und Aktivitäten der Jungen Hegelianer. So begann Marx seine Tätigkeit als Editor bei der Rheinischen Zeitung, aber sein Erfolg brachte wiederum zunehmend Konflikte mit dem Staat. Wegen seiner Probleme verließ er das Rheinland und kam über Kreuznach, wo er heiratete, nach Paris – einem Treffpunkt vieler radikaler Intellektueller. Hier entwickelte er seine eigenen philosophischen Ideen und begann sie in einer Kritik der politischen Ökonomie zu verdichten (Stichwort: Pariser Manuskripte). Hier trafen sich auch Marx und Engels, wobei erster eher an ökonomischen Fragen und Theoriebildung, letzter eher an der Revolution zum Kommunismus interessiert war. Engels, ursprünglich auch aus dem Rheinland, hatte zwischenzeitlich als Fabrikantensohn zur Geschäftsausbildung in einer Baumwollmühle in Manchester gearbeitet und dort das Elend der Arbeiterklasse erfahren. Hierzu schrieb er sein Buch *»Die Bedingungen der Arbeiterklasse in England«*.

Die Schriften von Marx und Engels in den Jahren 1844–1848 wurden zu dem, was die Grundlage marxistischen Gedankengutes genannt wird, wobei viele dieser Schriften nicht zu ihren Lebzeiten publiziert worden sind. Deshalb waren Generationen von Wissenschaftlern – unter ihnen auch noch Max Weber – nur mit einem geringen Teil ihrer Schriften vertraut. 1849 ging Marx nach London, nachdem er von Paris auf Druck Preußens verbannt worden war und drei Jahre in Brüssel verbracht hatte.

England war zu jener Zeit genau das Land, das sich im Zuge kapitalistischer Expansion am schnellsten und gravierendsten veränderte. Hier führte Marx seine Studien zur politischen Ökonomie fort. Neben seiner Journalistentätigkeit machte er in den Jahren 1857–58 zahlreiche Studien, die als »Grundrisse« erst 1953 in Deutschland herausgegeben wurden und auch kein zusammenhängendes Buch darstellen. Dennoch legen sie Marx' Gedankengänge offen. Hier wird auch deutlich, dass er eigentlich ein sechsbändiges Werk in Planung hatte, von dem drei Bücher über den Staat, den Außenhandel und den Weltmarkt nie vollendet wurden. Zu seinen Lebzeiten gab er 1867 den ersten Band noch heraus (Kapital I), während Band 2 und 3 von Engels editiert und 1885 und 1894 herausgegeben wurden. *»Theorien des Mehr-*

werts« ist ein anderes Buch, das aus Manuskripten aus den Jahren um 1860 entstand (A. Hughes et al. 1971: 19–41).

Sozialer Wandel

Kommen wir nun konkret zur Betrachtung des sozialen Wandels. Marx argumentiert:

> »In der gesellschaftlichen Produktion ihres Lebens gehen die Menschen bestimmte, notwendige, von ihrem Willen unabhängige Verhältnisse ein, Produktionsverhältnisse, die einer bestimmten Entwicklungsstufe ihrer materiellen Produktivkräfte entsprechen. Die Gesamtheit dieser Produktionsverhältnisse bildet die ökonomische Struktur der Gesellschaft, die reale Basis, worauf sich ein juristischer und politischer Überbau erhebt, und welcher bestimmte gesellschaftliche Bewusstseinsformen entsprechen. Die Produktionsweise des materiellen Lebens bedingt den sozialen, politischen und geistigen Lebensprozess überhaupt. Es ist nicht das Bewusstsein der Menschen, das ihr Sein, sondern umgekehrt ihr gesellschaftliches Sein, das ihr Bewusstsein bestimmt« (Karl Marx 1859: Zur Kritik der Politischen Ökonomie«: Vorwort, in Marx 1975).

Hegels Philosophie

Marx' Schriften können nur aus seiner Auseinandersetzung mit der Philosophie Hegels verstanden werden. Hegel sah die Welt, die Existenz und das Sein als miteinander verbundene Prozesse. Von der Essenz her nahm Hegels idealistische Philosophie an, dass die Kategorien ›Geschichte‹, ›Geist‹ und ›Vernunft‹ die letztendlichen Kategorien der Philosophie darstellten. Dies führte zu der Sichtweise, dass der Alltag jenseits des Interesses der Philosophie lag. Die bekannte Kernaussage von Hegels Philosophie ist, dass Ideen als Ursache sozialer und geschichtlicher Entwicklung begriffen werden können (kurz: Das Bewusstsein bestimmt das Sein).

Materialismus

Und hier setzte auch Marx' Kritik an, indem er mehr auf ein Verständnis des Zusammenhangs von Realität und Geschichte abzielte. Realität sei – im Gegensatz zu Hegels Verständnis – eng an die Akteure gekoppelt. Marx ging daher auch davon aus, dass nicht das Bewusstsein das höchste Gut des Menschen sei, sondern dieses extrem von den Lebensbedingungen abhänge (kurz: das Sein bestimmt das

Bewusstsein). Menschen hätten zuerst einmal physische Bedürfnisse, von denen ihr Leben und Wohlergehen abhänge, und diese Bedürfnisse ständen zeitlich und in ihrer Bedeutung vor den intellektuellen Bedürfnissen und könnten nur durch direkte produktive Tätigkeiten befriedigt werden. Marx folgerte, dass die Menschen ihre materiellen Bedürfnisse befriedigen müssen, um zu überleben, und dass dies auf einer täglichen Basis erfolgen müsse, denn sonst gäbe es kein Leben und keine materielle Existenz. Marx philosophische Auffassung wird somit – im Gegensatz zum Idealismus – als Materialismus bezeichnet.

Definition

Der **Materialismus** ist eine philosophische Richtung, die auf menschliche Probleme schaut, indem sie die realen Bedingungen der menschlichen Existenz, insbesondere solche der Bedürfnisbefriedigung, analysiert. Die Grundannahme ist, dass als erstes die Menschen ihre materiellen Bedürfnisse nach Nahrung, Kleidung und Unterkunft befriedigen müssen. Er geht weiter davon aus, dass Gesellschaft und Geschichte aus der Sequenz produktiver Handlungen entstehen, die darauf ausgerichtet sind, diese Bedürfnisse zu befriedigen. Der Materialismus kann deshalb als theoretische Perspektive definiert werden, die als ihren Ausgangspunkt die Perspektive einnimmt, dass Menschen zuallererst ihre ökonomischen Grundbedürfnisse über Arbeitseinsatz und produktive Tätigkeit befriedigen müssen (Morrison 1995: 32).

Soziale Ungleichheit

Ein wichtiger Unterschied zu Hegel richtete sich gegen Hegels Erklärung, dass das menschliche Elend aus dem begrenzten Bewusstsein des Individuums resultiere, was Hegel an dem klassischen Beispiel des Verhältnisses von Sklavenhalter und Sklaven diskutierte. Im Kern sagt Hegel, ein Sklave ordne sich dem Sklavenhalter aufgrund eines Prozesses innerhalb seines eigenen Bewusstseins unter: eines Bewusstseins, sich »natürlicherweise« anderen unterordnen zu müssen. Die Grundform der Unterdrückung resultiere daher aus dem Bewusstsein, und wenn sich der Sklave von diesen Vorstellungs-Fesseln befreie, wäre der Grundstein zur Gleichheit gelegt. Dies war für Marx nicht akzeptierbar. Ihm zufolge lag die Ursache für Ungleichheit nicht im Geist oder Bewusstseins, sondern in den konkreten materiellen

Bedingungen, auf denen die Ungleichheit von Menschen bzw. Klassen basiert. Die Ursache von Ungleichheit seien ökonomische Abhängigkeiten, und diese müssten geändert werden, damit sich die Bedingungen von Gleichheit und Ungleichheit ändern.

Wirtschaftstheorie

Marx geht also davon aus, dass geschichtliche Entwicklung der Menschheit einem Gesetz der Wechselwirkung von zugrundeliegenden Strukturen und organischen Kräften folgt, das ökonomisch durch das Verhältnis von Produktivkräften und Produktionsverhältnissen (Produktionsweisen) bestimmt werden kann. Letztere sind die jeweiligen sozialökonomischen Strukturen wie Eigentumsverhältnisse, Organisationsformen des Wirtschaftens und der technische Entwicklungsstand. Dabei stellen die Produktivkräfte die Antriebskräfte der Entwicklung dar: Erfindungen und Entdeckungen, technischer Fortschritt, Investitionskapital – all das, was wir mit der Dynamik des Kapitalismus verbinden. Das Verhältnis beider Kategorien zueinander sei nicht statisch. Es gäbe bestimmte Phasen, in denen sie in Einklang zueinanderstehen und andere Phasen, in denen sie sich auseinanderentwickeln: die Produktivkräfte weiterwachsen, während die Produktionsverhältnisse zunehmend erstarren. Hierbei muss berücksichtigt werden, dass Marx seine Theorie vor dem Hintergrund des Erlebens der Industriellen Revolution und deren sozialen Folgen entwickelte. In dieser Zeit zerbrachen die Produktivkräfte die alte Sozialstruktur der Stände, und eine neue Struktur entstand.

Dialektischer Materialismus

Während die Begrifflichkeiten der »Produktivkräfte« und »Produktionsverhältnisse« sehr abstrakt sind, verbindet er diese aber mit sozialen Gruppen, die er für die kapitalistische Produktionsweise als Klassen bezeichnet (vgl. Honneth 2017: 75). Bei Übergängen zu einer neuen Produktionsweise versucht die eine Gruppe, den Status quo zu erhalten, die andere, ihn zu ihren Gunsten zu verändern. Dieser Antagonismus der Unvereinbarkeit zwischen Produktivkräften und Produktionsverhältnissen verschärft sich zunehmend. Die Klasse, die zur Zeit der Französischen Revolution die neuen Produktivkräfte vertrat, war die Bourgeoisie, während die Klasse, die an den alten Produktionsverhältnissen festhielt, der Adel und Klerus waren. Mit dem revolutionären Umbruch organisierten sich zum ersten Mal die Massen zu einem

Umsturz. Dieser historische Prozess wurde nun von Marx als Klassenkampf interpretiert, der sich dann mit der Industriellen Revolution fortsetzte. Er übertrug ihn dann auf die Revolution vom Kapitalismus zum Sozialismus. Grundsätzlich ist nach einer solchen Revolution die herrschende Klasse (nach der Französischen Revolution das Bürgertum) zuerst stark und schafft eine Gesellschaft nach ihrem Bild im Triumph der Revolution. Die alte herrschende Klasse erfährt dagegen einen Bedeutungsverlust und landet auf dem »Schutthaufen der Geschichte«. Eine neue beherrschte Klasse gibt es anfangs noch nicht, aber allmählich differenziert sich die neue herrschende und beherrschte Klasse aus: Im Kapitalismus entstehen die Kapitalisten und das Proletariat, und ein neuer, sich zuspitzender Klassenkampf beginnt. In der Industriellen Revolution (die nach Marx keine ist) spitzen sich die Klassengegensätze zu, und es kommt zwangsläufig zur Revolution der Arbeiter gegen die Kapitalisten. Dies ist die Idee des »Dialektischen Materialismus«, der die Stufenübergänge des Historischen Materialismus erklärt.

Historischer Materialismus

Während Marx im *»Kapital«* (1987 [1887]) stärker den Gegensatz von Produktivkräften und Produktionsverhältnissen in den Vordergrund stellt, findet sich im *»Manifest der Kommunistischen Partei«* (2000 [1848]) stärker der Aspekt der Revolution. Eingebunden ist die Dialektik der Produktivkräfte und Produktionsverhältnisse in die Epochentheorie des »historischen Materialismus«, die Marx'sche Stadientheorie, in der die Stufenübergänge auf Revolutionen basieren.[4]

Der Historische Materialismus unterscheidet verschiedene Stufen der gesellschaftlichen Entwicklung:

- Stammes- bzw. Urgesellschaft
- Sklavenhaltergesellschaft
- Feudale Gesellschaft
- Kapitalistische Gesellschaft

Wird der Kapitalismus überwunden, folgen:

- Sozialismus/Diktatur des Proletariats als Übergangsphase
- Kommunismus

Im Kommunismus ebenso wie in der Urgesellschaft ist die Entfremdung des Menschen von dem Produkt seiner Arbeit sowie von sich selbst nicht vorhanden bzw. beseitigt, während sie in den drei auf die Urgesellschaft folgenden Stufen die Probleme der unterdrückten Klasse entscheidend mitbestimmt.

Die **Stammesgesellschaft** ist nach Karl Marx die ursprünglichste Form des menschlichen Zusammenlebens. Sie wird charakterisiert durch eine minimale Arbeitsteilung, archaische Techniken und eine geringe Produktivität. Privatbesitz ist selten oder existiert nur in gemeinschaftlicher Form. Eine solche »klassenlose« Gesellschaft stelle die »Urform des Kommunismus« (bzw. den »Urkommunismus«) dar und ist aus heutiger Perspektive doch eher ein Konstrukt.

Mit dem technologischen Fortschritt schaffen die Menschen die Herstellung eines Mehrprodukts, das die Differenzierung einer Klassengesellschaft ermöglicht, da nun auch Nicht-Produzenten mitgetragen werden können. Marx bezeichnet die asiatische Gesellschaft, die antike Ständegesellschaft und die germanische Gesellschaft als Stammesgesellschaften.

Kennzeichen der **Sklavenhaltergesellschaft** ist ihre Produktionsweise: die Akkumulation von Mehrwehrt über Sklavenarbeit.

Charakteristisch für die **feudale Gesellschaft** ist ihr hierarchischer Aufbau. Durch die ökonomische Entwicklung und Verstädterung findet sie sich nicht nur im ländlichen, sondern auch im städtischen Raum. Auf dem Land leben die Großgrundbesitzer und Lehnsherren, die ihre Ländereien mithilfe von Leibeigenen beackern lassen und von deren Ernteabgaben leben (Surplus Appropriation). In den Städten entsteht eine Hierarchie durch Gilden und Zünfte. Durch den Wandel zur nächsten Stufe wurde der alte Adel »entsorgt«, wie Marx dies polemisch ausdrückte.

Nach Marx öffnet die feudale Gesellschaft über den Schutz von handwerklichem Besitz und Kapital den Weg für die Entwicklung des Kapitalismus.

Die kapitalistische und bürgerliche Gesellschaft zeigt eine wesentlich stärkere Arbeitsteilung und Technisierung der Produktion. Mit der Entwicklung des Handels und der Industrialisierung entsteht eine neue Klasse: die aus dem städtischen Handwerk heraus entstandene »Bourgeoisie«. Der Industriekapitalismus folgt dem Handelskapitalismus, der eine reiche Handelsschicht hervorbringt, aber auch vieler einfacher Arbeitskräfte bedarf. Der Industrialisierungsprozess ergibt sich aus der Urbanisierung und Landflucht. Im Industriekapitalismus wird, wie Zinn feststellt, die Kapitalakkumulation zum Ziel der Produktion (Zinn 2015). Durch die Technisierung in Manufakturen und Industrien kommt es zu einer starken Steigerung der Produktivität. Der Aufschwung des Bürgertums geschieht Marx zufolge auf Kosten der Arbeiterklasse. Letztere hat keinen Zugang zu Produktionsmitteln und kann nur ihre Arbeitskraft für die Lohnarbeit zur Verfügung stellen. Im Vergleich zum unmittelbaren Produzenten, der noch selbst die Kontrolle über die Produktion und das Produkt hatte, entsteht durch die Arbeitsteilung eine dreifache Entfremdung: Produzenten entfremden sich (1) vom Produkt ihrer Arbeit; (2) vom Arbeitsgang durch die Zerlegung des Arbeitsprozesses in viele Teilprozesse; und (3) durch den Wandel von der Selbstbestimmung zur Fremdbestimmung.

> »Die Akkumulation ist ein Spezifikum, das die industriekapitalistische Formation von allen anderen Kulturen unterscheidet und das intensive Wachstum antreibt. Akkumulation steigert das Wachstumspotential« (Zinn 2015: 19).

Marx folgert, dass der Kapitalismus schließlich selbst seine eigene Grube gräbt, weil er permanent zur Konzentration führt und immer mehr Teile der Gesellschaft verelenden, was schließlich den Übergang zum Sozialismus und dann Kommunismus ermöglicht. Diese fest mit der Idee der Revolution verknüpfte Theorie schließt Reformen (etwa Sozialreformen, Arbeitsschutz etc.). aus, die sich in den Ideen verschiedener Frühsozialisten finden, weil sie die Klassengegensätze entschärfen und damit die Revolution hinauszögern.

Grundsätzlich sieht Marx sozialen Wandel als die Möglichkeit für immer bessere wissensbasierte Natur- und Umweltbeherrschung, die allerdings von der herrschenden Klasse durch die Kontrolle über die

Produktionsverhältnisse verhindert wird (Honneth 2017: 76). Wandel von einer Entwicklungsstufe zur nächsten wird bei Marx endogen und zwangsläufig aus der Zuspitzung von Interessenkonflikten von Klassen bzgl. der Verteilung von Produktionsmitteln bestimmt. Im Gegensatz zur sozialdarwinistischen Theorie, in der die herrschende oder besitzende Klasse die bessere ist, weil sie sich gegen andere Artgenossen durchgesetzt hat, gingen Marx und Engels umgekehrt davon aus, dass Geschichte durch permanente Unterdrückung gekennzeichnet ist, die sich im Zeitverlauf steigert und den Konflikt zuspitzt. Nach der materialistischen Geschichtsauffassung argumentiert Engels, dass die Ursache alles gesellschaftlichen Wandels nicht die Ideen und die Verbreitung von ewigen Wahrheiten der Gerechtigkeit (die Hegelsche idealistische Perspektive), sondern die jeweilige Verteilung der Produkte und die daraus resultierende Teilung der Gesellschaft nach Klassen und Ständen ist. Hier ist die »Klasse an sich« die objektive sozialwissenschaftliche Charakterisierung. Allerdings gingen Marx und Engels davon aus, dass die durch die schlechten Arbeitsbedingungen forcierte Ausbeutung im Frühkapitalismus ein Klassenbewusstsein (»Klasse für sich«) des Proletariats und die Bereitschaft zum Klassenkampf hervorbringen würden.

Der Historische Materialismus ist damit ein deterministisches Entwicklungsgesetz von Einfachheit und Egalität zur Komplexität und Polarisierung (Stufen: Urkommunismus, Sklavenhaltergesellschaft, Feudalismus, Kapitalismus), das mit der Revolution vom Kapitalismus zum Sozialismus durchbrochen wird und in der Utopie des Kommunismus seine Vollendung findet. Letztendlich stellt also diese Betrachtungsweise einen Zyklus der Entwicklung von einem Zustand der Gleichheit im (fiktiven) Urkommunismus zu einem Zustand der Gleichheit im Kommunismus dar, wobei die letzte Entwicklungsstufe jedoch höher als die erste ist. Erst im Kommunismus wird der altruistische Mensch zum Subjekt seiner Geschichte.

Gemeinschaft

Diese deterministische Sichtweise hat, so John Dewey, den Marxisten und Sozialisten verwehrt, sich selbst als soziale Bewegung zu begreifen, die experimentell (praxeologisch, H. S.) an einer besseren gesellschaftlichen Lebensform arbeiten würde (Dewey 1999, zitiert nach Honneth 2017: 78 f.). Dewey unterstreicht dabei in Anlehnung an Hegel die Auflösung der Barrieren eines individualistischen Denkens durch inklusive Kommunikation und Interaktion, aus denen heraus etwas stabiles Neues jenseits der individualisierten Marktwirtschaft und der staatlichen Planwirtschaft entstehen könnte – zum Wohl der Steigerung des Sozialen, Gemeinschaftlichen.

Wirtschaftsform

Durch den Glauben an das deterministische Gesetz des sozialen Wandels war bei Marx die Zukunft und damit auch die Wirtschaftsform (Planwirtschaft) kategorisch vorgegeben. Damit verbaute sich der Marxismus eine dynamischere Sichtweise, nach Alternativen zur vertikalen angelegten Planwirtschaft zu suchen. Während sich bei Marx auch Ansätze zur horizontalen Vernetzung von Produzenten und Konsumenten finden, mündet dies aber nicht in die Idee von Zivilgesellschaft, Wohlfahrtsstaat und sozialistischer Solidargemeinschaft ein (vgl. Honneth 2017: 85, 94).

Marktplatz

In der Lesart von Honneth könnten der Historische und der Dialektische Materialismus dahingehend uminterpretiert werden, dass im historischen Prozess verschiedene Gruppierungen den Versuch unternehmen, für ihre unberücksichtigten Ansprüche Gehör und Anerkennung zu verschaffen und so Gesellschaft zu verändern (vgl. S. 104). Ein so flexibilisierter Sozialismus würde dann mit dem Zusammenbruch des Systems der Planwirtschaft keinen Irrweg im Sinne von Parsons darstellen, weil er zukunftsoffen ist, und er könnte experimentell Alternativen des Wirtschaftens ausloten, die dem Sozialen die zentrale Orientierung einräumen (vgl. 107). Anders ausgedrückt könnte der Markt im Sinne der Wirtschaftsgeschichte und Wirtschaftsanthropologie von »Marktplatz« als Ort der Kommunikation und des Sozialen verstanden werden und eben nicht nur als Aggregat egoistischer Interessen, wie dies uns die neoklassische Wirtschaftstheorie erklärt:

> »den Begriff des Marktes von allen ihm nachträglich zugefügten Beimischungen kapitalismusspezifischer Eigenschaften wieder zu reinigen, um ihn so auf seine moralische Belastbarkeit hin prüfen zu können« (Honneth 2017: 107).

Ebenfalls hat der Marx'sche Determinismus dazu geführt, die enorme Anpassungsfähigkeit des Kapitalismus zu verkennen, wie sie an späterer Stelle dargelegt werden wird.

Klassenbegriff

Aus heutiger Sicht war der Marx'sche Klassenbegriff ein elegantes Mittel, komplexe gesellschaftliche Geschehen sozialer Lagen naturwissenschaftlich auf ein relativ einfaches »Gesetz« zurückzuführen: auf das Verhältnis der Menschen zu den Produktionsmitteln, das dann die Klasseneinteilung ergab. Empirisch war es aber wahrscheinlich schon zu Lebzeiten von Marx, und ist es erst recht heute, schwierig, Klassen zu bestimmen, selbst wenn Marx über die Unterscheidung von »Klasse an sich« (also die analytische Bestimmung von Klasse) und »Klasse für sich« (Klasse mit Bewusstsein und Handlungsfähigkeit) die Revolutionsfähigkeit des Proletariats hinterfragt. Hierzu schlägt Balibar vor, anstatt das Augenmerk auf diese Distinktion zu legen, sollten wir die Prozesshaftigkeit der Proletarisierung und Verbürgerlichung, also das Auseinanderdriften von Gesellschaft betrachten.

Seit Bourdieu wissen wir auch, dass die Klassifikation von Klassen Produkt der Klassifikation selbst ist.[5] Die deutsche Soziologie hat sich daher spätestens in den 1980er Jahren von der Klassentheorie verabschiedet und ist mit der Sozialstrukturanalyse den Weg der Schichtungsanalyse gegangen, die keine sozialen Klassen mehr denkt, sondern empirisch/statistisch sozialstrukturelle Cluster analysiert. Soziale Ungleichheit wird damit zur Nebenfolge, nicht aber zum Gesetz von Gesellschaft. Interessanter Weise führt Andreas Reckwitz den Klassenbegriff in der zeitgenössischen Soziologie wieder ein.

Weitere Klassiker der Modernisierungsidee: Simmel, Durkheim, Weber

Die soziologische Trias zum sozialen Wandel besteht aus Marx, Durkheim und Weber. Ich möchte aber zum Verständnis der Entstehung des Differenzierungsgedankens bei Durkheim auch Georg Simmel[6] behandeln und mit seinen Betrachtungen zum Freiheitsspielraum von Individuen im Prozess der Individualisierung beginnen. Anschließend möchte ich mit Durkheims Werk und insbesondere seinen Überlegungen zur Arbeitsteilung fortfahren, und schließlich zu Webers Pluralisierung von Wertsphären und Rationalität kommen.

Georg Simmels rollentheoretische Betrachtung der Modernisierung

Georg Simmel (1858–1918) studierte in Berlin Geschichte, Völkerpsychologie, Philosophie und Kunstgeschichte, wo er auch promovierte und habilitierte. Ab 1901 war er außerordentlicher Professor. Erst mit 56 Jahren erhielt er einen Lehrstuhl für Philosophie in Straßburg und starb vier Jahre später. Aufgrund jüdischer Vorfahren litt seine Laufbahn unter dem deutschen Antisemitismus.

Simmel (Simmel 2004; 1908a, 1908b, 1989)[7] leistete wesentliche Beiträge u. a. zur Philosophie, Geschichtswissenschaft, Kunstgeschichte und Ethnologie und gilt als einer der wichtigen Klassiker der Soziologie. Aus seiner Sicht vertritt die Soziologie eine einzigartige analytische Perspektive, indem sie bestimme Untersuchungsgegenstände zerlegt und sie dann anschließend nach ihren Kriterien neu zusammenfasst. Diese Perspektive sei daher zu erklären, dass der Mensch in Wechselwirkung mit anderen Menschen lebe (vgl. Schimank 1996). Ich möchte den Soziologen hier kurz im Hinblick auf unsere Thematik betrachten.

Individualität

Kennzeichnend für die menschliche Entwicklung, die Simmel in der *»Philosophie des Geldes«* (1989) herausarbeitet, ist, dass sich die Menschen zunehmend als Individuen begreifen. Was uns aus heutiger Sicht ganz normal erscheint, ist in der Tat Ergebnis eines Modernisierungsprozesses. Was bedeutet nun Individualität?

- Unverwechselbarkeit und damit Einzigartigkeit;
- Selbstbestimmung, aber auch Selbstverantwortung.

Gruppenzugehörigkeit

Und dies ist auch schon Simmels zentrales Argument in der Unterscheidung vormoderner und moderner Gesellschaften. Dabei geht Simmel relational vor, indem er davon ausgeht, dass mit der Modernisierung Gruppendifferenzierungen entstehen und ein Individuum bestimmte Gruppenzugehörigkeiten aufweist. Simmel beschreibt dies wie folgt:

> »Die Gruppen, zu denen der Einzelne gehört, bilden gleichsam ein Koordinatensystem, derart, dass jede neu hinzukommende Gruppe ihn genauer und unzweideutiger bestimmt. (...) [J]e mehr es werden, desto unwahrscheinlicher ist es, dass noch andere Personen die gleiche Gruppenkombination aufweisen werden, dass diese vielen Kreise sich noch einmal in *einem* Punkte schneiden« (Simmel 1908a: 312).

Abb. 4: Georg Simmel: Individualität als Schnittmenge von Gruppenzugehörigkeit

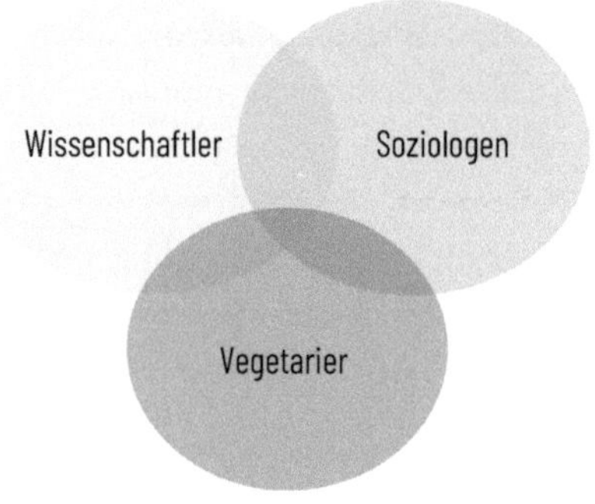

Aus dieser Zugehörigkeit zu verschiedenen Gruppen, hier im Beispiel von Wissenschaftlern, Soziologen und Vegetariern, ergibt sich bei immer weiteren Gruppenzugehörigkeiten eine immer kleinere Schnittmenge, aus der dann die Einzigartigkeit der Person, die Individualität hervorgeht, da die Wahrscheinlichkeit, dass zwei Personen dieselben Gruppenkombinationen innehaben, immer mehr gegen Null geht.

Spezialisten

Dasselbe lässt sich nun rollentheoretisch fassen, dass eine kontinuierliche Rollendifferenzierung auf dem Weg zur modernen Gesellschaft die Rollenanzahl und die Verschiedenheit der Rollen und deren Spezialisierung erhöht. Individuen entwickeln sich zu beruflichen, sog. funktionalen Spezialisten und nehmen über ihren Beruf hinaus bestimmte soziale Rollen ein. Gesellschaft wird zu einem Netz oder Gewebe interdependenter Funktionen.

Rollenkonflikt

Nun gestaltet sich diese Rollenkombination aber nicht immer harmonisch, sondern unterschiedliche Rollen derselben Person können auch konfligieren – z. B. die Vaterrolle mit der Berufsrolle eines Wissenschaftlers, was die Allokation von Zeit betrifft. Die äußeren und inneren Erwartungen an diese Rollen führen zu äußeren und inneren Konflikten, die – so Simmel – das Individuum zu zerreißen drohen. Bestimmte Berufskleidung können wir deshalb so interpretieren, dass die Person durch ihr Tragen auf eine bestimmte Funktion reduziert wird: Richter durch die Robe, Ärzte durch den Kittel usf.

Somit erkennt Simmel also ganz klar den Doppelcharakter der Modernisierung:

> »Der moralischen Persönlichkeit erwachsen ganz andere neue Bestimmtheiten, aber auch ganz neue Aufgaben, wenn sie aus dem festen Eingewachsensein in einen Kreis in den Schnittpunkt vieler Kreise tritt. Die frühere Unzweideutigkeit und Sicherheit weicht zunächst einer Schwankung der Lebenstendenzen (…) [aber] je mannigfaltigere Gruppeninteressen sich in uns treffen und zum Ausdruck kommen wollen, umso entschiedener wird das Ich sich seiner Einheit bewusst« (ebd: 313).

Lebenschancen

Simmel erkennt aber die Gefahr, dass Individualisierung eine »Freiheit von etwas, nicht Freiheit zu etwas« bedeutet (Simmel 1989). Dies bedeutet, dass größere Wahlfreiheit zur Verarmung des Selbst führen kann. Dies lässt sich mit Ralph Dahrendorfs (1979) Konzept der »Lebenschancen« verbinden. »Lebenschancen« bedeuten nicht nur, den Möglichkeitsraum zu vergrößern, sondern eine Balance von »Optionen« und »sinnstiftenden Bindungen« herzustellen. Die kapitalistische Ökonomie scheitert nach Marx gerade an dieser Optimierung, da sie nur einseitig die Optionen der Gesellschaftsmitglieder im Hinblick auf die Wirtschaft stärkt, aber die sozialen Beziehungen gefährdet. Dazu gehört auch, dass das Kapital keine moralischen Schranken hat. Dies führt zur Zuspitzung der Klassengegensätze bis zur Revolution.

Durkheims Differenzierungstheoretische Betrachtung der Modernisierung

Neben der Unterscheidung zwischen bürgerlichen und marxistischen Ansätzen gibt es in der Soziologie zwei als konträr eingestufte Ansätze. Der erste, üblicherweise mit Max Weber assoziiert, setzt bei der sozialen Handlung an. Emile Durkheim ist dagegen ein typischer Vertreter der zweiten Richtung, die Sozialstruktur betrachtet. Beide Ansätze unterscheiden sich hinsichtlich des Verhältnisses von Individuen und Gesellschaft. Max Weber argumentierte, dass Gesellschaft sich aus einer Vielzahl sozial handelnder Individuen zusammensetze. Durkheim sah solche Kollektive als mehr als nur solche Aggregate. Gesellschaft sei ein holistisches Phänomen, sie habe mehr Eigenschaften als die Summe der Eigenschaften der Individuen (ähnliches findet sich auch bei Ferdinand Tönnies wieder in seiner typisierten Unterscheidung von Gemeinschaft und Gesellschaft). Es war eines der Hauptanliegen von Durkheim zu zeigen, dass Individuum und Gesellschaft miteinander in Beziehung stehen und nicht notwendigerweise Gegensätze bilden.

Emile Durkheim (1858–1917) ist einer der größten französischen Soziologen. Seine drei Hauptwerke lauten: *»Über soziale Arbeitsteilung«* (1893), *»Die Regeln der soziologischen Methode«* (1895) und *»Selbstmord«*

(1897). Ebenfalls wichtig ist sein Werk »*Die Elementarformen des religiösen Lebens*«. Sein begonnenes Werk über die Moral blieb unvollendet. Außerdem gründete er die bekannte Zeitschrift »*Année Sociologique*«.

Kommunikations-Debatte

Durkheims Werk ist oftmals verkannt worden und unverständlich geblieben, da es nicht vor dem Hintergrund seiner Zeit in Frankreich interpretiert worden ist – einem nach seiner Auffassung in einer tiefen Krise steckenden Land, das durch den Verlust der staatlichen Autorität und einen Rückgang der Moral zu erklären sei, weil es seit der Französischen Revolution zu sehr den Individualismus und die Gesellschaft zu wenig fördere. Diese Thematik findet sich immer wieder in der Soziologie, und wird heute wieder relevant in der Kommunitarismus-Debatte, die in Amerika entstand, den Verfall der moralischen Werte beklagt und die Gemeinschaft in der Gesellschaft wieder stärken will. Andererseits – und im Gegensatz zu Marx – war er seiner Zeit eine Persönlichkeit in den intellektuellen Wissenschaftskreisen. Ironischerweise wird er heutzutage eher als konservativer Vertreter eingestuft, obwohl er eine starke Nähe zum französischen Sozialismus (obwohl nicht Marxismus) zeigte – eher reformistisch als revolutionär und nicht an einer bestimmten Klasse, den Proletariern, oder bestimmten Doktrinen, sondern eher an einer wissenschaftlichen Analyse der gesamten Gesellschaft interessiert.

Einflüsse

Mindestens drei theoretische Einflüsse spiegeln sich in Durkheims Arbeiten wider: Auguste Comtes Überlegungen zur wissenschaftlichen Methodologie (Positivismus), die bereits dargestellt wurde, die Debatten um den Individualismus, wie sie etwa von den Utilitaristen vertreten wurden, und die Überlegungen von Hobbes und Rousseau zur Entstehung von Gesellschaft. Wir wollen auch die zweite und dritte Wurzel etwas näher betrachten:

Individualismus

Zwischen 1884 und 1886 analysierte Durkheim insbesondere die Beziehung zwischen Individuum und Gesellschaft. Die Französische Revolution hatte mit ihrer Deklaration der Menschenrechte dem Individuum die zentrale Stellung innerhalb der Gesellschaft eingeräumt. Durkheim vertrat aber wie viele Intellektuelle die Auffassung, dass der Individualismus auf Kosten der Gesellschaft ein zu starkes desintegrierendes Element in der Gesellschaft darstellte.

Utilitarismus

Die Theorien des Individualismus, die insbesondere unter dem Stichwort »Utilitarismus« bekannt sind und stark in den neoklassischen Wirtschaftswissenschaften und im angelsächsischen Raum vertreten werden, sind stark von den Arbeiten von Thomas Hobbes und Jean-Jacques Rousseau geprägt. Hobbes (1588–1679) ist einer der Urheber der Vertragstheorie. In seinem Hauptwerk »Leviathan« (Hobbes 1966 [1651]) fragt er – wie viele andere Philosophen – theoretisch nach den Ursachen der Entstehung von Gesellschaft. Hierbei bedient er sich des Konstrukts eines ursprünglichen Zustands, in dem Recht und Herrschaft fehlten. Hobbes nimmt an, dass in diesem Zustand die Menschen Gewalt gegeneinander einsetzten, um ihre unmittelbaren Bedürfnisse zu befriedigen.

Von diesen Überlegungen ausgehend kommt Hobbes zu zwei Grundannahmen, die für die Entstehung von Gesellschaft bedeutsam seien: Das Fehlen von Gesetzen und Herrschaft führte zu einem fortgesetzten Kampf um Dominanz und Macht, und unter diesen Umständen gefährdeten alle ihre Sicherheit. Außerdem seien die Menschen einer Gruppe Gewalt von außen unterworfen, da auch hier die Gewalt vorherrschend sei. So sei der Kampf um Vorherrschaft ein Kampf gegeneinander *(homo homini lupus)* mit der ständigen Gefahr für Leib und Leben.

Gesellschaftsvertrag

In diesem Naturzustand kämen die Menschen zu dem Ergebnis, dass es in ihrem eigenen Interesse liege, einen Gesellschaftsvertrag zu schließen, um Sicherheit und Ordnung zu garantieren. Dies bedeute, gemeinsame Regeln aufzustellen und eine Führungsinstitution zu finden und zu akzeptieren, die die Aufrechterhaltung der Regeln durchsetzen kann. Ein Gesellschaftsvertrag bedeutet hier also nutzentheoretisch einen individuellen Gewaltverzicht und die Übertragung des Gewaltmonopols an die übergeordnete Institution (vgl. Elias 1981), um einen Zustand des Friedens und der Sicherheit zu erreichen. Durkheim kritisiert diese Sichtweise dahingehend, dass sie den Menschen eine antisoziale Haltung unterstelle. Er geht dagegen davon aus, dass Gesellschaft aus sich heraus Regeln und Normen schafft, die es zu analysieren gilt.

Gesellschaftswesen

Auch Rousseau (1712–1778) untersucht die Entstehung gemeinsamer Regeln in der Gesellschaft (2003 [1762]). Wie Hobbes geht er vom natürlichen Wesen der Menschen aus, aber seine Argumentation verläuft anders: Wenn Gesellschaft entsteht, entsteht auch Privatbesitz und Eigeninteresse, und damit beginnen die Menschen, in einer Welt zu kämpfen, in der es Neid und Missgunst gibt. Rousseau untersucht nun, wie ein gemeinsames Interesse entsteht, das Eigeninteresse in Schach zu halten. Er argumentiert, dies gelinge nur, wenn Menschen ihr Eigenintersse dem »generellen Willen« der Gesellschaft unterwerfen, wobei sich die Handlungssubjekte beginnen, als Teil des Ganzen zu fühlen und als Ganzes zu handeln. Wir sehen bei Rousseau also eine Entwicklung vom Einzelwesen zum Gesellschaftswesen – entgegen der üblichen Annahme, dass Individualisierung ein späteres Produkt eines Entwicklungsprozesses ist. Durkheim kommentiert, dass die individuelle und kollektive Struktur von Gesellschaft zwei verschiedene Dinge sind, und dass die kollektive Struktur auch unabhängig von der individuellen Struktur untersucht werden kann.

Handeln

Durkheims Auseinandersetzung mit dem Utilitarismus prägt seine soziologische Theorie. Wie auch Spencer hatte Durkheim in früheren Arbeiten die bei den Utilitaristen vorherrschende Auffassung des individuellen Handelns als nutzenorientiertes, egoistisches Handeln kritisiert. Er argumentierte, dass eine egoistische Handlung nur eine unter anderen Handlungen sei, und er beginnt, normales von abnormen Handeln und Verhalten zu unterscheiden. Dazu bedient er sich der Betrachtung des Verbrechens. Die Utilitaristen würden die Unterscheidung zwischen normalem Handeln und Verbrechen als rationale Konvention von einer Gruppe von Individuen erklären und Strafen als Abschreckungsmechanismus begreifen. Eine solche Sichtweise würde aber vollkommen übersehen, dass die Menschen Verbrechern gegenüber bestimmte tiefgehende Gefühle entgegenbringen. Diese expressiven Gefühle können als Differenz zu Verbrechern und als Nähe zu den Opfern ausgedrückt werden. Die Gesellschaft fordert die Bestrafung des Täters und drückt ihr Mitgefühl für das Opfer aus. Übertragen treffen wir eine Unterscheidung zwischen »normalen Menschen« wie wir selbst und anderen, »abnormen Menschen«, zu denen die Kriminellen gehören. Mit anderen »normalen Menschen« teilen wir ein Gefühl der Gemeinsamkeit über die Abgrenzung zu den »abnormen Menschen«. Handlung hat nach Durkheim damit auch einen symbolischen Aspekt. Es geht bei der Bestrafung des Verbrechers nicht nur um eine utilitaristische Abschreckung anderer, sondern auch um Schande in der Öffentlichkeit und Exklusion.

Mitgliedschaft

Obwohl Gesellschaft üblicherweise mit einem Territorium assoziiert wird (was insbesondere im politischen Konzept des Staates zum Ausdruck kommt), geht es in Durkheims Soziologie um ein Zusammengehörigkeitsgefühl (dies wird später bedeutsam bei der Entstehung von Nationalismus und der Nation). Gesellschaft sei daher durch ihre Mitgliedschaft gekennzeichnet, und diese basiere auf der Differenz von denjenigen, die dazugehören, und denjenigen, die nicht dazugehören – dies ist eben nicht nur rechtlich i. S. v. Staatsbürgerschaft relevant, sondern, so Durkheim, als moralisches Phänomen (Max Weber unterscheidet hier die Binnenmoral von der Außenmoral).

Legitimität

Nach Durkheim finden utilitaristische Handlungen immer innerhalb eines moralischen Kontextes statt. Menschen empfinden das als akzeptabel, was andere als akzeptabel, erlaubt, normal, moralisch empfinden. Dies entspricht damit etwa dem Begriff der Legitimität im Gesellschaftskontext: einer moralischen Rechtfertigung jenseits von Legalität.

Kollektives Bewusstsein

Entgegen dem Kontraktualismus argumentiert Durkheim, soziale Phänomene entstehen zwar aus den Interaktionen von Individuen, aber sie benötigen eine Erklärung auf kollektiver Ebene. Das soziale Leben bewirke eine Veränderung des individuellen Bewusstseins im Zusammenleben im gesellschaftlichen Kontext und bringe ein kollektives Bewusstsein hervor (Durkheim 1982: 144). Unter »kollektivem Bewusstsein« versteht Durkheim einen gemeinsamen Glauben, gemeinsame Praktiken und geteilte Gefühle. Hier wird also besonders deutlich, dass Durkheim Gesellschaft als mehr als ein Aggregat von Individuen versteht. Er betrachtet »kollektive Phänomene«, und in ihnen drücken sich geteilte Ansichten aus, Dinge in einer bestimmten Weise zu tun und anderes zu unterlassen. Eine solche Sichtweise findet sich z. B. auch bei dem Durkheimianer Maurice Halbwachs, in der Phänomenologie, in anderer Form auch in der Habermas'schen Diskurstheorie.

Nach dieser kurzen Betrachtung von Durkheims Verständnis des Verhältnisses von Individuum und Gesellschaft wollen wir uns nun näher mit seinem Werk *»Über soziale Arbeitsteilung«* (1893) beschäftigen, das notwendig ist zum Verständnis der Durkheimschen Differenzierungstheorie:

Exkurs

Durkheim und Arbeitsteilung
Im Allgemeinen kann man Arbeitsteilung als einen Prozess bezeichnen, der Arbeit zwischen Menschen aufteilt, so dass Menschen verschiedene Aufgaben übernehmen. Im ökonomischen Sinne bezieht sich Arbeitsteilung auf einen Prozess, Arbeit in getrennte und spezialisierte Einheiten zu zerlegen, um die Produktivität zu erhöhen. Im Durkheim'schen soziologischen Sinne bezieht sich Arbeitsteilung auf einen Prozess sozialer Kohäsion, die sich in Gesellschaften ergibt, deren soziale Beziehungen daraus resultieren, dass Individuen mit ihren unterschiedlichen, spezialisierten Funktionen voneinander abhängen (Morrison 1995: 144).

Arbeitsteilung

Der Klassiker Adam Smith (1976 [1776]) verbindet mit der Arbeitsteilung eine positive Bewertung: Trotz eines relativ geringen Qualifikationsniveaus des einzelnen Arbeiters wird die Summe der Arbeitsleistung effizienter und perfektionierter (Marx spricht hier von der »Virtuosität des Detailarbeiters«). Frederick Taylor versuchte sogar mit physiologischen Studien, die individuellen Arbeitsabläufe zu optimieren. Der Tylorismus hatte dabei ein Selbstverständnis wissenschaftlicher Betriebsführung, den Arbeitsprozess in kleinste Einheiten zu zerlegen, zu deren Bewältigung keine oder nur geringe Denkvorgänge zu leisten seien, die die Arbeitsoptimierung stören würden. Als Arbeitsanreiz setzte Taylor den Lohn. Taylors Studien sind trotz der Kritik der Inhumanität Vorläufer für die Idee der Fließbandarbeit und des Akkordlohns. Während diese Sichtweisen sich hier auf innerorganisatorische Arbeitsteilung beschränken, lassen sie sich aber auch auf die gesellschaftliche Arbeitsteilung übertragen als zunehmende Spezialisierung und Perfektionierung der Rollen und Funktionen.

Dem kommt schon Durkheims Idee der gesellschaftlichen Differenzierung als Arbeitsteilung nahe, die er zwar nicht entwickelt, aber systematisiert hat (Durkheim 1964 [1893]; Durkheim 1988; Cuzzort 1969)

Definition

Differenzierung bezieht sich auf einen Prozess, in dem soziale Aktivitäten, die vormals von einer sozialen Institution verrichtet wurden, nun verschiedenen Institutionen zugeteilt werden. Differenzierung repräsentiert eine zunehmende Spezialisierung der Teile der Gesellschaft, die zu größerer Heterogenität und Interdependenz der Teile führt.

Segmentäre Gesellschaft

Durkheim (1964) betrachtet den Übergang von der Vormoderne zur Moderne rein differenzierungstheoretisch. Der erste Typ von Gesellschaft, die einfache, oder wie er es nennt, »segmentäre« Gesellschaft, entspricht weitgehend dem Typ, den Spencer betrachtete: kleine Gruppen, die innerhalb eines bestimmten sozialen Territoriums miteinander verbunden sind, wobei die Lebensbedingugen der Mitglieder sehr ähnlich sind. Alle Mitglieder betreiben zumeist Subsistenzproduktion und sind mehr oder weniger ökonomisch unabhängig voneinander. Die Sozialstruktur dieses Gesellschaftstypus ist segmentär differenziert. D. h., sie besteht aus vielen ähnlichen Segmenten wie Familien, Clans, Horden oder Stämmen, die untereinander kaum ökonomische Beziehungen haben. Jedes Segment in diesem Typ von Gesellschaft ist relativ autark und kann seinen Fortbestand weitgehend selbst sichern, aber es gibt starke soziale Bindungen zwischen den Segmenten über Religion, soziale Praktiken (z. B. Frauentausch) etc., wobei die Religion das gesamte Leben durchdringt. Wenn aber bestimmte Segmente ausfallen (z. B. durch Kriege oder Seuchen), berührt das die anderen Elemente nur zu einem geringen Grad, weil es kaum Interdependenzen zwischen ihnen gibt.

Innerhalb der einzelnen Segmente gibt es eine geringe Arbeitsteilung, die allerdings askriptiv festgelegt ist. Sie folgt bestimmten Merkmalen wie Geschlecht oder Alter. Da allerdings diese Rollendifferenzierung in jedem Segment gleich ist, führt sie eben gerade nicht zu Spezialisierungen einzelner Segmente, die letztendlich zu gesellschaftlichen Interdependenzen führen würde. In der Rollentheorie wurde hier von ›small-scale societies‹ (Banton 1966) gesprochen: Gesellschaften, in denen jedes Individuum eine größere Anzahl verschiedener, gering ausdifferenzierter Rollen ausübt.

Die Ziele und die Verhaltensweisen der einzelnen Gesellschaftsmitglieder sind weitgehend standardisiert. Es gibt eine klare geteilte Vorstellung und Festlegung, was erlaubt und verboten ist, und es gibt auch bestimmte als legitim betrachtete, und nach unseren Vorstellungen oftmals als barbarisch eingestufte, Bestrafungsmethoden bei Verletzung der Konventionen. In solchen Gesellschaften, so Durkheim, steht der Fortbestand der Uniformität im Vordergrund, und dies spiegelt sich auch in den Regeln und Gesetzen wider, die stark repressiv sind.

Solidarität

Bei der Frage, was denn so einen Typus von Gesellschaft eigentlich zusammenhält, setzt Durkheim weder einen übergeordneten Staat (Hobbes), noch eine unsichtbare ›ordnende Hand‹ (Adam Smith) ein, sondern er sieht einen mechanischen Zusammenhalt. Dazu benötigen wir den Beriff der Solidarität. Durkheim benutzt diesen Begriff auf verschiedene Art und Weise: (1) als Zwang zu kollektivem Handeln, (2) als System/Geflecht/Netzwerk sozialer Beziehungen und Interkationen, die Gesellschaft ausmachen und (3) als zwei Typen von Solidarität in Differenz von vormodernen und modernen Gesellschaften.

In segmentären (vormodernen) Gesellschaft, so Durkheim, liegt mechanische Solidarität vor – ein unreflektiertes, auf askriptiven und verwandschaftlichen Beziehungen basierendes Gefühl des Zusammenhalts, das deshalb existiert, weil es immer schon so war, und auch keine Wahlfreiheit zulässt. Der Mensch kann nur innerhalb seiner Gruppe überleben. Durkheim bringt für diesen Gesellschaftstyp den physikalischen Vergleich, dass sich die Mitglieder wie Moleküle ohne Eigenwillen nach dem Gesetzen des ihnen übergeordneten Ganzen bewegen. Mechanische Solidarität ist nach Durkheim eine Solidarität aus Ähnlichkeit.

Hier zeigt sich eine bestimmte Analogie zum Marx'schen Denken. Eine Kernaussage von Marx, aufbauend auf Hegel, ist ja, dass das Sein das Bewusstsein bestimme. Durkheim nimmt hier eine sehr ähnliche Sichtweise ein; er argumentiert, dass die Möglichkeit, ein bestimmtes Denken und bestimmte Glaubenssysteme zu entwickeln, durch die Organisationsform der Gesellschaft, in die das Individuum eingebunden ist, begrenzt ist. Die geringe Differenziertheit bringt genau diese »mechanische Solidarität« hervor. Diese Sichtweise, dass Gesellschaft letztendlich durch die Sozialstruktur bestimmt wird, hat Durkheim insbesondere später auch mit seinem Schüler Marcel Mauss ausgearbeitet.

Fortgeschrittene Gesellschaft

Den Gegensatz zu den ›segmentär‹ differenzierten, ›einfachen‹ Gesellschaften sieht Durkheim in den »fortgeschrittenen«, modernen Gesellschaften. Sie unterscheiden sich in zahlreichen Punkten. Während in segmentären Gesellschaften die einzelnen Gruppen innerhalb eines bestimmten Territoriums weit verstreut waren, sind die Bevölkerungsdichte und der Verstädterungsgrad in modernen Gesellschaften wesentlich höher. Ein weiterer Unterschied ist das Ausmaß interdependenter sozialer Arbeitsteilung. In ersteren war dieses Ausmaß gering und räumlich relativ eng gefasst, in letzteren ist es hoch und umfasst einen wesentlich weiteren Raum. Soziale Arbeitsteilung (oder wie wir heute sagen: ›funktionale Arbeitsteilung‹) bedeutet, dass die Gesellschaftsmitglieder verschiedenartige, spezialisierte Funktionen ausüben und untereinander in hohem Maße abhängig voneinander sind. Der Begriff ›soziale Arbeitsteilung‹ ist hier wesentlich weiter gefasst als bei Adam Smith, der sich nur mit der materiellen Produktion beschäftigte. Er beinhaltet auch Funktionen wie die Kindererziehung, Ausbildung, usf. Und gerade diese gegenseitige Abhängigkeit der Gesellschaftsmitglieder voneinander garantiert den Fortbestand der Gesellschaft, da nicht mehr jedes Gesellschaftsmitglied alles selbst produzieren und durchführen kann. Die Teile des Ganzen sind ungleichartig: auf eine besondere Funktion zum Beitrag für das Ganze spezialisiert.

In einer sehr homogenen Gesellschaft des Typs ›mechanischer Solidarität‹ gibt es, wie wir gesehen haben, nach Durkheims Verständnis ein einheitliches kollektives Bewusstsein, das zum Beispiel bestimmte, repressive Reaktionen auf Verbrechen hervorbringt. In einer stark differenzierten Gesellschaft, in der organische Solidarität vorherrscht, ist dieses kollektive Bewusstsein dagegen weniger homogen ausgeprägt, und die Reaktionen sind nicht so einheitlich. Daher sind die Unterscheidungen von dem ›Normalen‹ und dem ›Abnormen‹ weniger eindeutig und lassen dem Menschen auch mehr Freiheiten der Wahl. So ist das Gesetz in modernen Gesellschaften weniger auf die Unterdrückung von Verbrechen, die wir im Strafrecht (alten Recht) finden, sondern eher auf die Regulation im gesellschaftlichen Zusammenleben ausgerichtet, wie wir sie im Vertragsrecht (modernen Recht) finden. Es beinhaltet zum Beispiel die Entschädigung von Geschädigten, die Einhaltung von Verträgen usw.

Durkheim kontrastiert die segmentären und fortschrittlichen Gesellschaften (folgende Tabelle). Dabei sieht er als Ergebnis dieses Kontrastes bei segmentären Gesellschaften den Zusammenhalt über mechanische Solidarität, bei fortschrittlichen Gesellschaften über organische Solidarität.

Tab. 1: Kontrastierung segmentärer und fortschrittlicher Gesellschaften nach Durkheim

Segmentäre Gesellschaften	Fortgeschrittene Gesellschaften
Geringe Bevölkerungsdichte/ geringe Verstädterung	Hohe Bevölkerungsdichte/hohe Verstädterung
Viele ähnliche Segmente mit geringem Bezug zueinander	Hohes Ausmaß soz. Arbeitsteilung/Interdependenz
Geringe Differenzierung/Ähnlichkeit	Hohe Differenzierung/Spezialisierung
Gleichartigkeit der Segmente	Ungleichartigkeit der Segmente
Einheitliches Kollektivbewusstsein	Weniger einheitliches Kollektivbewusstsein
Klarer Unterschied zwischen normal und abnorm	Unklarer Unterschied zwischen normal und abnorm
Fortbestand durch Konformität	Fortbestand durch Differenz/Interdependenz
Regulation über Strafen	Regulation über gesellschaftliches Zusammenleben
Statusgesellschaft (Hierarchie Status, Alter, Geschlecht)	(Leistungsgesellschaft, Meritokratische Gesellschaft)
Mensch fühlt sich als Teil der Gemeinschaft	Mensch fühlt sich als Individuum
→ **Mechanische Solidarität**	→ **Organische Solidarität**

Durkheim und Solidarität

Durkheim versteht mechanische und organische Solidarität wie folgt:

- **Solidarität, mechanische** (oder askriptive): Zusammengehörigkeitsgefühl aufgrund vorgegebener gemeinsamer Merkmale (Name, Alter, Geschlecht, Tradition), denen die Gruppe eine bindende Bedeutung zuschreibt. Nach Durkheim: das Kollektivbewusstsein, das sich in einfachen, segmentär differenzierten Sozialgebilden durch eine Gleichheit der Beziehungen der als homogen angesehenen Teile in einem sozialen Ganzen zur Umwelt ergibt.
- **Solidarität, organische** (Solidarität durch Differenzierung): nach Durkheim die Kohäsion der Teile in einem föderativ-funktional differenzierten sozialen Ganzen, die aus der Verschiedenheit und wechselseitigen Angewiesenheit der Teile erwächst. Dies motiviert die Akteure, ein gewisses Maß an gesamtgesellschaftlichem Wohlergehen anzustreben und sich selbst entsprechende Rücksichten aufzuerlegen. Organische Solidarität erfolgt über Mitgliedschaften.

Differenzierung

Der Zusammenhalt in modernen Gesellschaften entsteht damit über die Arbeitsteilung und daraus resultierenden Interdependenzen. Man kann nicht selbst sein Auto reparieren, und man benötigt einen Anwalt, um seine Interessen vor Gericht durchzusetzen. Genau diese Arbeitsteilung oder Differenzierung drängt aber die ›mechanische Solidarität‹ zurück. Es handle sich bei der organischen Solidarität um einen Organismus, in dem differenzierte und spezialisierte Teile/Organe sich zu einem funktionierenden Ganzen zusammenfügen, wobei das Funktionieren der einzelnen Teile voneinander abhängig ist (hier die Erinnerung an die Denkweise von Comte und Spencer). Allerdings funktioniert das Ganze aber nicht einfach von selbst, sondern ist um ein zentrales politisches Organ aufgebaut, das die Steuerungsfunktion übernimmt.

Gesellschaftliche Ordnung

Man könne hier leicht schließen, dass bei der organischen Solidarität Fehlentwicklungen und Konflikte vorprogrammiert sind. Dazu sagt Durkheim, die Interdependenz der Gesellschaftsmitglieder sowie ein Rest-Vorhandensein mechanischer Solidarität (z. B. in

Berufsorganisationen) und die Steuerung durch den Staat würden dem aber entgegenwirken. Wir finden hier also ein Konzept, bei dem die Gesellschaft des zweiten Typs aus der des ersten Typs hervorgeht. Dabei erkennt Durkheim bereits, der Staat müsse in der modernen Gesellschaft zunehmend als Garant gesellschaftlicher Ordnung auftreten, um die gesellschaftliche Integration voranzutreiben. Hier ist also ein deutlicher Gegensatz zur liberalistischen Auffassung des Nachtwächterstaates vorhanden. Aus der heutigen Diskussion über den Sozialstaat wird deutlich, dass dieser auch sozialstaatliche Formen der Solidarität übernimmt, da der moralisch-fürsorgerische Aspekt der Solidargemeinschaft mit dem Wandel von Gemeinschaft zu Gesellschaft generalisiert (siehe hierzu Bayertz 1998).

Durkheim geht weiter davon aus, dass über dauerhafte Interaktionen aufgrund wechselseitiger Leistungsabhängigkeiten selbst in utilitaritischen Interaktionen eine eigentümliche Kooperationsmoral aufkommen kann, die über moralischen Druck zustande kommt. Diese können wir damit erklären, dass jeder Akteur beobachtet und von anderen Akteuren beobachtet wird. Eine Kooperationsverweigerung könnte daher von den anderen Akteuren negativ sanktioniert werden. Diese Sichtweise ist bereits eine Vorausnahme der Spieltheorie und der Systemtheorie, die untersuchen, wie lange Handlungsketten von Kooperation zustande kommen. Dies kann aber nur gelingen, wenn einer der Akteurspartner eine Vorleistung von ›Vertrauen‹ erbringt (vgl. Axelrod 1995; Luhmann 2001).

Individualität

Das Individuum und Individualität entstehen bei Durkheim wie bei Simmel erst in modernen Gesellschaften, in denen ein kollektives Bewusstsein existiert, das Einheit in der Vielheit zulässt. Allerdings warnte auch Durkheim vor einem exzessiven Individualismus, der die organische Solidarität zerstören könne.

Anomalien

So beschäftigt sich Durkheim im letzten Abschnitt des Werks zur Arbeitsteilung mit Anomalien oder pathologischen Formen in der Entwicklung. Auch hier macht er wieder eine Anleihe bei den Naturwissenschaften: Pathologien sind Krankheiten in einem Organismus. Durkheim erkennt drei verschiedene Anomalien: (a) die anomische Arbeitsteilung; (b) die erzwungene Arbeitsteilung und (c) die schlechte

Koordination von Funktionen, die aus der Arbeitsteilung selbst hervorgeht.

- Eine anomische Arbeitsteilung entsteht z. B. in Wirtschaftskrisen. Der Grad der Solidarität und des sozialen Zusammenhalts nimmt hier gravierend ab und die Konkurrenz zwischen den Individuen gravierend zu.
- Die erzwungene Arbeitsteilung ersteht z. B. dann, wenn bestimmte Eliten die Organe zu ihren Gunsten instrumentalisieren und die Arbeitsteilung nach ihren Interessen steuern. Solidarität wird durch Arbeitsteilung aber nur erzeugt, wenn diese spontan ist.
- Eine schlechte Koordination der Funktionen ist z. B. die Folge von starken Ungleichheiten, die zu Konflikten führen.

Modernisierung

Die Janusköpfigkeit der modernen Gesellschaft ist also, dass deren Mitglieder einerseits funktional voneinander abhängig sind, andererseits im Vergleich zu vormodernen Gesellschaften autonomer sind. Mit Schimank (1996: 44) lässt sich zusammenfassend zu Durkheims Perspektive feststellen, dass er sich somit mit drei Kernfragen der Modernisierung auseinandersetzt: (1) der Beschaffenheit des Differenzierungsprinzips (Prinzip der sozialen Arbeitsteilung) von modernen und vormodernen Gesellschaften; (2) der Entstehung dieser Differenzierung und (3) den verschiedenen Mechanismen gesellschaftlicher Integration.

So arbeitete Durkheim gemäß der Idee des Positivismus, der bereits im Sozialevolutionismus angelegt wurde. Er erkennt ein universalistisches Entwicklungsgesetz, das von einfachen zu komplexen Gesellschaften über Rollendifferenzierung führt.

Max Webers kulturvergleichende Überlegungen zum okzidentalen Rationalismus

Max Weber (1864–1920)[8] war ein universalgebildeter Gelehrter. Es gibt viele Themen, die er aufgreift, die zentral für die Soziologie und insbesondere Theorien der Modernisierung und des sozialen Wandels sind. Hierbei stehen weniger mikrosoziologische Betrachtungen etwa der Rollendifferenzierung bzw. funktionale Differenzierung, sondern die Makrodifferenzierung in modernen Gesellschaften im Vordergrund. Zu seinen Hauptwerken zählen *»Die Protestantische Ethik und der Geist des Kapitalismus«*, das unvollendete Werk *»Wirtschaft und Gesellschaft«*, seine *»Wirtschaftsgeschichte«*, die den Prozess der kapitalistischen Entwicklung beschreibt, und verschiedene religionssoziologische Schriften. Er äußerte sich zu zahlreichen theoretischen Aspekten wie Klasse, politischer Legitimität, der Entwicklung des modernen Rechtssystems, den Weltreligionen, usf.

Soziale Theorie

Von seiner sozialen Theorie her kann Weber als Modernist bezeichnet werden. Er brachte verschiedene Denktraditionen zusammen und entwickelte eine einzigartige theoretische Perspektive, die auf Geschichte, Philosophie, Recht, Wirtschaft und vergleichender historischer Analyse basiert. Weber selbst wurde dabei von hauptsächlich zwei Schulen beeinflusst:

(a) Der deutschen Historischen Schule um Menger, Schmoller, Knies und Rickert, die gegenüber universellen Gesetzen die Einzigartigkeit geschichtlicher Konstellationen betonten und zu denen er aber in kritische Distanz ging, indem er Gesetzmäßigkeiten hervorhob.
(b) Der marxistischen Schule der politischen Ökonomie, indem er an zahlreichen Punkten in kritischer Distanz zu Marx ging. Einer dieser Punkte war Marx' Sichtweise, dass die soziale Theorie zum gesellschaftlichen Wandel beitragen solle, indem er von der rein analytischen Rolle der Sozialwissenschaften Abstand nahm und forderte, soziale Theorie müsse in soziale Handlung münden. Weber dagegen argumentierte, die Aufgabe sozialer Theorie sei, nach historischen Wahrheiten, Gesetzmäßigkeiten und Beziehungen zu suchen, indem man insbesondere kulturvergleichende und geschichtsvergleichende Forschung durchführe, um hier Gemeinsamkeiten und Unterschiede zu erkennen.
(c) Außerdem unterscheiden sich Marx und Weber in ihrer Sichtweise von Geschichte und historischen Ursachen. Weber stimmte

zwar Marx zu, dass die Wirtschaft eine zentrale Kategorie des sozialen Lebens sei, aber er lehnte ab, dass dies die ausschließliche Kategorie für Erklärungen von Entwicklung sei. Hierfür spielten ebenfalls zahlreiche nicht-ökonomische Faktoren eine wichtige Rolle. So stellt Weber die Verbundenheit der sozialen Sphären fest, wobei letztlich insbesondere vier Sphären bedeutsam seien: die politische, rechtliche, religiöse und wirtschaftliche Sphäre. Diese spielten in verschiedenen Konstellationen zusammen und brachten sozialen Wandel und historische Entwicklung hervor. Sie stellten somit ursächliche Faktoren für andere Entwicklungen dar.

Zivilisationsprozess

Kernstück von Webers Theorie und Analysen ist sein Interesse am Zivilisationsprozess und der Entstehung der modernen westlichen Gesellschaft, sowie das zentrale Thema der Rationalisierung, oder anders ausgedrückt: Modernisierung als Folge des ›okzidentalen Rationalismus‹. Dies stellt Weber in Opposition zu Marx, der ja behauptet, dass die materiellen Bedingungen das Bewusstsein und auch die Geschichte bestimmen. Im Vergleich zu Durkheim steht bei Weber kein abstraktes Prinzip im Mittelpunkt, sondern ein Prozess, der alle Sphären der Gesellschaft – die wirtschaftliche, die rechtliche, die politische und die religiöse – durchdringt.

Während Marx sich bei seinen Betrachtungen des Kapitalismus aber vornehmlich an der westlichen Gesellschaft orientiert bzw. an den ökonomischen Verhältnissen, die er im England seiner Zeit beobachten konnte,[9] sind Webers Analysen eher multikulturell geprägt. Er vergleicht die okzidentale Gesellschaft mit den Gesellschaften des Ostens. Weber bestimmt hierbei Kapitalismus als ein System sozialer Bewegungen. Für ihn sind es die verschiedenen sozialen Bereiche der Gesellschaft wie etwa Religion, Gesetzgebung oder politische Institutionen, die das Wesen des Kapitalismus bedingen. Um der historischen Entwicklung des Kapitalismus gewahr zu werden, richtet Weber wie Marx vor ihm seine Aufmerksamkeit auf den Feudalismus. Dieser war nach seiner Auffassung spezifisch für das Abendland. Er lässt sich wie folgt charakterisieren: das politische Recht konzentrierte sich auf den Klerus. Dieser hatte die Macht über Leibeigene und abhängige Bauern und zielte auf ggf. auch »widerrechtliche« Landaneignung. Mit dem Prozess dieser Landnahme waren die Bauern gezwungen, das Land zu verlassen. Hierbei kam es zu Verstädterungsprozessen und zur Entwicklung von Märkten. Die Veränderung der sozialen und wirtschaftlichen Bedingungen war aber an die Veränderung der Herrschaftsverhältnisse gekoppelt. In Frankreich kam es durch die Revolution schnell zur Umwälzung des Herrschaftssystems und somit zu einer Neuerung der wirtschaftlichen Verhältnisse. In Russland hingegen war das Herrschaftssystem in der bäuerlichen Gesellschaft so stark verankert, dass es nur langsam zu einer Veränderung kam. Mit der Entstehung eines Bürgertums änderten sich auch die politischen Verhältnisse, was den Anstoß zum Untergang der feudalen Gesellschaft gab.

Berufsorganisation

Weber richtete seinen Blick ebenso auf die Organisation der Wirtschaft über Berufsorganisationen: die Zünfte. Die Zunft regulierte den Handel und das Handwerk über Zutrittsbeschränkungen, Zunftzwang, Verhaltenskodexe etc., und damit den Marktzugang. Doch die erhöhte Güternachfrage ging schließlich über die Grenzen der Koordinationsfähigkeit der Zunft hinaus. Das System transformierte sich zur Massenproduktion, die auf fortschreitender Spezialisierung und Arbeitsteilung basierte und ihre Entsprechung in den Manufakturen und später in den Betrieben fand. Wie bei Durkheim und Marx ist also die fortschreitende Arbeitsteilung und Differenzierung ein wichtiger Prozess für die Entstehung des modernen Kapitalismus.

Klassenmodell

Das Klassenmodell taucht bei Weber im vierten Kapitel von »*Wirtschaft und Gesellschaft*« unter dem Titel ›Stände und Klassen‹ auf. Webers Klassenmodell weist besonders hinsichtlich der Klassenlage eine starke Nähe zu Marx auf: bei beiden stellen die Verfügungsgewalt über die Arbeitskraft sowie die Produktionsmittel die wichtigsten Determinanten dar. Auch Weber sieht das Ungleichgewicht zwischen den Klassen, doch anders als Marx steht für ihn nicht die revolutionäre Veränderung der Produktionsverhältnisse, sondern die Veränderung der politischen Situation (Wahlrecht) im Vordergrund.

Weber bezieht sich mit seiner Analyse auf einen konkreten historischen Vorgang in einer konkreten Kultur: dem Abendland, das er in seiner Entwicklung von anderen Kulturen absetzte. Diese konnten bis zu einem bestimmten Zeitpunkt in der Geschichte mit der westlichen Modernisierung Schritt halten oder diese sogar übertreffen, wie dies für einige alte Hochkulturen gilt. Hierbei analysierte er insbesondere China und Indien und die mit diesen Ländern verbundenen Religionen: den Konfuzianismus und Taoismus, Hinduismus und Buddhismus. Darüber hinaus betrachtete er in geringerem Maße auch Materialien aus dem islamischen Kontext und dem Judentum. Allerdings ist Weber nicht etwa im evolutionistischen Denken verhaftet. Für ihn war der ›okzidentale Rationalismus‹ historisch geradezu unwahrscheinlich – ein zufälliges Resultat nicht automatisch zusammentreffender Faktoren.

Rationalismus

Wir werden dies etwas später betrachten und hier zuerst auf die wichtigsten theoretischen Elemente von Webers Theorie zu sprechen kommen: Ausgangspunkt von Max Webers Überlegungen war die Frage, wie und warum der moderne Kapitalismus in Westeuropa entstanden ist. Gegenüber einer rein materialistischen Betrachtung dieser Frage, wie sie etwa Karl Marx verfolgt, setzt sich Weber stärker mit dem Zusammenspiel bestimmter kultureller Faktoren auseinander, die diese Entwicklung überhaupt erst ermöglichten. So kommt Weber mit seinen sehr tiefgehenden Analysen zum Resultat, dass die moderne kapitalistische Wirtschaft eben nur einen – wenn auch zentralen – Aspekt der westlichen Moderne darstellt. Ihr liegt aber ein bestimmtes Phänomen zugrunde, das alle gesellschaftlichen Bereiche durchdringt: der ›Rationalismus‹. Das folgende lange Zitat von Weber verdeutlicht seine sehr komplexe Denkweise und seinen verschachtelten Schreibstil, wobei ich es bereits an einigen Stellen kürze:

> »Nur im Okzident gibt es ›Wissenschaft‹ in dem Entwicklungsstadium, welches wir heute als ›gültig‹ anerkennen. Empirische Kenntnisse, Nachdenken über Welt- und Lebensprobleme, philosophische und auch (...) theologische Lebensweisheiten tiefster Art, Wissen und Beobachtung außerordentlicher Sublimierung hat es auch ander-

wärts (...) gegeben. Aber: der babylonischen und jeder anderen Astronomie fehlte die mathematische Fundierung, die erst die Hellenen ihr gaben. Der indischen Geometrie fehlte der rationale ›Beweis‹: wiederum ein Produkt hellenischen Geistes, der auch Mechanik und Physik zuerst geschaffen hat. Den nach der Seite der Beobachtung überaus entwickelten indischen Naturwissenschaften fehlte das rationale Experiment: nach antiken Ansätzen wesentlich ein Produkt der Renaissance, und das moderne Laboratorium, daher der namentlich in Indien empirisch-technisch hochentwickelten Medizin, die biologische und insbesondere biomechanische Grundlage (...) für eine rationale Rechtslehre fehlen anderwärts trotz aller Ansätze in Indien (...), trotz umfassender Kodifikationen besonders in Vorderasien und trotz aller indischen und sonstigen Rechtsbücher, die streng juristischen Schemata und Denkformen des römischen und des daran geschulten okzidentalen Rechtes, (...) Ähnlich in der Kunst. Das musikalische Gehör war bei anderen Völkern anscheinend eher feiner entwickelt als heute bei uns, (...) Polyphonie verschiedener Art war weithin über die Erde verbreitet, Zusammenwirken einer Mehrheit von Instrumenten und auch das Diskantieren findet sich anderwärts. Alle unsere rationalen Tonintervalle waren auch anderwärts berechnet und bekannt. Aber rationale harmonische Musik: – sowohl Kontrapunktik wie Akkordharmonik –, Bildung des Tonmaterials auf der Basis der Dreiklänge mit der harmonischen Terz, unsere nicht distanzmäßig, sondern in rationaler Form seit der Renaissance harmonisch gedeutete Chromatik und Inharmonik, unser Orchester mit seinem Streichquartett als Kern und der Organisation des Ensembles der Bläser, der Generalbaß, unsere Notenschrift (die erst das Komponieren und Üben moderner Tonwerke, also ihre ganze Dauerexistenz überhaupt, ermöglicht) (...) dies alles gab es nur im Okzident (...) Ebenso (...) fehlt, obwohl die technischen Grundlagen dem Orient entnommen waren, (...) jene Art von ›klassischer‹ Rationalisierung der gesamten Kunst – in der Malerei durch rationale Verwendung der Linear- und Luftperspektive –, welche die Renaissance bei uns schuf, Produkte der Druckerkunst gab es in China. Aber eine gedruckte: eine nur für den Druck berechnete, nur durch ihn lebensmögliche Literatur: ›Presse‹ und ›Zeit-

> schriften‹ vor allem, sind nur im Okzident entstanden. Hochschulen aller möglichen Art (...) gab es auch anderwärts, (...) Aber rationalen und systematischen Fachbetrieb der Wissenschaft: das eingeschulte Fachmenschentum, gab es in irgendeinem an seine heutige kulturbeherrschende Bedeutung heranreichenden Sinn nur im Okzident, vor allem: den Fachbeamten, den Eckpfeiler des modernen Staats und der modernen Wirtschaft des Okzidents (...) den ›Staat‹ überhaupt im Sinne einer politischen Anstalt, rational gesetzter ›Verfassung‹, rational gesatztem Recht und einer an rationalen, gesatzten Regeln: ›Gesetzen‹, orientierten Verwaltung durch Fachbeamte, kennt, in dieser für ihn wesentlichen Kombination der entscheidenden Merkmale, ungeachtet aller anderweitigen Ansätze dazu, nur der Okzident, (...) Und so steht es nun auch mit der schicksalvollsten Macht unseres modernen Lebens: dem Kapitalismus. (...) ›Erwerbstrieb‹, ›Streben nach Gewinn‹, nach Geldgewinn, nach möglichst hohem Geldgewinn hat an sich mit Kapitalismus gar nichts zu schaffen, (...) in diesem Sinne (...) hat es ›Kapitalismus‹ und ›kapitalistische‹ Unternehmungen auch mit leidlicher Rationalisierung der Kapitalrechnung in allen Kulturländern der Erde gegeben. Aber der Okzident kennt in der Neuzeit daneben eine ganz andere und nirgends sonst auf der Erde entwickelte Art des Kapitalismus: die ralionalkapitalistische (betriebliche) Organisation von (formell) freier Arbeit« (Weber 1978b; Hervorh. weggel.).

Die hier beschriebenen verschiedensten Entwicklungen haben also eine grundlegende Gemeinsamkeit: Rationalisierung der Lebensführung in der westlichen Moderne.

Sowohl Weber, als auch Durkheim führen also den Enwicklungsprozess zur modernen Gesellschaft auf ein Prinzip zurück. Bei Durkheim handelt es sich um die ›arbeitsteilige funktionale Differenzierung‹, bei Weber um ›Rationalisierung‹ der Lebensführung, die hier allerdings in den unterschiedlichen Bereichen (oder gesellschaftlichen Subsystemen verschieden verläuft).

Rationalität

Um die hier angesprochenen Gemeinsamkeiten und Differenzen zu verstehen, wollen wir noch einmal Webers Verständnis von Rationalisierung betrachten und mit einem weiteren zentralen Begriff:

Rationalität vergleichen. Rationalisierung bezog sich, wie wir bereits festgestellt haben, auf den allumfassenden historischen Prozess, über den der Alltag zunehmend durch Planung und Kalkulation, wissenschaftliches Wissen und rationales Handeln bestimmt wird. Rationalität bezieht sich bei Weber dagegen auf folgende vier Dimensionen des Handels (vgl. Weber 1985):

- Handeln kann zuerst einmal auf der unmittelbaren Handlungsebene analysiert werden. Hier gibt es die Form des *zweckrationalen* Handelns: die Abwägung zwischen Mitteln und Zielen. Diesem Typ idealtypischer Handlung stehen vor allem affektuales, traditionales und routineförmiges Handeln gegenüber.
- Rationalität des Handelns kann aber auch in einer *theoretischen Rationalität* begründet sein. Hierbei geht es um die Reflexion über die Handlungswirkungen und verallgemeinerbare Kausalzusammenhänge, losgelöst von unmittelbarer Handlungsnotwendigkeiten. Dieser Typ von Rationalität ist insbesondere Kennzeichen der Wissenschaft, und er ist Kennzeichnen der ›Reflexiven Modernisierung‹, in die wir laut Beck, Giddens und Lash eingetreten sind.
- Handlungsrationalität kann auch eine *formale Rationalität* sein, die auf allgemein anzuwendende Regeln ausgerichtet ist. Eine solche Regel ist zum Beispiel die formelle Gleichheit aller Menschen vor dem Gesetz, deren Folge aber nicht die materielle Gleichheit in Hinblick auf Ressourcenverteilung ist.
- Die Rationalität des Handelns kann sich außerdem auf *Wertrationalität* beziehen. Wertrationales Handeln bezieht sich auf eine bestimmte Dimension des Sollens, z. B. eine religiöse Ethik oder politische Ideologie, nach der die Individuen handeln sollen.

Nun ist das Kennzeichen des ›okzidentalen Rationalismus‹, dass das gesellschaftliche Handeln in allen vier Dimensionen gleichzeitig rationalisiert worden ist. So löste die Zweckrationalität das Handeln aus traditionalen und emotionalen Zwängen wie Familienbanden oder Dorfgemeinschaften und passte es den individuellen Bedürfnissen an. Diese Herauslösung war nur möglich, weil die anderen Dimensionen der Rationalität entstanden. Die theoretische Rationalität entzauberte mit der neuzeitlichen Wissenschaft, die Rolle der Kirche als übergeordnetes Ganzes, das das gesamte Leben dominiert. Die formale Rationalität war insbesondere ein Produkt der ›bürokratischen Herrschaft‹; sie war Kennzeichen der Staats- und der Wirtschaftsverwaltung.

Wertrationalität

Für die westlichen modernen Gesellschaften ist allerdings die Kultivierung der Wertrationalität von besonderer Bedeutung. Diese richtet sich gegen die Dominanz der Zweck-Mittelrationalität in allen Lebensbereichen und gegen die Kirche im Hinblick auf die Bestimmung des Alltagshandelns, die die Menschen auf ein bestimmtes außerweltliches Ziel ausrichtete: ihr Seelenheil. Wertrationalität bedeutet hier eine Säkularisierung der Sollensdimension gesellschaftlichen Handelns und die Öffnung des Wollens auf verschiedene Ziele hin. So differenziert sich die Politik heraus, eine Sphäre, die der Logik der Macht folgt. Die Logik der Wirtschaft ist das Streben nach Gewinn, der Wissenschaft nach Wahrheit, der Rechtswissenschaft nach Recht, der Kunst nach Schönheit und der Erotik nach Lusterfüllung.

Dieser Rationalisierungsprozess fand allerdings nicht überall gleichzeitig statt, sondern zuerst ausschließlich im Okzident, wie das lange Zitat bereits gezeigt hat. Um dies nachzuweisen, vergleicht Weber diejenigen Gesellschaften, in denen sich die großen Weltreligionen in der ›Axenzeit‹ (vgl. Jaspers 1949) herausbildeten: der Buddhismus, der Hinduismus, das Judentum, das Christentum, der Konfuzianismus und der Islam. Dabei arbeit er sozialstrukturelle und kulturelle Faktoren heraus, die allerdings oftmals von Sozialwissenschaftlern in Hinblick auf Entwicklungschancen einzelner Länder oder ethnischer Gruppen überbetont werden (Schrader 1997a).

Die moderne Gesellschaft besteht für Weber aus einem polyzentrischen Nebeneinander von nicht-hierarchischen ›Wertsphären‹ ohne einen alle Sphären überwölbenden sinnhaften, hierarchischen Überbau (Pollack 2016a: 226). Während in vormodernen Gesellschaften die Religion diesen Überbau bildete – in Westeuropa waren dies der Papst und die katholische Kirche –, wurde sie durch die Säkularisierung und Rationalisierung der verschiedenen Wertorientierungen selbst nur noch eine »Wertsphäre« neben anderen.[10]

Infobox

Max Webers Ausdifferenzierung von gesellschaftlichen Sphären und Werten (vgl. Kruse und Barrelmeyer 2012: 117–120)
Traditionale Gesellschaften hatten eine gemeinsame übergeordnete Wertsphäre der Religion.

Moderne Gesellschaften differenzieren *nebeneinander* stehende Wertsphären aus, was zu intrinsischen Spannungen der Moderne führt:

- Wirtschaft/Gewinn – Logik der Akkumulation
- Religion/Metaphysik – Säkularisierung
- Politik/Macht – bürokratische Herrschaft
- Wissenschaft/Wahrheit – Vernunft, Logik
- Rechtswesen/Recht – formale Gleichheit
- Kunst/Ästhetik – Schönheit
- Erotik – Lusterfüllung

Allerdings generierte die nicht-hierarchische Koexistenz dieser Wertsphären durch ihre eigenen, teilweise widersprechenden Werte und Teilrationalitäten Spannungen (vgl. Weber 1978a: 541–542). Um hier ein Beispiel zu nennen: die Werte des Wissenschaftssystems setzen dem Forschungsdrang keine Grenzen, aber das Religionssystem bzw. die Ethik setzt Grenzen z. B. in der Beeinflussung des Erbgutes. Ein anderes Beispiel wäre: je mehr das wirtschaftliche Gewinnstreben an Bedeutung zunimmt, desto mehr tritt die Spannung zwischen zweckmittelrationalem Wirtschaftshandeln und ethisch-wertrationalen Beschränkungen der Käuflichkeit auf (z. B. bei Bestechungen der Bürokratie, der Prostitution, usw). Ein drittes Beispiel wäre sicherlich der ständige Konflikt zwischen Beschäftigungsmaßnahmen und Shareholder's Value oder zwischen Kosten/Gewinnen und Umweltmaßnahmen. Das gesellschaftliche Ganze ist nach Weber zentrifugalen Kräften ausgesetzt (vgl. Kruse & Barrelmeyer 2012).

Bürokratische Herrschaft

Eine soziologische Grundfrage ist, was eine solche Gesellschaft dann überhaupt noch zusammenhält? Auf diese Frage findet nach Schimank (1996) Weber eine Antwort, wie wir sie in einer anderen Variante schon bei Durkheim gefunden haben: die Tendenz zur »bürokratischen Herrschaft«, die alle formalen Organisationen durchzieht (Weber 1985: 125–130; 551–579). Sie hat eine dreidimensionale integrative Wirkung.

(1) Die erste Dimension liegt innerhalb der Organisationen selbst. Jede formale Organisation schafft Regeln zur Disziplinierung ihrer Mitarbeiter, deren Einhaltung überwacht und deren Nichteinhaltung bestraft wird. Die Organisationsform ist hierarchisch. Weber stellt fest, formale Organisationen nähern sich in ihrer Funktionsweise Maschinen an, die hochgradig effizient und rational sind.

Als Mitglieder formaler Organisationen werden Mitarbeiter durch deren bürokratische Ordnung in Schach gehalten. Dadurch kommen also die dem Kapitalismus inhärenten Spannungen der Wertsphären eher nicht zum Tragen. Wir haben also nach dieser Sichtweise eine Vielzahl von lokal integrierten Handlungszusammenhängen vorliegen.

(2) Allerdings sieht Weber noch eine zweite Ebene gesellschaftlicher Integration: die ›legale Herrschaft mit bürokratischem Verwaltungsstab‹. Sie beruht auf einer Positivierung des Rechts. Dies bedeutet, dass der Gesetzgeber (in Demokratien das Parlament) nahezu beliebige Rechtsinhalte legal durchsetzen kann. Die staatliche Verwaltung führt als bürokratische Organisation diese Gesetze aus und setzt durch, dass die Gesellschaftsmitglieder die Gesetze beachten. Das Rechtssystem ist von staatlichen Weisungen unabhängig[11] und wird schließlich bei Konflikten und bei der Sanktionierung von Verletzungen dieser Regelungen und Gesetze tätig. Dieses Gerichtswesen (Weber 1978b: 562–565) schafft eine Erwartungssicherheit für alle Beteiligten und macht die Durchsetzung der Marktwirtschaft, in der die Handlungssubjekte sich nicht mehr ausschließlich auf ihre persönlichen Beziehungen verlassen brauchen, überhaupt erst möglich. Und genau das Fehlen dieser Erwartungssicherheit (die Korrumpierbarkeit, unklare Handlungsanweisungen an die Rechtsprechung usw.) erschwert die Transformtion in eine Marktgesellschaft, was ja genau in vielen ehemals sozialistischen Ländern zur Zeit der Fall ist.

(3) Noch in einer dritten Dimension, die Weber übersieht, wirkt die »bürokratische Herrschaft« gesellschaftlich integrationsfördernd:

über ›*Policy-Netzwerke*‹. Solche Netzwerke finden sich innerhalb vieler gesellschaftlicher Teilbereiche, aber auch über deren Grenzen hinweg und sorgen für den gesellschaftlichen Konsens über Kompromisse zwischen antagonistischen Ansprüchen (Bsp.: round-table Gespräche, Bündnis für Arbeit, Konsensgespräche; vgl. Schimank 1996).

Bürokratische Herrschaft als Form gesellschaftlicher Integration ist allerdings, wie Weber festellt, für die einzelnen Gesellschaftsmitglieder äußerst zwiespältig. Zum einen erfahren sie eine enorme Steigerung ihrer Lebenschancen (Freiheiten, Bedürfnisbefriedigung usw.). Auf der anderen Seite gibt es eine ungleiche Machtverteilung zwischen dem Individuum und Organisationen, so dass im Konfliktfall deren Interessen über langwierige und kostenintensive Rechtsstreits sich gegen die individuellen Interessen durchsetzen können. Neuerdings hat James Coleman ohne direkte Anknüpfung an Weber zeitgenössische Gesellschaften als »asymmetrische Gesellschaften« bezeichnet. In solchen Gesellschaften gibt es immer häufiger Konflikte zwischen einzelnen Personen und Großorganisationen, wobei letztere fast immer in Rechtsstreits gewinnen. Ausnahmen dieser Regel sind sicherlich die jüngsten Produkthaftungsprozesse in den USA, die aber bereits schon in Deutschland keine Entsprechung mehr finden.

Weber erkennt dabei in der bürokratischen Herrschaft, der nur eine instrumentelle Funktion zukommt, die Gefahr, dass der Verwaltungsstab die Herrschaft im Staat an sich reißt und unkontrollierbar wird. Dies kann auch zur Verkrustung der Bürokratie führen, wie dies in Kafkas Roman »*Das Schloss*« mit der Figur des Landvermessers deutlich wird, dessen Auftrag von der Bürokratie an deren bürokratischen Regeln, das Schloss zu betreten, scheitert. Diese Perspektive Webers wurde in der deutschen Soziologie und Sozialphilosophie von der Kritischen Theorie weiter vertieft (vgl. Horkheimer 1947: 124–152; Adorno 1953). Die Kritische Theorie diagnostiziert im Anschluss an Weber das ›Ende des Individuums‹ in der ›Verwalteten Welt‹.

Kritische Theorie

Zwar stimmt die Kritische Theorie Georg Simmel zu, dass Individualität ein Resultat der Rollendifferenzierung moderner Gesellschaften ist, aber die Bürokratisierung stellt eine Gegenbewegung dar. So sei Individualität nur eine kurze Episode der modernen Gesellschaft; sie werde dann von den bürokratischen Strukturen geschluckt.

Charismatische Persönlichkeiten

Was kann denn nun in der modernen Gesellschaft das Verkrusten in bürokratischen Strukturen verhindern? Oder sind wir tatsächlich ohnmächtig Organisationen und ihrer bürokratischen Funktion ausgeliefert? Weber bietet hier eine erstaunliche Lösung an: charismatische Persönlichkeiten. Dies sind insbesondere politische oder religiöse Führer, die mit ihrem Appell an die Massen bürokratische Verkrustungen aufbrechen können. Luther war für ihn ein Beispiel dafür; der Dalai Lama ist vielleicht ein anderes. Sicherlich kommt eine solche Problemlösung nicht allzu häufig vor, kann aber soziale Bewegungen hervorbringen, die selbst verkrustete politische Systeme zu Fall bringen (Beispiel Iranische Revolution).

Die Protestantische Ethik war nach Weber die Voraussetzung dafür, die Logik der Akkumulation gesellschaftsfähig zu machen (Geist des Kapitalismus) und so den modernen Kapitalismus durchzusetzen.

Webers Gesellschaftsvergleich im Hinblick auf Modernisierung

Modernisierungstheorie

Max Weber ging es um den Nachweis der Einzigartigkeit der Rationalisierung in Westeuropa während einer bestimmten historischen Periode, die den modernen Kapitalismus hervorbrachte, während andere Gesellschaften mit dieser Entwicklung zeitweise nicht Schritt hielten. Er argumentierte, Entwicklung müsse dort von außen, (d. h. über Kulturkontakt, Kolonialismus etc.) induziert wurde. Bei Weber, aber auch schon teilweise bei Marx im Historischen Materialismus, wo er die Statik asiatischer Gesellschaften diagnostiziert, wird die Perspektive von *der* Gesellschaft auf den Gesellschaftsvergleich im Hinblick auf Entwicklung bzw. Nicht-Entwicklung erweitert. Hinter dieser Sichtweise steht, was wir als Kernidee der Modernisierungstheorie bezeichnen, und wo wir uns konkret mit befassen wollen: Die Erklärung von Entwicklungsunterschieden von Gesellschaften. Bedeutsam ist, dass sich die Modernisierungstheorie als Entwicklungstheorie in ihrem Anspruch implizit oder explizit und leider oftmals allzu verkürzt auf Max Weber bezieht.

Protestantische Ethik

Webers Theorie der Rationalisierung macht eine bestimmte religionshistorische Entwicklung für die Besonderheit des westlichen Entwicklungspfades und das Aufkommen des »Geistes des (modernen) Kapitalismus« verantwortlich: Die protestantische Ethik. Mit seinen weiteren religionssoziologischen Betrachtungen über die anderen Hochreligionen zeigt er im Rahmen seines Denkmusters auf, dass die westliche Entwicklung zu diesen eben verschieden war.

Webers Protestantische Ethik

»Die protestantische Ethik und der Geist des Kapitalismus« (1905, in: M. Weber: Gesammelte Aufsätze zur Religionssoziologie 1, 5. Aufl., Tübingen 1963, S. 17–206) bildet den Ausgangspunkt von Webers religionssoziologischen Betrachtungen, die er später im Gesellschaftsvergleich mit der Erweiterung der Perspektive auf Hinduismus, Buddhismus, Konfuzianismus, Taoismus, Judentum und Islam vertiefte. In dieser Studie zeichnet er die religionsethischen Wurzeln der Entstehungsgeschichte des modernen Industriekapitalismus westlicher Prägung nach. Er beginnt hierbei mit empirischen Daten über einen Zusammenhang zwischen der Konfession (Katholiken und Protestanten) und wirtschaftlichem Erfolg. Nachweislich waren um 1900 im Land Baden Protestanten wirtschaftlich erfolgreicher als Katholiken. Kern der Untersuchung ist aber die Entstehung des »kapitalistischen Geistes« im Zuge des Puritanismus in Neuengland, der das Gewinnstreben entpersönlicht, ja geradezu sakralisiert und einer ethischen Moral des Wirtschaftens unterwirft.

Dabei gehen seine religionssoziologischen Überlegungen da hin, wie die Religionen die Spannungen zwischen Profanem und Sakralem, zwischen diesseitigem Lebenssinn und Jenseits lösen. Diese Spannungen verstärkten sich im Zuge der Entzauberung einer vormodernen Welt, die alleine durch den religiösen Überbau erklärt wurde.

Geist des Kapitalismus

Weber charakterisiert den Katholizismus so, dass er stark im Magisch-Ritualistischen verhaftet bleibt und eine jenseits gerichtete Orientierung aufweist, wobei sie über die Beichte und Buße den Subjekten eine Eigenverantwortlichkeit für ihr Handeln abnahm. Grundsätzlich war sie eher gegen den aufkommenden Handelskapitalismus eingestellt, was sich an der negativen Einstellung zu Handel und Finanzgeschäften zeigt (Braudel 1985, 1990a; Le Goff 1988, 1989). Dagegen sei der Protestantismus, und hier vor allem der Calvinismus und Puritanismus, auf eine bestimmte selbstgenügsame und ethische Lebensweise einer rechtschaffenden Wirtschaftstätigkeit ausgerichtet, bei der aber Kapitalakkumulation möglich wird – anfangs religiös legitimiert, dann aber als Geist des Kapitalismus die religiöse Rechtfertigung verliert. Während Luther vor allem die Erfüllung der Berufsarbeit als göttlich bestimmte Pflicht herausstellte,[12] steht im Calvinismus und Puritanismus der persönliche wirtschaftliche Erfolg – »zum Ruhme Gottes« und zur Gnadengewissheit (Prädestination) – im Mittelpunkt der Ethik.

Bedeutsam im Calvinismus ist die Prädestinationslehre. Sie geht davon aus, dass im Weltenplan Gottes bereits festgelegt sei, welche Menschen für die Seligkeit und welche für die Verdammnis ausgewählt seien. Die Gnadengewissheit könne das Subjekt allein durch den beruflich-wirtschaftlichen Erfolg im Diesseits erfahren. Hiermit stehe die rational-methodische, asketische Lebensführung der Calvinisten und Puritaner in engem Zusammenhang. Sie ist durch harte weltliche Berufsarbeit (innerweltliche Askese) zum Gefallen Gottes gekennzeichnet. Das heißt konkret, Zeitvergeudung, Müßiggang, unnötiger Aufwand, Festhalten an Besitz und Reichtum und Luxuskonsum könnten nicht gerechtfertigt werden, sondern nur eine moralische, auf Prinzipien aufbauende, geschäftlich korrekte Lebensführung auf der Grundlage eines asketischen Sparzwangs und einer kontinuierlichen Kapitalakkumulation. Durch die soziale Kontrolle der puritanischen und calvinistischen Gemeinschaften trug diese Ethik des Protestantismus entscheidend zur Geburt des neuen kapitalistischen Wirtschaftsmenschen und zur Herausbildung des »Geistes des Kapitalismus« bei, der in den modernen Industriekapitalismus führte. Dieser neue kapitalistische Wirtschaftsmensch brach mit dem Traditionalismus und der hedonistischen Lebensweise der alten aristokratischen Eliten. Im Zuge der fortschreitenden Säkularisierung blieb von diesen religiösen Wurzeln allerdings wenig übrig – ja, die Religion stand sogar dem Selbstzweck der Kapitalakkumulation im Wege. Diese Lebensweise ging aber in die Zwänge der kapitalistischen Wirtschaft und ihre Grundwerte über, die den Lebensstil der Menschen bestimmen. Wir finden im Puritanismus eine eigentümliche Verneinung von Lebensfreude mit im Hinblick auf das Jenseits (Gnadengewissheit) bezogener Diesseitsgerichtetheit der Kapitalakkumulation.

Die aus der protestantischen Askese geborene rational-ökonomische Lebensführung ergab sich in weltgeschichtlich einmaliger Weise nur im Okzident: der alle Lebensbereiche des Menschen durchdringende Prozess der Entzauberung der Welt führte zur Rationalisierung der Lebensführung in allen gesellschaftlichen Bereichen.

Asiatische Religionen und ihre Ethiken

Religionssoziologie

Religionssoziologie befasst sich insbesondere mit dem Einfluss von Religion auf das Alltagshandeln. Entsprechend betrachtet Weber religiöse Ethiken im Hinblick auf ihre Auswirkungen bzgl. der Rationalisierung der Lebensführung und damit auch auf ihre wirtschaftlichen Auswirkungen. Dabei geht es Weber insbesondere um die asiatischen Religionen, die in Hochkulturen entstanden. Die Religionen im Einzelnen sind: Hinduismus, Buddhismus, Jainismus, Islam, Konfuzianismus und Taoismus, wobei Weber ausführlich den Hinduismus, Buddhismus und Konfuzianismus betrachtete, während die Vertiefung der anderen Religionen noch nicht voll ausgearbeitet war. Ich möchte anschließend die Positionen Webers und einiger anderer Wissenschaftler zusammenfassen.[13]

Hinduismus

Nach Weber ist der **Hinduismus** (Indien, Bali) eine ritualistische Religion der Anbetung. Die Rolle des Laien ist auf Pietät und das Ritual beschränkt. Pietät enthält ein starkes Element der Tradition, die er als einen der stärksten Hinderungsgründe für die Entwicklung einer rationalen Ethik ansieht. Die Weltanschauung des Hinduismus verknüpft eine sakrale mit einer sozialen und wirtschaftlichen Ordnung, das Kastensystem, in dem vertikale Mobilität über Kastengrenzen hinweg sehr eingeschränkt ist. Die Erlösung ist nur innerhalb dieses Kastensystems möglich. Der Hinduismus basiert auf einer Systematisierung einer Ethik guter Taten, der Theorie des Karmas, des essenziellen

Prinzips der Lebensbilanz. Nach Weber waren die Durchführung von Ritualen und die Theorie der rituellen Reinheit im Vergleich zu anderen Religionen Hinderungsfaktoren im Geschäftsleben. Allerdings weist Weber in der Beschreibung des Alltagslebens darauf hin, dass aus ökonomischer Notwendigkeit bestimmte Kastenschranken umgangen wurden. So zum Beispiel konnten Großfinanziers aus der Händlerkaste durch Heirat mit Töchtern finanziell abhängiger Herrschender in die Kriegerkaste aufsteigen.

Jainismus

Nach Weber (Weber 2006, Bd. 2: 737 ff.) stellen **Jains** (vornehmlich Indien), die über religiöse Differenzierung aus dem Hinduismus hervorgegangen sind, eine spezielle Sekte von Händlern und Finanziers dar, die vielleicht sogar ausschließlicher als die der Juden im Okzident war. Charakteristisch für sie ist ein ökonomischer Rationalismus, der weit vom Hinduismus entfernt ist. Sie weisen den Ritualismus, die Lehren der Veden, die heilige Sprache und die brahmanistische Vermittlertätigkeit zurück. Im Jainismus hängt die Erlösung vom individuellen, innerweltlichen Asketentum ab. Unter den Geboten von Laien und Mönchen stehen die Verurteilung und Vermeidung des Tötens von Leben und die Beschränkung von Besitz. Nicht der Besitz selbst, sondern das Anhaften an ihm ist verpönt. Andere Verhaltensregeln sind die Integrität im Geschäftsleben, das Verbot des Betrugs, der Bestechlichkeit, unsauberer Geschäftspraktiken usw. Jains sind für ihre Geschäftstüchtigkeit und ihre florierende Geschäftskultur bekannt. Sparsamkeit führte zum Reinvestieren von Kapital anstatt zur Anhäufung von Grundbesitz oder dem Verzehr von Luxusgütern. All dies ist der Protestantischen Ethik sehr ähnlich. Allerdings fand der Übergang zum modernen Kapitalismus nicht statt. Weber erklärt die Anhaftung der Jains an ihren religiösen Verhaltensregeln als mitverantwortlich für ihre Wirtschaftstätigkeit, aber auch für das Fehlen des Übergangs zum modernen Kapitalismus über Säkularisierung. Hindus betrachten Jains als eine spezielle Unterkaste von Händlern, insbesondere, da sie mit der Zeit einige hinduistische Rituale und Weltanschauungen übernommen haben (in Südindien z. B. das Kastenwesen).

Buddhismus

Im Gegensatz zu der Volksreligiosität des tibetischen, chinesischen oder japanischen Buddhismus ist der alte **Buddhismus** *(Hina-*

yana, Theravada) (vgl. Weber 2006: Bd. 2), der eine Abspaltung vom Hinduismus darstellt, nach Weber eine extreme Ethik der Weltverneinung. Er weist eine rationale Ethik insofern auf, dass er auf die Beherrschung aller natürlichen Triebhaftigkeit abzielt. Sein Ziel ist allerdings die Auslöschung der Karma-Kausalität, des Leids und der Vergänglichkeit, das Eingehen ins *Nirvana*. Es gibt keine göttliche Gnade, kein Gebet, keinen Gottesdienst und keine Absolution. Die Taten bestimmen die Ebene der ständigen Wiedergeburten, denen es letztendlich zu entrinnen gilt. Jedes weltbezogene Handeln führt letztendlich von diesem Ziel fort, während die Besitzlosigkeit, Keuschheit, die Loslösung von den Familienbanden und das Wanderasketentum Mittel auf dem Weg zum Ziel darstellen. Nach Weber führt kein Weg von dieser konsequent weltflüchtigen Position zu irgendeiner Wirtschafts- und rationalen Sozialethik, sondern im Gegenteil gerade von ihr weg. Die Lehre des alten Buddhismus ist eine Intellektuellenlehre, die nie zur Volksreligion werden konnte, da der einzelne zur Befreiung auf sich gestellt ist. In Indien absorbierte der Hinduismus daher große Teile der Buddhisten, in Tibet wurde er zu einer Mönchsreligion mit stark magischen Aspekten, während er als Volksreligion ähnlich dem Hinduismus ein Pantheon aufbaut, in Ostasien zeigt er starke Parallelen zum Taoismus.

Islam

Der **Islam** ist nach Weber keine ethische Erlösungsreligion (i. S. v. Vergebung). Muslime glauben an Gottes uneingeschränkte Macht und Gnade. Für jeden Muslim geht es um die Erfüllung der Regeln, die im Koran fixiert sind: ein bestimmtes Sexualverhalten, das Zinsverbot, die Unterstützung der Armen, die Verpflichtung zu einer Pilgerfahrt nach Mekka, das Verbot des Glücksspiels und eine bestimmte Art der Kleidung, die Verrichtung der Gebete. Sie beinhalten Elemente des Asketentum. Reichtum, Macht und Ehre sind angestrebte Verheißungen für das Diesseits, ein Krieger- (Weber: Soldaten-)paradies für das Jenseits. Das Jüngste Gericht bestrafe den Sünder durch die Hölle und belohne den Frommen durch das Paradies.[14]

Im Laufe der Zeit passte sich der Islam immer stärker an das weltliche Leben an. So weisen Muslime Luxus und Vergnügen nicht zurück, und es wird sogar von einem wohlhabenden Mann erwartet, dass er entsprechend seines Status lebt, aber auch den Armen gibt *(sakat)*. Hinsichtlich der Erfüllung der Regeln werden für zahlreiche Gelegenheiten Ausnahmen gestattet, so zum Beispiel für Händler auf Reisen. Der alte Islam beinhaltete kein individuelles Streben nach Erlösung oder einen Mystizismus. Reichtum, Macht und Ehre sind diesseitige Verheißungen. Er verlangte keine methodische Kontrolle der Lebensführung und verknöcherte allmählich in Fatalismus. Die Derwischreligiosität ist eine außeralltägliche und nach Weber irrationale Religiosität und habe keine Parallelen zur innerweltlich-asketischen Lebensmethodik. All dies erklärt nach Weber das Fehlen der Entwicklung einer rationalen Ethik, die die meisten modernen kapitalistischen Unternehmen verlangen.

Das ausdrückliche Zinsverbot im Koran *(riba)*[15] hat bis heute uneingeschränkte Gültigkeit. Es hat für islamische Länder derart Konsequenzen, dass als Alternative zum westlichen Bankwesen ein islamisches Bankwesen entstanden ist. Es steht in Einklang mit dem Zinsverbot, da es auf dem Prinzip der Risikoteilhabe basiert (Baldwin & Wilson 1988). Hier wird also die Wertrationalität über die Zweck-Mittelrationalität gestellt.

Webers Analyse des Islam blieb unvollendet und wird vielleicht auch deshalb am stärksten kritisiert. Er konzentrierte sich im Kern darauf zu zeigen, dass der Islam eine Kriegerreligion blieb und sich bürgerliche Schichten nicht emanzipieren konnten. Dabei verdeutlichte er nicht, dass die Gründe für die Verhinderung einer rationalen Ethik weniger in der Religion als im Herrschaftssystem zu suchen sind (vgl. Turner 1974; Huff und Schluchter 1999; Husain 2004).

Taoismus/ Konfuzianismus

Der **Taoismus** entwickelte sich als klösterlicher Orden und Ethik, die hier im Hinblick auf eine Ethik wirtschaftlichen Handelns vernachlässigt werden kann. Für Laien spielen dagegen **Konfuzianismus** und späterer Taoismus eine größere Rolle. Nach Weber (1968: 160 ff.) war der Konfuzianismus nicht prinzipiell feindlich gegenüber wirtschaftlichem Gewinn eingestellt. Sein Grundprinzip ist, dass das Amt alleine die Perfektionierung der Persönlichkeit bewirkt. Während die wirtschaftliche, die medizinische und priesterliche Einkommensgenerierung den ›kleinen Pfad‹ darstellen, strebt der kultivierte Mensch nach Universalität, die die konfuzianistische Erziehung liefert. Dieses ist das Ziel und kein Mittel, andere Ziele zu erreichen.

Während Taoisten von der richtigen Lebensführung persönliche Vorteile erwarten, sehen Konfuzianer sie als Folge des guten Gewissens der Menschen. Verschiedene Gruppen aus der Geschäftswelt schlossen sich daher dem Taoismus an, da er den Gott des Wohlstands verehrt.

Nach Weber (1968: 227 ff.) hat die konfuzianistische Ethik sich nicht vollkommen säkularisiert (z. B. Ahnenkulte). Aber von ihrer Intention ist sie rational und minimiert die Spannung mit dem Weltlichen. Die Menschheit ist zur letztendlichen Selbstvervollkommnung über Erziehung in der Lage. Der Erlösungsaspekt fehlt völlig. Ein Mangel an Ausbildung (der mit einem Mangel an wirtschaftlichen Mitteln in Beziehung gebracht wird) und Irrtümer der Regierung verursachen alles Unglück, das durch die Rastlosigkeit aller als magisch angenommene Geister hervorgebracht wird. Die einzig zu erwartenden Tugenden sind ein langes, gesundes Leben und Wohlstand in dieser Welt und ein Weiterleben durch den guten Namen nach dem Tode. Politischer Gehorsam und Treue zur Familie wurden neben der Bildung hochstilisiert. Vor diesem Hintergrund wird etwa bei der Diskussion um asiatische Werte von autoritären Politikern hervorgebracht, dass Demokratie nicht mit Konfuzianistischen Werten vereinbar sei. Trotz dieser Rationalität brachte der Konfuzianismus keine kapitalistische Ethik hervor. Der typische Konfuzianer der Mittelklasse gab seinen Wohlstand für Ausbildung aus, während demgegenüber der okzidentale Puritaner viel verdiente, wenig ausgab und viel ins Geschäft reinvestierte.

Judentum

Die Kulturreligion des **Judentums** bezeichnet Weber (2006: Bd. 3) als »weltangepasst« und »weltzugewandt«, da asketische Weltflucht ihm nur als Ausnahme bekannt ist. Vom Puritanismus unterscheidet es sich durch das Fehlen systematischer Askese. Es geht primär um die Erfüllung der »Gesetze« und Ritual- bzw. Tabunormen, die allerdings ebenso wenig asketische Züge tragen. Die Beziehung zum Reichtum ist derart, dass Reichtum als eine Gabe Gottes angesehen wird, wobei der Prädestinationsgedanke fehlt, und Luxus und Verschwendung nicht verwerflich sind – solange dies nicht mit den jüdischen »Gesetzen« in Widerspruch steht. Sexuelle Aktivität außerhalb der Ehe ist verpönt – wie in anderen Religionen auch. Die Kapitalakkumulation ist nicht religiös motiviert wie etwa bei den Puritanern. Den wirtschaftlichen Erfolg erklärt Weber aus der Minoritätenposition heraus (starke Binnenmoral, andere Außenmoral).

Erwerbstrieb

Weber fasste zusammen, dass alle Kulturreligionen einen Freiraum für den Erwerbstrieb des Händlers, das Interesse des Handwerkers an seinem Lebensunterhalt und den Traditionalismus des Bauern ließen. Darüber hinaus ließen diese populistischen Religionen die philosophische Spekulation und das konventionelle ständeorientierte Lebensmuster der privilegierten Gruppen unberührt. Allerdings brachte keine der Massenreligionen Asiens Motive der Orientierungen an einer rationalisierten ethischen Modellierung der kreatürlichen Welt in (und nicht außerhalb) dieser Welt als ewig gegebener und so bester aller möglichen Welten.

Kapitalismus

Weber stellt fest, Kapitalismus existiert in all diesen Religionen wie auch im okzidentalen Altertum und Mittelalter. Es gab allerdings keine Entwicklung zum modernen Kapitalismus oder wenigstens eine Tendenz in diese Richtung. Es entstand kein ›kapitalistischer Geist‹, wie er im asketischen Protestantismus entstand. Aber anzunehmen, dass die hinduistischen, chinesischen oder muslimischen Händler, Kaufleute, Handwerker oder Kulis einen geringeren Erwerbstrieb als asketische Protestanten hätten, entspricht, so stellt Weber fest, sicherlich nicht den Tatsachen. Man könne sogar das Gegenteil unterstellen. Denn was den Puritaner unterscheide, sei die rationale und ethische Bändigung des Profitstrebens. Aber es gebe keine Hinweise darauf, dass Entwicklungsunterschiede auf ein unterschiedliches natürliches Potential von Kulturen für technischen und wirtschaftlichen Rationalismus verantwortlich seien. Zur Zeit Webers importierten die von ihm betrachteten Kulturen im Zuge des Kolonialismus die Idee der Säkularisierung und des wirtschaftlichen Rationalismus als wichtigste Errungenschaft des Okzidents, während gleichzeitig ihre kapitalistische Entwicklung durch die rigide Ausübung von Tradition behindert sei. Die Hinderungsgründe seien zuerst einmal in der Religiosität zu suchen, obwohl einige politische Faktoren wie innere strukturelle Herrschaftsformen auch bedeutsam sind.

Ich möchte Webers religionssoziologische Betrachtungen in ein Vier-Felder-Schema einordnen, wobei diese Einordnung entlang zweier Skalen verläuft: einer Rationalitätsskala und einer Weltlichkeitsskala.

Tab. 2: Vier-Felder-Schema der Weltreligionen nach Weber

Weltlichkeit\Rationalität	Hoch Rational	Wenig Rational
Diesseitsorientierung	Calvinismus, Puritanismus Konfuzianismus (Wertrationalität.) Judentum (Wertrationalität.)	Islam
Jenseitsorientierung	Buddhismus Jainismus	Katholizismus Hinduismus

Weber stellte also in seiner Religionssoziologie (1972) fest, dass nur der **Protestantismus** den modernen Kapitalismus hervorbrachte, der auf der Erlösung durch seine weltliche Berufung aufbaute. Diese protestantische Betonung der methodisch rationalisierten Lebensführung im Hinblick auf seine berufliche Verantwortung ist gänzlich unterschiedlich zum hinduistischen, stark traditionalistischen Konzept der Berufe innerhalb der Kastenhierarchie. Für die meisten Volksreligionen Asiens blieb im Gegensatz zum Protestantismus die Welt magisch, wobei der praktische Weg, sich zu orientieren oder immanente oder transzendentale Sicherheit zu finden, in der Geisterverehrung oder -beherrschung oder ritualistischen Prozeduren lag. Von der magischen Religiosität der ungebildeten Schichten Asiens, so Weber, führte kein Pfad zu einer rationalen, methodischen Kontrolle der Lebensführung. Aber auch nicht von der konfuzianistischen Lebens-

Protestantismus

anpassung, der Weltzurückweisung des Buddhismus, der Welteroberung des Islam, messianistischen Erwartung und des wirtschaftlichen Paria Gesetzes des Judaismus (ebd.).

Kulturalismus-Argument

Insgesamt kann Webers Religionssoziologie dahingehend kritisiert werden, dass er insbesondere die Religion für die Entwicklung gesamter Kulturen verantwortlich machte (Kulturalismus-Argument). So schreibt Detlef Claussen:

> »Der Eurozentrismus dieses Weberschen Ansatzes besteht nicht in der konstruierten Überlegenheit der westlichen Weltauffassung, sondern in der Konstruktion unterschiedlicher gesellschaftlicher Lebensformen als durch religiöse Weltauffassungen bedingt.« (Claussen 2013: 387)

Bis heute wirkt die Weber'sche Religionssoziologie bei der Interpretation von Entwicklungschancen bzw. Hemmnissen implizit oder explizit nach, wie wir später sehen werden.

Außerdem vernachlässigte Weber, obwohl er einzelne Sekten betrachtete, unterschiedliche Entwicklungen der Popularisierung der Religionen in unterschiedlichen Regionen. So ist zum Beispiel der Alltagsislam in Indonesien oder Zentralasien bei weitem weniger orthodox als im Mittleren Osten.

Sozialstruktur, Bürokratie und Asiatische Produktionsweise

Aber natürlich beschränkte sich Weber bei der Analyse der Entstehung des modernen Kapitalismus nicht ausschließlich auf den Aspekt der Religion und Ethik. Darüber hinaus entwarf er unterschiedliche Entwicklungspfade des Okzidents und Orients auf der Basis einer unterschiedlichen Arbeitsteilung und unterschiedlicher Herrschaftsformen.[16] Weber begann mit der Unterscheidung einer Arbeitsteilung innerhalb von und zwischen Gemeinschaften. Beginnen wir mit letzterer.

Moralsphären

Eine zwischengemeinschaftliche Arbeitsteilung brachte nach Weber im Orient früher als im Okzident den zwischengemeinschaftlichen Handel und Frühformen des Kapitalismus hervor.[17] In vormodernen

Gesellschaften war diese zumeist monetarisierte Sphäre des Fernhandels klar von der Subsistenzwirtschaft innerhalb der Gemeinschaft getrennt (Binnenmoral, Außenmoral) und es gab getrennte Moralsphären zwischen diesen. Allmählich traten Spezialisierungen von Gemeinschaften hervor, die bestimmte Produktion, Dienste, Handel oder Finanzierung anderer Gemeinschaften übernahmen, während sie selbst in ihrer eigenen Gemeinschaft bestimmten Regeln unterworfen waren (Binnenmoral).

Berufsstruktur

Im Laufe der Zeit nahm die zwischengemeinschaftliche Arbeitsteilung in beiden Regionen verschiedene Formen an. Im Okzident ergab sich eine Arbeitsteilung zwischen Stämmen, und es entstanden tribale Handwerke, Wanderarbeit, mit der Verstädterung unfreie Gilden, dann freie Gilden und schließlich die Produktion für den freien Markt.[18]

Kernargument Webers ist, dass im Okzident eine gesellschaftlich-funktionale Differenzierung und die Herausbildung neuer Institutionen voranschritt, während diese Entwicklung in Asien durch die Herrschaftsformen entweder in ihren Anfängen blockiert war, oder länderspezifische Formen wie in Indien mit dem Kastensystem entstanden. An der Argumentation wird das Zusammenspiel von gesellschaftlich-beruflicher Differenzierung und politischer Organisation deutlich.

Politischer Wandel

Parallel zur Organisation der Berufsstruktur verlief der politische Wandel von den okzidentalen traditionellen Gemeinschaften zu patrimonialen Staaten und zur Herrschaftsform des Feudalismus im Weber'schen Sinne. Die innergemeinschaftliche Arbeitsteilung und die Migration im Verstädterungsprozess brachen zuerst die traditionellen Gemeinschaften auf und hinterfragten später den patrimonialen Staat, der solche Entwicklungen zu unterdrücken versuchte. Aus verschiedenen historischen und politischen Gründen setzten sie allerdings ihren Wandel fort, durchlebten verschiedene politisch-wirtschaftliche Strukturen und brachten schließlich den freien Industriestaat hervor.

Im Orient, so Weber, wurde diese Entwicklung allerdings aus verschiedenen historischen und politischen Gründen unterdrückt, die in verschiedene Richtungen führten. In China wurde der Patrimonialstaat in ein Kaiserreich mit einer Reihe von patrimonialen Beamten (Mandarine) transformiert. Der Staat reorganisierte Handwerker und Händler in unfreie Gilden, die sich in den Städten niederließen, und diese unterstanden der direkten Kontrolle der Patrimonialbeamten. Das System erstarrte. In Indien gab es eine religiös legimitierte zwischengemeinschaftliche Arbeitsteilung, die über Verstädterungsprozesse und Migration in den Städten im Kastensystem dupliziert wurde. Die reformerischen kastenlosen Erlösungsreligionen Buddhismus und Jainismus waren längerfristig nicht in der Lage, sich dem Kastensystem zu entziehen; sie wurden ins hinduistische System als eigene Kasten absorbiert und übernahmen selbst *Jatis* zur Binnendifferenzierung. Die Fixierung der zwischengemeinschaftlichen Arbeitsteilung behinderte das Aufbrechen der traditionellen Gemeinschaften, die sich im städtischen Kontext über rituelle Vorschriften reproduzierten.

Bürokratie

Ein weiterer Punkt zur Erklärung von Stagnation ist die Bürokratie. Die personale Aneignung in Form von Steuerpachten, Bestechung, Staatshandel und Staatsproduktion durch feudale Eliten bzw. durch die gebildeten konfuzianistischen Bürokraten bestimmte deren Haltung gegenüber der Wirtschafts- und Verwaltungspolitik. Sie war durch die Abneigung gegenüber jeglicher Veränderung des Status Quo gekennzeichnet, was die Durchsetzung eines freien Marktes und jeglicher bürokratischer Reformen unmöglich machte. Anstatt also den Traditionalismus zu schwächen, stärkte ihn die Geldwirtschaft, da sie aufs Engste mit Steuern verknüpft war und den Herrschenden bestimmte persönliche wirtschaftliche Vorteile bot. Generell ausgedrückt verstärkte sie ihre Rentiermentalität, denn der Status Quo erleichterte ihnen, Abgaben einzusammeln. Mit jeder Weiterentwicklung der Geldwirtschaft erfanden Herrscher neue Steuerpachten, die sie lokal veräußerten und letztlich die Abgabenlast der Bevölkerung erhöhten. Anstatt dass der Staat Steuern erhob und reinvestierte, schöpfte die Elite Kapital zur persönlichen Bereicherung und zur Führung eines standesgemäßen Lebenswandels ab (Luxusimporte). Kapitalistische Kapitalakkumulation fehlte dagegen. Ein generelles

Ergebnis der Entwicklung des orientalischen Patrimonialismus war, so Weber, dass nur Gewalt von außen, militärische oder religiöse Aufstände die feste Struktur dieser Steuerpachtsysteme aufbrechen und neue Machtstrukturen und neue wirtschaftliche Rahmenbedingungen schaffen konnte.

Moderner Kapitalismus

So behauptet Weber, in China und Indien entstand der moderne Kapitalismus nicht vor dem 20. Jahrhundert aufgrund der starren religiösen Ethiken beider Länder, des Typus der Bürokratie (fehlende Kalkulierbarkeit der Administration und Art der Rechtsdurchsetzung), Stratifizierung, der Macht durch die Berufs- und Kastenvereinigungen und der Familienstruktur (patriarchalische Clanstruktur in China, *extended family* im Hinduismus). In der frühen Kolonialzeit in Asien bedienten sich über indirekte Herrschaft die Niederländer, Engländer und Franzosen dem etablierten bürokratischen System und richteten sich anfangs auch nicht gegen die Sozialstruktur. In Indien wurde dann der moderne Kapitalismus als fertiges Produkt im Spätkolonialismus von den Engländern übernommen (Andreski 1984: 90).

Einige vergleichende Bemerkungen zu den Klassikern der Soziologie

Entfremdung

Die intrinsische Spannung der Moderne ist bei Marx das Konzept der Entfremdung. Auch Durkheim und Weber gehen näher auf die intrinsischen Spannungen der Moderne ein. Alle Autoren stellen fest, dass diese desintegrierende Folgen für die Gesellschaft haben können. Die Konsequenzen sind aber bei all diesen Autoren verschieden. Für Durkheim und Simmel ist die Individualität der Person insbesondere bedeutsam als gesellschaftlicher Integrationsmechanismus, und auch heutzutage ist Ulrich Beck relativ optimistisch in Hinblick auf einen gesellschaftlichen Zusammenhalt trotz des zunehmenden Risikos in der Lebenswelt/Handlungsumwelt und einer zunehmenden Individualisierung. Für Beck ist das auf die individuelle Biographie bezogene Handeln nicht gefährdend für die gesellschaftliche Ordnung, sondern gerade Kennzeichen eines gesunden Umgangs mit der

Differenzierung, indem hier die Eigenverantwortung gestärkt wird. Aus der Rollendifferenzierung und Individualisierung leitet die Systemtheorie wiederum die Annahme her, dass wegen der ständigen verschiedenen Rollenerwartungen von anderen an uns und von uns an andere sich Empathie herausbildet, mit der wir uns in die Lage der anderen Person hineinversetzen können und damit auch ihr Verhalten antizipieren können.

Während Simmel in dieser Individualisierung Vor- und Nachteile für das gesellschaftliche Zusammenleben erkennt, betont Marx als negative Folge kapitalistischer Entwicklung die »Entfremdung« des einzelnen sowohl von seinen Mitmenschen als auch von sich selbst wie auch dem Produkt. Die sozialen Beziehungen werden immer mehr zu Tauschbeziehungen zwischen anonymen Partnern, bei denen alle nur noch auf ihr Eigeninteresse bedacht sind. Diese Denkweise manifestiert sich bei einigen Ökonomen der Gegenwart, die die Rational Choice Theorie auf soziale Beziehungen übertragen. Liebe wird dann zum rationalen Kalkül zweier unabhängiger Partner, die über eine gemeinsame temporäre oder auch langfristige Lebensgestaltung den Alltag erleichtern (Gary Becker). Im Unterschied zu Marx wird diesem Eigeninteresse aber eine positive gesellschaftliche Konnotation beigemessen.

Stagnation

Viele Wissenschaftler, die über Asien arbeiten, sind von Webers Denkart implizit und explizit beeinflusst worden. In vielen Fällen herrscht das Bild vor, dass die asiatischen Gesellschaften statisch waren bzw. sogar sind. Dieser Gedanke ist aber nicht originär bei Weber. Er taucht bereits bei Marx und später insbesondere im Konzept der Asiatischen Produktionsweise[19] auf (Masubuchi 1966; Wittfogel 1957), das sich bis zum Zweiten Weltkrieg hoher Beliebtheit erfreute.

Wie bei Weber wird die Stagnation orientalischer Gesellschaften aus endogenen Faktoren erklärt. Während um die Frage nach der Entstehung der Asiatischen Produktionsweise ein heftiger Streit entbrannte, stimmten Wissenschaftler weitgehend in folgender generellen Charakteristik überein: In orientalischen Gesellschaften (i) fehlte weitgehend der Privatbesitz; (ii) dominierte der Staat öffentliche Arbeiten, inklusive der notwendigen extensiven Bewässerungssysteme; (iii) war die Dorfgemeinschaft selbstgenügsam, und es gab kaum freie Städte; (iv) gab es keine Differenzierung zwischen Landwirtschaft und Handwerk; und (v) waren die Produktionsmethoden generell sehr einfach. In der orientalischen Gesellschaft dominierte der Staat die Zivilgesellschaft bei fehlendem Individualismus und fehlender persönlicher Freiheit.

Kolonialismus

Nach Marx fehlte wegen der Abwesenheit von Privatbesitz der Klassenkampf und es gab somit keine Gründe für revolutionären Wandel. Da also das endogene Element zu sozialem Wandel fehlte, benötigte es externer Kräfte, die diesen Wandel herbeiführten. Dies geschah im Zuge des Kolonialismus, der den Privatbesitz und Klassenbeziehungen gewaltförmig durchsetzte. Empirisch wurde jedoch Marx Annahme des fehlenden Privatbesitzes im vorkolonialen Asien durch zahlreiche Beispiele in Frage gestellt.

Asiatische Produktionsweise

Das Marx'sche Konzept der Asiatischen Produktionsweise löste einen Disput unter Marxisten aus. Ein bedeutender Stein des Anstoßes war die Legitimierung von Kolonialismus und Imperialismus. Andere Kritikpunkte richteten sich gegen die theoretischen Grundannahmen und empirischen Beispiele, z. B. die Existenz von Grundbesitz in bestimmten Regionen in der vorkolonialen Zeit.

Zusammenfassend lässt sich bzgl. Asien feststellen, dass Weber und Marx eine Dichotomisierung von Okzident und Orient vornahmen und unterschiedliche Entwicklungspfade unterstellten. Erster brachte den modernen Kapitalismus hervor, der bei Weber weitgehend positiv konnotiert war, bei Marx als Zuspitzung des Klassenkonflikts Richtung Revolution zum Sozialismus/Kommunismus. Der Orient, so stimmen beide Autoren überein, war dagegen in Stagnation gefangen. Hier wurde der moderne Kapitalismus schließlich über den Kolonialismus und Wissensimport von außen eingeführt. Zahlreiche Wissenschaftler haben sich implizit oder explizit auf diese Theorien bezogen und daraus weiterführende Theorien gebildet, so z. B. die Modernisierungstheorie.

Bezüglich der Frage, warum der Kapitalismus schließlich erfolgreich war, große Teile Asiens zu inkorporieren, unterscheiden sich allerdings Marx und Weber. Weber macht endogene Faktoren verantwortlich für die Entwicklung. Die Protestantische Ethik und die europäische Geschichte brachten eine rationale Bürokratie, einen bestimmten Geist des Kapitalismus und eine rationale Geschäftsführung hervor. Die beiden größten Handelsgesellschaften, die englische und niederländische Ostindische Handelsgesellschaft, entstanden auf dem Boden des puritanischen Typs des Protestantismus. Sie prosperierten im 17. und 18. Jahrhundert und monopolisierten allmählich den asiatischen Fernhandel, indem sie die orientalischen Fernhändler aus dem Geschäft verdrängten (Schrader 1997b). Auf Grundlage der Weber'schen Analyse machten zahlreiche Wissenschaftler den Organisationstypus Aktiengesellschaft und dessen Kapitalbasis für die letztendliche Dominanz des okzidentalen Kapitals verantwortlich, während orientalische Händler und Finanziers an ihrer traditionellen Organisationsform (Familiengeschäft) festhielten, deren Kapitalbasis zwar ausreichend zur Finanzierung des Handels, nicht aber zur Finanzierung der Industrie war.

Im Gegensatz zu Webers endogenen Erklärungen für die letztendliche Superiorität des Westens in Asien betonen Marxisten exogene Faktoren, die auf technischer Superiorität basierten: Gewalt und Zwang. Wissenschaftler wie Hamza Alavi (1962) oder Immanuel Wallerstein (1986) gingen so weit zu behaupten, dass die Industrielle Revolution in Europa nicht ohne die koloniale Expansion und die Ausbeutung der Kolonien stattgefunden hätte. Auf diesem Hintergrund entwickelten sich die Dependenz- und Weltsystemtheorie, die wir später betrachten werden.

Modernisierungstheorie

Was bedeutet Modernisierung?

Nach der Theorie der Moderne ist **Modernisierung** ein umfassender Prozess, der einer inneren Entwicklungslogik von Nationalstaat, Bürokratisierung, wirtschaftlicher Entwicklung, Urbanisierung, Säkularisierung der Kultur, Positivierung des Rechts und zahlreichen anderen Prozessen folgt. All diese Entwicklungsprozesse werden als verschiedene Dimensionen eines universalen Musters der Evolution gesehen, die auf dem Weg von traditionellen zu modernen Gesellschaften durchlaufen werden (K. Müller 1991). **Definition**

Die Zeitstruktur der Moderne: Ein Überblick

Nach Reckwitz (2021) ist die Moderne kein monolithischer Block, sondern besteht aus historischen Perioden, die sich voneinander unterscheiden: die bürgerliche Moderne als die frühe Version, die sich in der zweiten Hälfte des 18. Jahrhunderts formierte und gegen die Ständegesellschaft und Aristokratie durchsetzte, die industrielle oder auch organisierte Moderne, die begann, sich in der zweiten Hälfte des 19. Jahrhunderts in Europa und Nordamerika zu formieren und auszubreiten, und schließlich die jüngste Version, die als Spätmoderne, zweite Moderne, teilweise auch Postmoderne bezeichnet wird. Den Klassikern waren dabei nur die bürgerliche Moderne und die entstehende Industriemoderne bekannt.

Einfache Modernisierung[20]

Im Mittelpunkt der Untersuchung von ›einfacher‹ Modernisierung[21] stehen vier analytisch unterscheidbare soziale Transformationsprozesse, die aber nicht notwendigerweise gleichzeitig verlaufen (vgl. Goetze 1997):

- Individualisierung als zentraler Prozess der personalen Modernisierung
- Differenzierung als Prozess der sozialstrukturellen Modernisierung
- eine Modernisierung der Kultur durch Prozesse der Rationalisierung
- im Bereich der materialen Modernisierung eine Domestizierung der natürlichen Umwelt, aber auch der inneren Natur des Menschen.

Diese Abläufe sind in die Organisation von Gesellschaft, Ökonomie, Politik und Kultur eingebettet. Die vier Felder durchdringen sich wechselseitig.

Materiale Modernisierung

(a) Die *Domestizierung der äußeren und inneren Natur* ist der zunächst auffälligste Prozess der materialen Modernisierung, der deren ambivalenten Charakter besonders deutlich macht. Ausgehend von einem beständigen Wachstum und einer Erhöhung des Wohlstandes wird die Erschließung, Nutzung und Ausbeutung natürlicher Ressourcen, die Nutzung und Disziplinierung menschlicher Arbeitspotentiale und die ständige Innovation im technischen Bereich zum Mittel, um diese Ziele zu erreichen. Beide stehen in engem Zusammenhang mit Rationalisierungsprozessen über Wissensentwicklung und die Notwendigkeit des systematischen Transfers von Ressourcen im globalen Maßstab. Die alten Industriegesellschaften werden hierbei zum Vorbild für die Entwicklungsländer mit dem Paradigma der *nachholenden Industrialisierung*, das bis heute als gängiges Konzept verwendet wird. Gleichzeitig verdeutlicht die materiale Modernisierung ihren weltweiten Charakter. Sowohl die Gesellschaften (ehemals) sowjetischen Typs als auch die sog. Entwicklungsländer als postkoloniale Gesellschaften sind Bestandteile dieser Modernisierung und können sich ihr nicht entziehen.

Kritik der Modernisierungstheorie

Allerdings stellen Kritiker der Modernisierungstheorie fest, dass die historischen Ausgangsbedingungen der Industrialisierung in Westeuropa auf der Verfügbarkeit kolonialer Ressourcen basierten, die in den neu entstehenden Industrien weiterverarbeitet und veräußert wurden. Synergieeffekte entstanden seinerzeit insbesondere in den Industrieländern selbst und haben dort zur Industriellen Revolution beigetragen. So stellen Kritiker der Modernisierungstheorie fest, bei der heutigen Struktur der internationalen Arbeitsteilung ist es daher für die Länder des globalen Südens nicht nur unmöglich, ihre Industrialisierung auf der Extraktion von Rohstoffen aus Kolonien aufzubauen; im Welthandel nehmen sie oftmals selbst einen ökonomischen Status ein, der den kolonialen Rohstofflieferungen ähnlich ist. Gleichzeitig machen die materialen, sozialen und psychischen Folgekosten der Modernisierung aus heutiger Sicht deutlich, dass nicht die ganze Welt ein und denselben Lebensstandard erreichen kann, der den westlichen Industrieländern entspricht, da hierfür weder die natürlichen Ressourcen ausreichen, noch die ökologischen Folgen für die Erde tragfähig sind. Wenn wir also beginnen, über Modernisierung und ihre ökologischen Folgen nachzudenken oder reflexartig auf Ereignisse zu reagieren wie etwa nach Fukushima, sprechen wir von »reflexiver« Modernisierung (Beck et al. 1996).

Personale Modernisierung

(b) *Personale Modernisierung* betrifft die Veränderung der Lebensformen, der Kultur und der Sozialstruktur. Modernisierung betont die Zunahme der Freiheit von Handlungsspielräumen (vgl. Simmel, Durkheim, Weber: Chancen) des Individuums bei gleichzeitiger Abnahme sozialer Zwänge: die Herauslösung der Person aus lokalen, askriptiven Zusammenhängen des unmittelbaren sozialen Umfelds und ihre Freisetzung für den Arbeitsmarkt. Äußerer Druck (*push factors*) hat schon immer zu einer gesteigerten individuellen und sozialen Mobilität und Modernisierung geführt (Beispiele: Lohnwanderarbeit; Umsiedlungspolitiken insbesondere in der Sowjetunion, Migrationswellen in die USA, Land-Stadt Migration etc.). Solche Mobilisierungen können zu nationalen, religiösen oder ethnischen Migrationen führen (Puritaner, Quäker, Juden etc.), wobei das Risiko in der Fremde durch die Kohäsion in einer Exilgemeinschaft gemindert wird. Prozesse der personalen Modernisierung verteilen sich ungleich auf die Geschlechter. Ursprünglich erfassten sie die männliche Bevölkerung (Wanderarbeiter, teilweise heute auch noch im globalen Süden, Beispiel indische Baustellenarbeiter im Mittleren Osten oder in Zentralasien), inzwischen aber auch massiv die weibliche Bevölkerung (z. B. über Monopolisierung bestimmter Branchen wie Krankenschwestern, aber auch Menschenhandel).

Sozialstrukturelle Modernisierung

(c) *Sozialstrukturelle Modernisierung* kommt zum Ausdruck in Prozessen gesellschaftlicher Differenzierung nach Geschlecht, Alter, Einkommen, Beruf, Chancen, Regionen usw. und sie können soziale Ungleichheit wesentlich steigern.

Kulturelle Modernisierung

(d) Dominantes Merkmal der *kulturellen Modernisierung* ist die Rationalisierung (fast) aller Lebensbereiche nach Gesichtspunkten der rationalen Kalkulation, (natur)wissenschaftlichen Erklärungen, diskursiven anstatt normativen Bindungen, Effizienz, usf. Zentral ist hier auf der Ebene des Handelns und der Weltdeutung die Vorstellung des Machbaren und Planbaren: Modernisierung wird zum planbaren und geplanten Prozess. Inzwischen ist diese Sichtweise aber weitgehend in Frage gestellt durch Differenzierungsvorgänge mit nicht vorhersehbaren Nebenfolgen gerade im ökologischen Bereich. Die Planbarkeit wird außerdem über die fortgeschrittene Differenzierung, die daraus resultierenden enorm verlängerten Wirkungsketten von Handlungen und Entscheidungen und nicht intendierte Nebeneffekte erschwert.

Religiosität

Normen und Werte werden durch die Rationalisierung als Teil der Modernisierung nachhaltig beeinflusst. So hat in der Aufklärung die Vernunft, repräsentiert durch die Wissenschaft, weitgehend den transzendenten Gott und das Schicksal ersetzt, die das Handeln des vormodernen Menschen bestimmten. Gleichzeitig fordern aber die Kirchen, der Modernisierung und Rationalisierung bestimmte ethische Schranken zu setzen (Biotechnologie, Euthanasie) und in anderen Weltregionen gibt es religiöse und politische Kräfte, die die fortgeschrittene westliche Modernisierung/Rationalisierung angreifen und gerade die Säkularisierung als Teilprozess in Frage stellen. Hierzu zählen unter anderem islamistische Bewegungen, die nach einer eigenständigen Modernisierung auf Grundlagen des Islam suchen und sich dagegen richten, Modernisierung mit Individualisierung gleichzusetzen, die als westliche Pathologie verstanden wird. Auch der hinduistische Nationalismus richtet sich gegen westliche Werte. Es wäre hier also vollkommen falsch, solch religiöse Bewegungen als traditionell zu begreifen; sie sind moderne Reaktionen auf Teilaspekte von Modernisierung.

Sozialevolutionismus

Nach dem Zweiten Weltkrieg wurden die Gedanken des Sozialevolutionismus in der Modernisierungstheorie und im Diskurs über Entwicklung fortgesetzt. Was die viktorianische Anthropologie für das britische Empire war, war die **Modernisierungstheorie** für die US-amerikanische Hegemonie. Sie entstand als Symbiose von Evolutionismus und Funktionalismus. Ihr methodologisches Merkmal war, funktionale Zusammenhänge von interdependenten Teilbereichen im Zuge der Modernisierung zu erkennen. Dabei wurde Modernisierung entweder als kritische Variable oder dichotome Theorie konzeptualisiert. Beispiele für kritische Variablen sind Rationalisierung, Bürokratisierung, Industrialisierung, Säkularisierung usw., die als Parallelprozesse in die Modernisierungstheorie eingingen. Im Unterschied zu älteren evolutionstheoretischen Ansätzen wurde Modernisierung nicht mehr als abgeschlossener Prozess gedeutet, wenn erst einmal die moderne Gesellschaft entstanden ist, sondern zunehmend als kontinuierlicher Prozess begriffen. Problematisch war aber, dass oftmals ein Bündel kritischer Variablen genommen wurde, das es im Modernisierungsprozess zu beeinflussen galt, so dass Modernisierung zum Projekt wurde. Es ging darum, in Ländern des globalen Südens den Modernisierungsprozess nach dem Vorbild des historischen Prozesses in Europa oder den USA zu planen und zu realisieren. Stichworte sind Rationalisierung, Industrialisierung, Demokratisierung, Säkularisierung, Urbanisierung, Kernfamilie, Individualisierung, Wohlstand usw.

Die meisten Konzepte der Modernisierung sind dichotom und basieren auf dem Kontrast von Tradition und Moderne. Ein typisches

Beispiel sind die ›*pattern variables*‹ von Talcott Parsons. Hier wird Modernisierung als eine Bewegung von Partikularismus zum Universalismus, von Askription/Statusgesellschaft zu Errungenschaft/Meritokratie, von funktionaler Diffusität zu funktionaler Spezialisierung, oder von affektiven Rollen zu affekt-neutralen Rollen verstanden.

Die Theorie der Modernisierung nach Parsons

Talcott Parsons' Theorie der Modernisierung wendet das Instrumentarium der klassischen Systemtheorie auf die Evolution ganzer Gesellschaften an. In den 1960er Jahren verknüpften Parsons und Smelser (Parsons 1951, 1977; Parsons & Smelser 1984) verschiedene Modernisierungsansätze zu einer evolutionären Universalgeschichte. Talcott Parsons wird als einer der Gründer der Systemtheorie betrachtet.[22]

Struktur-funktionalismus

Parsons (1902–1979) war Professor für Soziologie an der Harvard University. Sein Werk »*The Structure of Social Action*« (1937) wurde zu einer Brücke zwischen der europäischen und amerikanischen Soziologie, weil er hier die Hauptströmungen von Handlungs- und Differenzierungstheorie in einer bis dahin einzigartigen Weise zusammenbrachte und allmählich zum führenden Soziologen nicht nur in den USA, sondern auch für Europa wurde. Hierfür trugen auch seine beiden Werke »*Towards a General Theory of Action*« und »*The Social System*« bei. Sein Theorieansatz wurde bekannt als Strukturfunktionalismus. In den 50er Jahren war die Strömung so dominant, dass sie teilweise als die einzig mögliche Form der Soziologie betrachtet wurde. Dann allerdings entstanden verschiedene Gegenbewegungen: der symbolische Interaktionismus (Blumer), die Phänomenologie (Schütz, später Berger und Luckmann), die Ethnomethodologie (Garfinkel), der Neomarxismus (Gouldner), die Konflikttheorie (Dahrendorff u. a.) und der Rational Choice Ansatz (Coleman), die trotz ihrer Unterschiede als Gemeinsamkeit das Handeln innerhalb von Gesellschaft und die gesellschaftliche Ordnungsbildung haben.

In den 1980er Jahren wurde unter dem Stichwort »Neofunktionalismus« das Erbe von Parsons fortgeführt, indem aus einer kritischen

Distanz heraus die Schwächen des Strukturfunktionalismus vermieden werden sollten. Diese Strömung mündete in Deutschland in die Luhmann'sche Systemtheorie.

Systeme

Die strukturfunktionalistische Theorie verknüpft die Mikro- und die Makrosoziologie über Rollen, durch die Akteure am jeweiligen Handlungssystem teilhaben. System wird im Sinne von Parsons/Smelser als Handlungssystem interpretiert, wobei wiederum das soziologische Grundproblem der Ordnung von Gesellschaft im Vordergrund steht. Dieses Problem wird in *»The Structure of Social Action«* (1937) in der Relation dreier Subsysteme des menschlichen Handelns gesehen: in der Relation zwischen (1) sozialem System, (2) Persönlichkeitssystem und (3) kulturellem System. Soziale Systeme bestehen aus sozialen Interaktionen, die wechselseitig aufeinander bezogenen sozialen Rollen zugeordnet sind, Persönlichkeitssysteme dagegen aus Bedürfnisdispositionen und kulturelle Systeme aus kulturellen Symbolen. Die sehr abstrakte Terminologie möchte ich an einem Beispiel verdeutlichen. Man kann sich z. B. Unternehmen als soziales System vorstellen, das durch die Rollen von Arbeitgeber und Arbeitnehmer bestimmt wird und in einem spezifischen Austauschverhältnis mit den Persönlichkeitssystemen der Teilnehmer (z. B. deren Familien bzw. persönlichen Beziehungen) und dem kulturellen System des Leitbildes des Unternehmens, seiner Corporate Identity und Unternehmensethik steht. Das soziale System hat dabei zuerst das interne Problem der Ordnung zu lösen. Dabei ergibt sich ein doppeltes Kontingenzproblem: Der Unternehmenserfolg ist nicht nur abhängig von der eigenen Mittelwahl (neoklassische Annahme), sondern auch von der Mittelwahl anderer Unternehmen, der eigenen Belegschaft, der Unternehmensumwelt usf. Die Lösung dieses doppelten Kontingenzproblems kann innerhalb des eigenen Unternehmens nur über einen Wert- und Normenkonsens erfolgen etwa der Gestalt, dass sich die Mitarbeiter den Regeln anpassen und ihr eigenes Interesse mit denen der Organisation in Einklang bringen. Auf der höheren Ebene beeinflussen Unternehmensverbände und Gewerkschaften die Konsensbildung.

In den Werken *»The Social System«* und *»Towards a General Theory of Action«* führte Parsons nun eine weitere (4) Dimension ein, die zuerst Verhaltensorganismus, später Verhaltenssystem genannt wurde. Diesen nun vier Subsystemen des Handelns werden vier Funktionen zugeordnet, die Parsons als funktionale Erfordernisse sozialer Systeme versteht. Die funktionalen Erfordernisse sind:

- dem Verhaltenssystem ordnet Parsons die Anpassungsfunktion *(adaptation)* und die Wirtschaft zu,
- dem Persönlichkeitssystem die Funktion der Zielsetzung und -verwirklichung *(goal attainment)*, die das politische System steuert,
- dem sozialen System die Integrationsfunktion *(integration)*, die er den Institutionen zuordnet,
- dem kulturellen System die Funktion der Motivsteuerung und Systemerhaltung *(latent pattern maintenance)*, die er der Kultur zuordnet.

Diese vier Funktionen sind notwendig, um gesellschaftliche Ordnung und Reproduktion von Gesellschaft zu erreichen.

Daraus ergibt sich das Parsons'sche sog. AGIL-Schema der funktionalen Erfordernisse:

Tab. 3: AGIL-Schema der funktionalen Erfordernisse nach Parsons

Wirtschaft (Anpassung – **A**daptation)	Politisches System (Zielverwirklichung – **G**oal Attainment)
Kultur (Motivsteuerung und Systemerhaltung – **L**atent Pattern Maintenance)	Institutionen (Integration – **I**ntegration)

Diese vier Elemente der Strukturerhaltung sind für Parsons gleichzeitig auch die Mechanismen gesellschaftlicher Differenzierung. Im Zuge fortschreitender Differenzierung bildet sich jedes Teilsystem nach demselben Grundmuster weiter aus.

Systemelemente

Nach Parsons stellen die Systemelemente der Wirtschaft, Politik, Institutionen und der Kultur Handlungen dar. Die Anpassungsfunktion der Wirtschaft setzt z. B. Handlungen zum Überleben der Gesellschaft in Gang. Sie beinhaltet den maßvollen Umgang mit der natürlichen Umwelt und planvollen Einsatz von Ressourcen zur Herstellung von Gütern sowie zur Bereitstellung von Dienstleistungen. Sie ist auf die Befriedigung großenteils soziokulturell bestimmter Bedürfnisse und Wünsche der Menschen ausgerichtet.

Werden die vier Funktionen erfüllt und sind sie in einem ausgewogenen Verhältnis zueinander, so findet der soziale Wandel langsam und geordnet statt – wenn der Strukturwandel zu langfristig stabilen und die Adaptionsfähigkeit steigernden Strukturen führt, ›evolutionär‹ (Parsons). Funktionale Differenzierung nach dem AGIL-Schema ist daher ein gesellschaftliches Konstitutionsprinzip und gleichzeitig verantwortlich für sozialen Wandel.

Funktionale Differenzierung

Nach der kurzen Darstellung der Parsons'schen Begrifflichkeiten gehe ich nun auf seine **Theorie der funktionalen Differenzierung** ein, die seine Modernisierungstheorie darstellt. Funktionale Differenzierung erklärt dann die Prozesse, durch die die meisten sozialen Funktionen oder Institutionen voneinander getrennt und an bestimmte spezialisierte Kollektive oder Rollen angebunden werden. In einer zurückliegenden ersten Phase der Modernisierung, in der Industriellen Revolution, so das Argument, hat sich die Differenzierung zwischen Wirtschaft und politischer Herrschaft durchgesetzt. Diese Differenzierung begann mit der Kommerzialisierung der Landwirtschaft, der Produktion für den Markt, der Auflösung der Zünfte und der Entstehung eines städtischen Proletariats. Es bildete sich ein Markt für Kapital und Arbeit und ein Banksystem heraus.

Gesellschaftlicher Wandel

Auf der anderen Seite fand eine demokratische Revolution statt, die Ausdifferenzierung der Zivilgesellschaft und pluraler politischer Systeme, Institutionen des unabhängigen Rechts, der Vertragsfreiheit und des Privateigentums. Erst in einer dritten Revolution, so Parsons, entstand eine Gesellschaft mit einem hohen Maß an Freiheit und Gleichheit. Die Kultur säkularisierte sich, es wurde ein offenes Bildungssystem etabliert. Das rationale Verhältnis von Kultur und

Gesellschaft revolutionierte das soziale System, hob den Lebensstandard, brach mit traditionellen Mustern sozialer Schichtung und schuf eine neue gesellschaftliche Solidarität. Zu nennen sind hier im Einzelnen eine aufgeklärte Staatsbürgerschaft, eine professionalisierte Berufsarbeit, eine kognitiv moralische Einstellung, die Trennung von Kapitalbesitz und Unternehmertätigkeit, an Kompetenzen geknüpfte Betriebsführung usw. Die alte Statusgesellschaft verschwand weitgehend zugunsten der Leistungsgesellschaft.

Die Stabilität der Ökonomie hängt entschieden vom Wert der formalen Gleichheit ab.[23] Ungleichheiten basieren nicht mehr auf Statusunterschieden, aber sie sind dennoch vorhanden und werden durch Leistungsunterschiede legitimiert. Konkret wird formale Gleichheit durch soziale Gerechtigkeit über Transfers ergänzt, um diese Unterschiede erträglich und sozial akzeptabel zu gestalten.

Die Relevanz der strukturfunktionalistischen Systemtheorie liegt nicht in der Erklärung und Analyse und genau so wenig in einer empirischen Relevanz. Sie hat aber als Großtheorie zu einer systemischen Betrachtungsweise in den Sozialwissenschaften und zu einer Kodifikation soziologischer Begriffe beigetragen.

Zielsystem

Die Einwände gegen die Parsons'sche Modernisierungstheorie richten sich insbesondere gegen das, was sie so eindrucksvoll macht: ihre Geschlossenheit und ihren Universalismus. Die Kritiker stellen fest, das Theorem funktionaler Differenzierung sei ein Makrokonzept ohne Zeithorizont, in dem es trotz des Anspruchs einer Handlungstheorie keine historisch lokalisierten Akteure gibt: Der Mensch verschwindet im System. Soziale Prozesse würden in dieser Theorie zu Selbstoptimierungsvorgängen des Systems, die immer zum Gleichgewicht streben. Dabei existieren natürlich permanente Konflikte zwischen individueller und kollektiver Optimierung, die bei Parsons funktionalistisch entschärft werden: Er vertraut auf das alte liberale Credo, das wir schon bei Adam Smith finden, dass die Summe individueller Optimierung auch kollektiv optimal ist. Diese Sichtweise findet sich selbst in der jüngsten Systemtheorie. Dagegen verläuft soziale Differenzierung teilweise gewaltförmig. Die Auflösung traditioneller Gemeinschaften und Herrschaftsstrukturen ist oftmals durch militärische und soziale Kämpfe wie auch administrativen Zwang (Monetarisierung der Steuern, staatliche Umsiedlungsprojekte etc.) gekennzeichnet. All dies kommt bei Parsons kaum vor, denn Wandel ist in der Theorie funktionaler Differenzierung ein geordneter Prozess im Rahmen eines vorgegebenen Zielsystems.

Funktionale Differenzierung

Die zeitgenössische Soziologie betrachtet moderne Gesellschaften als funktional differenzierte Gesellschaften, wobei – wie wir an späterer Stelle noch detailliert betrachten wollen – funktionale Differenzierung nicht nur Probleme löst, sondern gerade auch schafft. Dies ist eine Fortführung des Weber'schen Gedankens der intrinsischen Spannungen der Moderne. In der Luhmann'schen Systemtheorie (1984) sind Autopoiesis und Selbstreferenzialität von Funktionssystemen zwar Elemente der Selbststeuerung, die entsprechend ihrer Teillogiken zwar Lösungen innerhalb ihres Funktionssystems suchen, die aber zu Problemen in anderen Systemen führen können. Es fehlt die überwölbende Gesamtsteuerung zu einem definierten Gesamtziel hin. Von der Ebene des Gesellschaftssubjekts betrachtet sind wir darüber hinaus in verschiedene Funktionssysteme involviert, was zu Problemen bei der individuellen Bewältigung von Widersprüchen führen kann.

Außerdem geht bei Parsons die internationale Dimension der Modernisierung und Differenzierung verloren. Während Parsons also eine Rückschau auf den Modernisierungsprozess in Europa nimmt und aus ihm einen generellen Anspruch herleitet, setzen sich zahlreiche Länder des globalen Südens noch in jüngster Zeit mit dem Prozess der Modernisierung auseinander, und dieser Prozess steht/stand im Zentrum der Entwicklungspolitik.

Neoevolutionistische Modernisierungs- und Differenzierungstheorie: Eisenstadt

Spezialisierung

Mit Shmuel N. Eisenstadt (1971; 1972; 1979) wollen wir ein neoevolutionistisches Konzept betrachten, das eben nicht immer zu Selbstoptimierungen führt. Nach Eisenstadt geht dieses evolutionäre Modell vom idealtypischen Ursprungstypus der *›primitive societies‹* durch zahlreiche Stufen der Spezialisierung und Differenzierung hindurch. Spezialisierung manifestiert sich dann, wenn jede der ausdifferenzierten institutionellen Sphären eigene organisatorische Einheiten und spezifische Handlungskriterien entwickelt. Nach Eisenstadt sind nun für die verschiedenen Entwicklungsstufen oder Ebenen der Differenzierung verschiedene Grade der Ausbettung bestimmter sozialer und wirtschaftlicher Aktivitäten und bestimmter grundlegender Ressourcen (z. B. Arbeitskraft) aus verwandtschaftlichen, räumlichen und anderen askriptiven Einheiten und Beziehungen und deren Zuordnung zu neu entstandenen Institutionen charakteristisch.

Eine stärkere institutionelle Differenzierung und Spezialisierung schaffen stärkere Abhängigkeiten der Gesellschaftsmitglieder voneinander (Komplementarität, Ungleichheit), die zu Integrationsproblemen der Gesellschaft führen können, öffnen aber auch neue Möglichkeiten technologischer Entwicklung, der Expansion politischer Macht, kultureller Kreativität und des kulturellen Austausches.

Differenzierungsprozess

Nach Eisenstadt kann der Differenzierungsprozess sowohl als langfristiger, kontinuierlicher Prozess als auch in abrupten Sprüngen stattfinden. Die Entwicklung hängt unter anderem von den Inhabern der zentralen strategischen Rollen in den wichtigsten institutionellen Sphären der Gesellschaft ab und dem Versuch dieser Rolleninhaber, ihren Einfluss zu erhöhen. Allerdings führen nicht alle gesellschaftlichen Veränderungen zu einer erhöhten Differenzierung, sondern teilweise nur zum Wandel in der Zusammensetzung der Stärke verschiedener Kollektive.

In jeder Entwicklungsstufe können die Antworten auf im Differenzierungsprozess entstandene Probleme verschieden sein. Das ungünstigste Ergebnis ist das Unvermögen der Gesellschaft, adäquate institutionelle Lösungen zu den neuen Problemen zu finden. Die Folge ist eine partielle oder totale Desintegration des Systems oder die Auslöschung bzw. Absorption durch ein anderes. Ein Beispiel hierzu wäre, wenn ein Stamm im Krieg durch einen anderen Stamm besiegt und ausgerottet bzw. versklavt wird, weil es ihm nicht möglich war, in der Entwicklung von Waffen Schritt zu halten. Ein weniger extremes Ergebnis ist die Regression, also die Institutionalisierung eines weniger differenzierten Systems innerhalb des zusammengebrochenen Systems. Ein Beispiel hierzu wäre sicherlich der ethnische Zerfall Ex-Jugoslawiens oder der Sowjetunion in neue Nationalstaaten (vgl. Schmitz und Schmidt-Wellenburg 2020), weil zwar ethnisch-systemische Integration, nicht aber ethnisch-soziale Integration gelang (vgl. Esser 2001). Die meisten solcher Regressionen sind laut Eisenstadt nur vorübergehend, wobei ja gerade in Jugoslawien als politisches Konstrukt die ethnischen Spannungen immer latent existierten, aber ideologisch erfolgreich unterdrückt wurden. Ähnliches gilt für die Sowjetunion, die versuchte, eine sowjetische Identität zu schaffen, aber in der Praxis hatten in peripheren Unionsteilen ethnische Russen zumeist eine Führungsrolle in Verwaltung und Wissenschaft inne. Im postsozialistischen Raum findet heutzutage eine entgegengesetzte Identitäts- und Sprachenpolitik zugunsten der Förderung regionaler Ethnien und regionaler Sprache statt, was wegen der nach wie vor starken Präsenz ethnischer Russen dort zu Konflikten führen kann (Beispiele: Kasachstan oder Kirgistan) und auch vom Putin-Regime politisch verwendet wird, dass Russland sich als Schutzmacht für ethnische Russen auch im Ausland verortet.

Wieder ein anderes Beispiel ist die fortschreitende Differenzierung innerhalb eines Bereiches des sozialen Systems, während sie in anderen Bereichen fehlt und eine Integration nicht stattfindet. Hieraus kann ein kontinuierlicher Prozess ungleichgewichtigen Wandels resultieren, der entweder zum Zusammenbruch des Systems oder zur Stabilisierung auf einem geringen Integrationsgrad führt. Als Beispiel gibt Eisenstadt die Situation vor der Unabhängigkeit der Kolonien an, wo es einen hoch differenzierten entwickelten, kolonialen Bereich der Gesellschaften gab und andere stark unterentwickelte dörfliche Bereiche (vgl. Boeke 1953 für Niederländisch-Indien).

Der vierte Typ einer Antwort auf fortschreitende Differenzierung ist eine erfolgreiche strukturelle Lösung für die Probleme: die Entstehung bestimmter stabiler Regierungs- und Herrschaftsformen wie etwa einem pluralistischen politischen System.

Festzuhalten gilt für Eisenstadts neoevolutionstheoretisches Modell, dass es zwar hoch normativ ist, aber nicht unilinear. Je nach Problemlösungskapazität lässt es verschiedene Entwicklungsmöglichkeiten offen. Eine ähnliche Argumentation findet sich bei Ernest Gellner (1983).

Kritik an den Theorien der Modernisierung

Gewalt

Wie wir bisher in den Theorien der Modernisierung gesehen haben, werden im Modernisierungsprozess Wildheit, Barbarei und Zivilisation als Sequenz betrachtet. Es geht dabei um gesellschaftlich technischen Fortschritt, Naturbeherrschung (innere und äußere Natur), zunehmende Rationalisierung und Zivilisierung, Ächtung von Gewalt in Nationalstaaten und kulturelle Modernisierung. Interessant ist bei diesen Theorien, dass – mit Ausnahme der marxistischen Theorien, die Gewalt als Klassen-, Kolonialismus- und Imperialismusproblem betrachten – das Thema Gewalt umgangen wird. Gewalt, so der Tenor, gab es im Urzustand (Hobbes), aber durch die Durchsetzung des Gewaltmonopols des Staates (vgl. Elias 1993) erfolgt ein individueller Gewaltverzicht. Gewalt nimmt – so die Annahme – im Laufe der Modernisierung ab und wird als vormodernes Phänomen verstanden.

Die historischen Fakten sprechen allerdings eine ganz andere Sprache. Die frühe Neuzeit und Moderne haben ihren Gewaltcharakter in Hexen- und Ketzerverfolgungen, Judenpogromen, in europäischen Kriegen, Religionskriegen, Volksaufständen usw. bis zu den Kriegen des 20. Jahrhunderts (Reemtsma 1995), dem Zeitalter der Extreme (Hobsbawm 1998). Dies ist die dunkle, verschwiegene Seite des hellstrahlenden Projekts der ›gewaltfreien‹ Moderne (vgl. Imbusch, 1999), und nun ist 2022 im 21. Jahrhundert sogar der Krieg zwischen Nationen nach Europa zurückgekehrt.

Frankfurter Schule und Kritische Theorie

Kritische Theorie

Als Kritische Theorie setzt sich die Frankfurter Schule in Anknüpfung an Marx ganz anders mit Kapitalismus und Kommunismus auseinander als wir dies bei Parsons kennengelernt haben. Herbert Marcuse (1994) beschäftigt sich mit der Industriegesellschaft der 1960er Jahre im Westen und unterstreicht hier Parallelen zwischen Kapitalismus und Kommunismus. Er konstatiert eine Auflösung der alten Klassen zugunsten von Schichten vor dem Hintergrund eines weitverbreiteten Konsumismus. Kern der Idee ist, dass die Individuen und die Gesellschaft die industriellen Bedürfnisse und Wünsche internalisiert haben. Schauen wir uns die Argumentation etwas näher an, da sie wichtige Grundlagen für jüngere Theorien der Modernisierung liefert.

Industriegesellschaft

Marcuse argumentiert, systemkritische Kräfte werden auf technischem Wege über einen immer höheren Lebensstandard korrumpiert. Er erklärt als Ziel jeglicher Gesellschaft das gute Leben, das zumindest versprochen wird. Die fortgeschrittene Industriegesellschaft habe dieses Problem über technischen Fortschritt und bessere Konsummöglichkeiten gelöst.[24] Damit sei das System der fortgeschrittenen Industriegesellschaft in der Lage, systemische Veränderung zu unterbinden.

Klassengegensätze

Die Kritische Theorie basiert auf den von Marxisten herausgestellten Klassengegensätzen. Zeitgenössischer Klassengegensätze haben folgenden Charakter angenommen: vor dem Hintergrund ihrer Klassenlage gäbe es zwar immer noch analytisch identifizierbare Klassen (also im Marx'schen Sinne ›Klasse an sich‹, H. S.), aber ihre Struktur und Funktion wurde so verändert, dass der Prozess des revolutionären Wandels (über Klassenbewusstsein und daraus resultierend Handlungsfähigkeit, also ›Klasse für sich‹, H. S.) nicht mehr funktioniert. Daraus resultiere, so Marcuse, ein weitübergreifendes Interesse am Erhalt des Status Quo, der beinhaltet, dass alle Menschen in der Nachkriegszeit irgendwie am Aufschwung und Wachstum teilhaben. Die grundsätzliche Systemfrage vor dem Hintergrund der Einkommens- und Vermögensverteilung werden damit nicht mehr gestellt. Als Folge sieht Marcuse die Entstehung der eindimensionalen Gesellschaft bzw. des eindimensionalen Menschen, womit Gesellschaft spezifisch totalitäre Züge annimmt. Über die

> »Technik verschmelzen Kultur, Politik und Wirtschaft zu einem allgegenwärtigen System, das alle Alternativen in sich aufnimmt oder abstößt. Produktivität und Wachstumspotenziale dieses Systems stabilisieren die Gesellschaft und halten den technischen Fortschritt im Rahmen von Herrschaft. Technologische Rationalität ist zu politischer Rationalität geworden« (Marcuse 1994: 19).

Freiheit

Die fortgeschrittene Industriegesellschaft habe Mangel und Elend weitgehend beseitigt, die für ein Klassenbewusstsein zentral waren. Eine mangellose Gesellschaft beschränke Kritik auf Dinge innerhalb des Systems, ohne das System selbst zu hinterfragen. Aus Sicht der kritischen Theorie wäre aber gerade in einer mangellosen Gesellschaft der Mensch frei, Autonomie über sein Leben auszuüben, und technologischer Fortschritt könnte dahin entwickelt werden, die Arbeitsgesellschaft (mit Lohnarbeit als Notwendigkeit zum Überleben) abzuschaffen, anstatt die Menschen immer mehr durch sie zu vereinnahmen. Totalitär an dieser Gesellschaft sei die ökonomisch-technische Gleichschaltung, die Manipulation von Bedürfnissen, wie sie in der Konsumgesellschaft vonstattengeht und die eigentliche Mangelfreiheit verschleiert. Ökonomische Freiheit würde damit Freiheit *von* der Wirtschaft und nicht Konsumfreiheit bedeuten, Freiheit vom täglichen Kampf ums Dasein, Freiheit vom täglichen Verdienst des Lebensunterhaltes. Politische Freiheit wiederum würde die Freiheit *von* Politik bedeuten, geistige Freiheit des individuellen Denkens und Handelns, die nun über die Massenmedien verhindert wird. In einer geschichteten Gesellschaft würden Klassenlagen letztendlich durch am Konsum orientierte Lebensstile ersetzt.

Systemische Grundlagen

In der fortgeschrittenen Industriegesellschaft werde der Arbeiter immer stärker System stützend eingebunden (Mitbestimmung, flache Hierarchien usf.). Dies schwäche die Arbeiterklasse als Kampfklasse für die Systemveränderung. Herrschaft werde damit in Verwaltung überführt; die kapitalistischen Herren und Eigentümer der frühindustriellen Zeit seien nicht mehr im Unternehmen sichtbar; der verwaltete Kapitalismus habe Geschäftsführer und Manager, Forschungsinstitute und Labore, die die Produktionsprozesse und die Politik steuern. Das System tendiere so zu totaler Verwaltung und totaler Abhängigkeit dieser von den öffentlichen und privaten ›Führungskräften‹ und ihrem Einfluss auf die Politik. Politisch sah Marcuse dieselben Tendenzen in West und Ost, also nicht nur im kapitalistischen System. Eine Veränderung des Besitzes von Produktionsmitteln ändere nichts an den systemischen Grundlagen.

Soweit die Kritische Theorie Marcuses, die ganz anders die Stabilität des Kapitalismus erklärt als Parsons. Marcuse nimmt damit spätere Kritiken an der Wachstumsgesellschaft unter einer marxistischen Perspektive vorweg. Dagegen schenkt er dem globalen Süden keine Beachtung.

Die »einfache« Modernisierungstheorie für sog. Entwicklungsländer und ihre Kritik

Modernisierungstheorie kann auf die eigene Gesellschaft und deren Entwicklung im Zeitablauf angewendet werden, wie wir dies deutlich in der Analyse von Parsons sehen, aber auch auf den Gesellschaftsvergleich, um Unterschiede in der Entwicklung von Gesellschaften zu erklären. Dies geschieht mit der Modernisierungstheorie für Entwicklungsländer.

Nachholende Entwicklung

Interessanterweise geht der Entwicklungsbegriff nach Nederveen Pieterse (2001: 38–39) nicht auf Entwicklungsunterschiede zwischen dem globalen Norden und Süden zurück, sondern auf die Industrielle Revolution und eine Unterscheidung zwischen europäischer Peripherie und europäisch-nordamerikanischem Zentrum im frühen 20. Jahrhundert (vgl. Sombart 1927, List 1930, Kößler 2006). Es wurde diagnostiziert, dass einige Länder in der ›Randlage‹ der Entwicklung dem Vorreiter (England) als ›Nachzügler‹ hinterherhinken. Als Schlüssel zur Lösung dieser Problematik schlugen die Wirtschaftshistoriker eine aktive Rolle des Staates vor, um Entwicklung nachzuholen und protektionistisch einen ungleichen Austausch zu verhindern. Diese Sichtweise war kontrovers zur neoliberalen Annahme, dass der freie Güter- und Geldverkehr für alle Volkswirtschaften von Vorteil sei. Diese Annahme setzte sich und letztendlich in der Volkswirtschaftstheorie durch.

Entwicklungshilfe

Der Grundgedanke der Vorreiter und Nachzügler wurde nun im Zuge der Entwicklungspolitik auf die gesamte Welt übertragen. Aus der Vorreiterposition der Industrieländer wurde deren ›Entwicklungshilfe‹ für die Nachzügler hergeleitet. Der Grundgedanke der (einfachen) Modernisierungstheorie für Entwicklungsländer (vgl. Hagen 1975) war, dass es der Entwicklung der Industrialisierung, der Einführung von Massenmedien und der Diffusion westlicher Ideen bedarf, die die traditionalen Gesellschaften von innen und außen verändert. Der Modernisierungsprozess würde durch Kapitaltransfer zur Finanzierung großer Industrieprodukte in Gang gesetzt, denn Kapitalknappheit sei ein entscheidendes Hindernis für Entwicklung. So würden die unterentwickelten Gesellschaften auf einen Pfad geschickt, der der Entwicklung der Industrieländer folgt: der Herausbildung des staatlichen Gewaltmonopols und der Bürokratisierung der Verwaltung, der Durchsetzung von Geldverkehr und der Verallgemeinerung von Märkten, der Industrialisierung, der Bevölkerungsabnahme über Geburtenkontrolle, der Urbanisierung, der Säkularisierung der Kultur, der Demokratisierung usw. So nahm die Modernisierungstheorie an, dass zeitgenössische Gesellschaften gleichzeitig verschiedene Stadien auf ein und demselben Entwicklungspfad durchlaufen. Die Welt ist demnach ein Kontinuum von Gesellschaften auf verschiedenen Stufen desselben Entwicklungspfades – die einen mehr, die anderen weniger entwickelt. So finden wir bereits diesen Gedanken bei Karl Marx, der feststellte, dass die stärker entwickelte Gesellschaft der weniger entwickelten Gesellschaft das Spiegelbild ihrer Zukunft zeigt. Auch Max Weber ist ein Modernisierungstheoretiker, der zwar den Prozess der Modernisierung in Westeuropa als Produkt einer bestimmten einmaligen Konstellation von Faktoren herleitet, aber ebenso folgert, dass zahlreiche andere Kulturen im Modernisierungsprozess steckengeblieben sind und externer Inputs zur Modernisierung bedürfen.

Entwicklungsländer

Im Sinne der ›einfachen‹ Modernisierungstheorie für Entwicklungsländer bedeutet ›entwickelt‹, dass eine Volkswirtschaft auf einen Wachstumspfad gelangt ist, der ein kontinuierliches Wachstum und gesamtgesellschaftlichen Wohlstand produziert. Dem Begriff ›entwickelt‹ stehen verschiedene Begriffe gegenüber, die von Modernisierungstheoretikern zumeist synonym verwendet werden: ›weniger entwickelte Gesellschaften‹ oder mehr euphemistisch: ›sich entwickelnde Gesellschaften‹, oder einfach: ›unterentwickelt‹, oder sogar: ›nicht entwickelt‹. Auch die Einteilung der Welt in drei Welten (erste Welt = Industrieländer, zweite Welt = sozialistische Länder, dritte Welt = Entwicklungsländer; später wurde der Begriff ›vierte Welt‹ für die ›least developed countries‹ eingeführt) war üblich. Das Problem der unterentwickelten Gesellschaften sei, dass sie bestimmte Entwicklungsengpässe haben, die es zu überwinden gilt. Sie seien im Teufelskreis der Armut gefangen. Das Durchbrechen dieses Teufelskreises gelänge durch die finanziellen Inputs über Entwicklungshilfegelder.

Armut

Ein Beispiel für den Teufelskreis der Armut zeigt die folgende Abbildung. Die Annahme dabei ist, dass die sog. Entwicklungsländer aufgrund ihrer internen Bedingungen es selbst nicht schaffen, der Armut zu entrinnen. Die Argumentation wird an den hier gewählten Beispielen deutlich: Armut bedeutet schlechte Ernährung bedeutet Krankheit bedeutet geringes Einkommen bedeutet Armut; oder: Armut bedeutet schlechte Ausbildung bedeutet unregelmäßige Arbeit bedeutet geringes Einkommen bedeutet Armut.

Abb. 5: Der sog. Teufelskreis der Armut

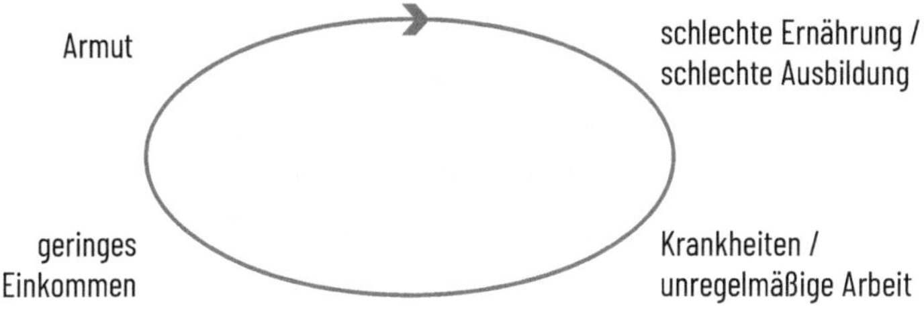

Take-Off

Mit seinem Werk *»The Stages of Economic Growth: a Non-Communist Manifesto«* war Walt Witman Rostow (1971) einer der prominentesten internationalen Vertreter der Modernisierungstheorie. Er verband makroökonomische Daten der Geschichte mit einer Fünf-Stadientheorie, die sich um ein zentrales Stadium, den ›Take-Off‹ – wirtschaftlichen Aufschwung – gruppieren. Gleichzeitig formuliert Rostow, dass es ihm nicht nur um ökonomisches Wachstum geht:

> »The glory of America has been not its relative material wealth but the sense of its transcendent political mission in reconciling liberty and order« (ebd.: 6).

Typisch ist hier die Vermischung eines Elements der Aufklärung (Freiheit, Ordnung) mit christlicher Mission. In Wahrheit ging es hier um Amerikanisierung. Dahinter steckt als Ziel eine Mittelklassen-Demokratie, die weiße Revolution, die der Roten Revolution des Arbeiters entgegensteht. Damit ist Modernisierung vom Wesen her ein soziales ›Engineering‹ von oben, von politischer Steuerung.

Infobox

Fünf Stadien wirtschaftlicher Entwicklung nach Rostow

1. Die Traditionelle Gesellschaft
2. Die Vorbedingungen des Take-Off
3. Der Take-Off
4. Die Entwicklung zur Reife
5. Das Zeitalter hohen Massenverbrauchs

In das Stadium des Take-Off, so Rostow seien die Industrieländer zu verschiedenen Zeiten eingetreten und hätten inzwischen die nachfolgenden Stadien erreicht, die durch Massenkonsum gekennzeichnet seien, während die meisten Entwicklungsländer die Früchte des Take-Off noch nicht ernten konnten; denn mit dem Take-Off würden sie auf einen Pfad kontinuierlichen Wachstums einschwenken. Der Entwicklungsstand einer Volkswirtschaft ließe sich an bestimmten volkswirtschaftlichen Indikatoren messen, wie etwa Bruttosozialprodukt und Wachstum oder Verteilung von Arbeitskräften in wirtschaftlichen Sektoren.

Tab. 4: ›Take-Off‹-Phasen im historischen Vergleich, nach Rostow

England	1783-1802 (Europa zeitversetzt)
USA	1843-1860
Japan	1878-1900
...	...
Russland	1890-1914
...	...
Indien	1950- ?

Zusammenfassend möchte ich hier fünf theoretische Aspekte von Rostows extremer Variante der Modernisierungstheorie herausstellen, die er mit anderen »einfachen« Modernisierungstheoretikern teilt:

(1) den Evolutionismus, d. h. die Annahme, dass sozioökonomischer Wandel eindimensional über einen vorgegebenen Rahmen von Stadien abläuft,
(2) die Unilinearität, d. h. es gibt einen einzigen Entwicklungspfad, dem alle Länder folgen, und auf dem einige Länder steckengeblieben sind, andere einer alternativen Ideologie folgend in der Sackgasse landen,
(3) die Annahme, dass Unterentwicklung endogen erzeugt ist: durch Tradition, Kapitalknappheit, schlechte Regierung usf. Die Analyseeinheit ist deshalb das einzelne Land und nicht die Struktur des Weltkapitalismus,
(4) die Annahme, dass Unterentwicklung daher durch exogene Intervention behoben werden kann: Kapitalzufuhr und Beratung/Expertise,
(5) die Theorie geht von nachholender Entwicklung/Industrialisierung aus: Die Industrieländer zeigen den Entwicklungsländern ein fortgeschrittenes Stadium auf dem Entwicklungspfad, das diese später erreichen werden. Entwicklung müsse aber von außen induziert werden.

Aktualität

Wer nun meint, dass diese Position ja nun mal vor 70 Jahren vertreten wurde, was sicher nicht mehr zeitgemäß sei, kann sich mal in zeitgenössischer Literatur umsehen. Nach Banerjee/Duflo (2012: 26) vertritt der bekannte Ökonom Jeffrey Sachs die Position der Armutsfalle, dass bestimmte Länder aufgrund ihrer geographischen Position oder anderer problematischer Bedingungen in Armut gefangen sind und eine Anschubfinanzierung benötigen, um den Pfad Richtung Wohlstand einzuschlagen. Einige quantitative Forscher bestätigen dies empirisch.

Abb. 6: Die Armutsfalle nach Jeffrey Sachs

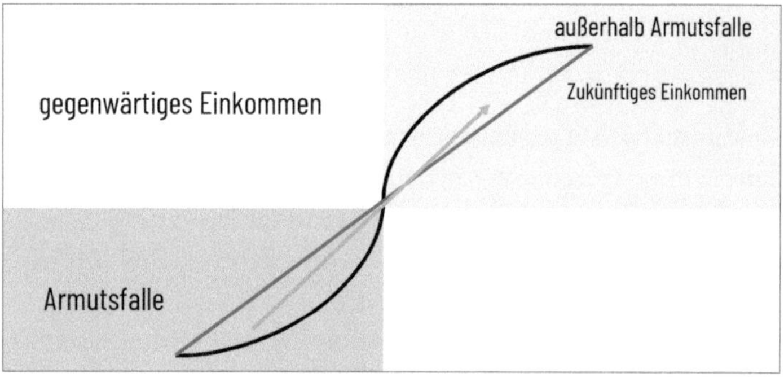

Das Gegenargument, etwa von Easterlin (2002) vertreten, ist, dass es viele Länder aus eigenem Antrieb geschafft haben, aus der Armut herauszukommen, und dass die Armutsfalle nur ein Konstrukt in den Köpfen von Entwicklungsökonomen sei (in der Graphik entspricht dieser Weg dem hellgrauen Bereich). Es ginge darum, über eigene Anstrengungen den Weg aus der Armut selbst zu gestalten (z. B. über Spar- und Kreditprogramme, Innovation etc.).

Marktgesteuerte Entwicklung

Der Niedergang der Modernisierungstheorie kann nur unter Berücksichtigung des historischen Kontextes erklärt werden: dem Vietnamkrieg, der die US-Hegemonie in Frage stellte, die 1968er Bewegung und das Ende des wirtschaftlichen Booms der Nachkriegszeit. Diese historischen Entwicklungen spiegelten sich in der Sozialwissenschaft wider. Es kam zur Kritik am Funktionalismus und der Parsons'schen Soziologie, und so verlor auch die Modernisierungstheorie an Bedeutung. Im generellen Diskurs wurde die Normativität zugunsten einer empirischen Analyse wirtschaftlicher Entwicklung zurückgestellt. Der Begriff wurde verwissenschaftlicht und an messbaren Kriterien festgemacht; er lag nun in der Zuständigkeit internationaler Organisationen wie IWF oder Weltbank. Es ging dabei weniger um die theoretische Diskussion als um praktische Politik, um Geber- und Nehmerländer. Zu dieser Zeit reflektiert der Entwicklungsdiskurs eine Mischung aus neoklassischer Theorie, Modernisierungstheorie und Evolutionismus. Die Klassifizierung im UN-System nach *entwickelten, weniger entwickelten und am wenigsten entwickelten* Gesellschaften bzw. nach *Erster, Zweiter und Dritter Welt* hat Elemente einer Stadientheorie, die in eine verwissenschaftlichte, neutrale Semantik verpackt wurden. Die Perspektive bleibt linear, teleologisch und ethnozentristisch, wobei Entwicklung prinzipiell möglich ist. Allerdings ist sie nicht mehr so optimistisch hinsichtlich Fortschritts und Perfektionierung. Die Fortschrittsprognose findet sich bei der entwickelten Welt, während sich Stagnationsglaube und Pessimismus hinsichtlich der außereuropäischen Welt breit macht (Überbevölkerung, Despotismus, Verlorener Kontinent Afrika, Rettungsboot Ethik). Dem Staat wird im Entwicklungsprozess eine Sonderrolle zugeschrieben: die Rolle des Facilitators, des ausführenden Akteurs der Entwicklungspolitik, die von den internationalen Organisationen bzw. von westlichen Entwicklungspolitikern entworfen wurde. Dabei wurde die Skepsis gegenüber diesen Entwicklungsstaaten allerdings immer lauter, indem ihre Bürokraten nicht nur als unfähig, sondern zunehmend als korrupt angesehen wurden. In den 1980 Jahren kam es damit zur Auffassung, dass diese Staaten Entwicklung behinderten anstatt sie zu fördern. Es machte sich zunehmend ein neoliberales Politikverständnis breit, wobei marktgesteuerte Entwicklung zum neuen Credo wurde.

Äquivalente

Kernproblem der Modernisierungstheorie für Entwicklungsländer ist, dass die westliche, europäisch-amerikanische Gesellschaft und ihre Entwicklung dem ›Rest der Welt‹ gegenübergestellt wird. Die westlichen Gesellschaften werden zum Äquivalent für »modern«, die nichtwestlichen Gesellschaften für »nicht modern, traditionell, unterentwickelt« usf. Damit ist diese Dichotomie nicht symmetrisch. Dieselbe Problematik der normativen Semantik findet sich in den Dichotomien Nord und Süd, europäische und außereuropäische Gesellschaften. Wie es André Gunder Frank ausdrückt:

»[the] entire approach to economic development and cultural change attributes a history to the developed countries but denies all history to the underdeveloped ones« (André G. Frank 1969: 40).

Dies ist schon ein Vorgriff auf die heutige Diskursanalyse zum Entwicklungsbegriff aus außereuropäischer Sicht. Eine ähnliche Betrachtung findet sich bei Edward Said, der auf die Parallelität der Fiktion der Dichotomie Tradition-Moderne und Orient-Okzident hinweist und den Begriff des Orientalismus als Bild des Westens über den Orient entlarvt (Said 1978).

Die Kritik an der extremen Variante der Modernisierungstheorie im internationalen Kontext, wie sie am Beispiel Rostows verdeutlicht wurde, ist sofort einleuchtend. Die Kritik seitens bürgerlicher Ansätze lässt sich wie folgt zusammenfassen:

- Die Theorie liefert keine Implikationen für die Entwicklungspolitik und Wirtschaftspolitik, da Entwicklung automatisch stattfindet, sofern die Ressourcenengpässe überwunden werden (Wirtschaftsliberalismus, *laissez-faire*-Kapitalismus).
- Der Entwicklungsökonom G. Myrdal (1980) stellte fest: die Theorie missachtet inter- und intra-gesellschaftliche Entwicklungen. Entwicklungsländer müssen sich in einer Welt entwickeln, in der schon mächtige Blöcke existieren, die nicht notwendigerweise ein Interesse an der Entwicklung dieser Länder haben und sie vielleicht sogar verhindern.
- Der Wirtschaftshistoriker Gerschenkron (1966) weist auf die einzigartigen historischen Konstellationen hin, die einer unilinearen Entwicklung entgegenstehen.
- Eine Selbstreflexion der Entwicklungspolitik fand nicht statt.

Nach der Modernisierungstheorie war Unterentwicklung also ausschließlich aus den ökonomischen, sozialpolitischen und kulturellen Hemmnisfaktoren innerhalb eines Landes zu erklären.

Kolonialismuskritik und neomarxistische Ansätze

Hier setzte in den 1960er und 1970er Jahren die Kritik mit insbesondere zwei Schriften an: Franz Fanons *»Die Verdammten dieser Erde«* und Edward Saids *»Orientalismus«* an. Deren Kritik ist in die Kolonialismuskritik eingebettet, so dass ich zuvor einen kleinen Exkurs zum Kolonialismus vornehme.

Kolonialismus

Was ist Kolonialismus? Folgende Definition von Osterhammel erscheint mir geeignet, den Charakter zu beschreiben:

Definition

> »Kolonialismus ist eine Herrschaftsbeziehung zwischen Kollektiven, bei welcher die fundamentalen Entscheidungen über die Lebensführung der Kolonisierten durch eine kulturell andersartige und kaum anpassungswillige Minderheit von Kolonialherren unter vorrangiger Berücksichtigung externer Interessen getroffen und tatsächlich durchgesetzt werden. Damit verbinden sich in der Neuzeit in der Regel sendungsideologische Rechtfertigungsdoktrinen, die auf der Überzeugung der Kolonialherren von ihrer eigenen kulturellen Höherwertigkeit beruhen« (Osterhammel 1995: 21).

Die Grundidee des Kolonialismus ist die der Expansion einer Gesellschaft über ihren Lebensraum hinaus. Dabei können wir zwei Phasen unterscheiden: die erste Kolonisierung fand vom 15.–18. Jhdt. statt, beginnend mit Portugal und Spanien. Ging es hier ursprünglich darum, den Weg nach Südostasien zu finden, um vom Gewürzhandel zu profitieren, wurde hier nach Etablierung von Kolonialstützpunkten das transatlantische Dreieck geschaffen, europäische Waren nach Afrika zu schaffen, gegen Sklaven, Elfenbein und Nahrungsmittel zu tauschen, diese nach Amerika zu verschiffen, um dann Bodenschätze und Plantagenprodukte nach Europa zu transportieren. Die zweite Kolonisierung war der Imperialismus des 19. und 20. Jahrhunderts, wo sich England das größte Kolonialreich aufbaute, gefolgt von Frankreich, den Niederlanden, Belgien, Deutschland, Italien und auch dem Russischen Zarenreich. Im »Great Game« legten das British Empire und das Russischen Imperium zur Vermeidung eines Krieges die Einflusssphären fest. Zentralasien mit Ausnahme von Afghanistan und Pakistan wurde von Russland kolonisiert und damit der Grundstein für die spätere Integration der Region in die UdSSR gelegt (für eine dezidierte Betrachtung der Haltung von Sozialismus zu Kolonialismus, siehe Kößler 2023).

Kolonietypen

Hinsichtlich der Kolonien unterscheidet Osterhammel folgende Typen:

(1) Beherrschungskolonien
Zweck: Ausbeutung von Bodenschätzen, Erhebung von Tribut, strategische Absicherung imperialer Politik, nationaler Prestigegewinn.
Beispiel: Indien.
Involviert: Zivile Bürokraten, Soldaten, Geschäftsleute (aber nicht Siedler).
Regierungsform: autokratische Regierung durch das Mutterland mit Elementen paternalistischer Fürsorge.

(2) Stützpunktkolonien
Zweck: indirekte kommerzielle Erschließung des Landes, Beitrag zur maritimen Entfaltung und informeller Kontrolle über selbstständige Staaten (Kanonenbootpolitik).
Beispiel: Portugiesisch Goa.

(3) Siedlungskolonien
Zweck: billiges Land, billige Arbeitskraft, Volk ohne Raum expandiert, Praktizierung minoritärer soziokultureller Lebensformen, die im Mutterland nicht möglich sind; permanente Ansiedlung von Pflanzern und Viehzüchtern; frühe Tendenz zur Selbstregierung.

Unterformen: neuenglischer Typ: Verdrängung bzw. Ausrottung der einheimischen Bevölkerung; afrikanischer Typ: ökonomische Abhängigkeit von einheimischer Arbeitskraft; karibischer Typ: Import von landfremden Arbeitssklaven (Osterhammel & Jansen 2012). England war dabei führend im Handel mit Sklaven. Das damit erwirtschaftete Kapital hat auch zur industriellen Revolution beigetragen und den Abstand zwischen Kolonialreichen und Kolonien weiter vergrößert. Das Kolonialsystem blockierte zugleich die Entwicklungschancen der Kolonien (Zinn 2015: 32).

Die Geschichte des Kolonialismus umfasst fünf Jahrhunderte. In dieser Zeit hat, wie Maddison (2001: 126) eindrucksvoll zeigt, sich im Zuge des Kolonialismus die pro-Kopf internationale Ungleichheit, gemessen an reichster zu ärmster Region, von 2:1 im Jahr 1500 auf 15:1 im Jahr 1950 und 19:1 im Jahr 1998 entwickelt.

Kolonialen Praxis

Der Kolonialismus basiert auf vermeintlichen Unterschieden, die die koloniale Praxis legitimieren sollten. Es begann mit dem Unterschied von Christen und Heiden, die Landnahme und Ausbeutung rechtfertigten. Später wurden biologisch-rassistische Argumente gewählt. Schließlich wurden auch ethische Argumente benutzt, um die »Wilden« »zivilisieren« zu können. Das Ganze wurde in verschiedene Diskurse eingebettet über Chaos und Schmutz, Entwicklung und Modernisierung, Rationalität und Natürlichkeit usw. Kolonialismus steht im engen Zusammenhang mit dem Projekt Europa (Zimmerer 2012).

Koloniale Geschichte

Koloniale Geschichte ist nicht nur Geschichte des Eroberns und Aneignens, sondern ein langsamer Prozess des Aufbaus von Herrschaftsstrukturen und Gesellschaftsformen, der räumlichen Ausdehnung und Verfestigung von Herrschaft. Dies erschwert eine Periodisierung. Um eine Vorstellung über die Ausdehnung des Kolonialismus zu bekommen, sei auf folgende Daten von Arthur Girault verwiesen: kurz nach dem Ersten Weltkrieg waren mehr als 600 Millionen Menschen unter kolonialer Herrschaft. Das entsprach ungefähr zwei Fünftel der Weltbevölkerung, Sie waren wie folgt verteilt: in Asien 440 Millionen, in Afrika 120 Millionen, in Ozeanien 60 Millionen und in Amerika 14 Millionen (Osterhammel und Jansen 2012).

Die Hochphase der Kolonialweltordnung war zwischen 1880 und 1960. Die strukturellen Auswirkungen können bis in die Gegenwart hinein beobachtet werden. In diese Zeit fiel die Konsolidierung der Kolonialreiche und die Teilung Afrikas als Folge der Abschaffung der Sklaven, um diese durch koloniale Arbeitskräfte zu kompensieren. Die Kolonialmächte waren zu dieser Zeit schon industrialisiert und benutzten den technischen Fortschritt zur Aufrechterhaltung der Asymmetrie. Schließlich wurden die Kolonien an die globalen Märkte angebunden. Für die Kolonialmächte war der prestigehafte Besitz von Kolonien wichtig für die Identitätsbildung. Neu hinzu kam in dieser Zeit auch eine ideologische Legitimation des Kolonialismus, hergeleitet aus universalistischen Ansprüchen der Menschenrechte (vgl. Osterhammel und Jansen 2012).

Fremdherrschaft

Die Kolonien erlebten eine radikale Veränderung und Transformation durch die Fremdherrschaft – nicht nur was die Wirtschaft betraf, sondern auch bzgl. Kultur und eigener kultureller Identität.

Lassen wir hier Franz Fanon (1961), der selbst am algerischen Freiheitskampf beteiligt war, mit seinem Buch *»Les Damnés de la Terre«* (Die Verdammten dieser Erde [1969]) zu Wort kommen. Er setzte 1961 die Dritte Welt mit der kolonisierten und unterentwickelten Welt gleich. Er argumentierte, es ginge bei der Dekolonisierung nicht darum, Europa zu imitieren.

> »Wenn wir jedoch wollen, dass die Menschheit ein Stück vorwärtskommt, wenn wir sie auf eine andere Stufe heben wollen als die, die Europa innehat, dann müssen wir wirkliche Erfindungen und Entdeckungen machen (…). Für Europa, für uns selbst und für die Menschheit, Genossen, müssen wir eine neue Haut schaffen, ein neues Denken entwickeln, einen neuen Menschen auf die Beine stellen« (zitiert nach A. Eckhard 2006).

Fanon wurde von Konservativen als schwarzer Rassist und Gewaltverherrlicher bezeichnet, denn er rechtfertigte Gewalt gegen die Kolonialisten psychologisch als Folge kolonialer Unterdrückung. Bereits in einem früheren Werk, *»Peau Noire, Masques Blancs«* (Schwarze Haut, weiße Masken) 1959 betonte er, dass der Kolonialismus und Rassismus bei den Kolonisierten eine Mentalität der Minderwertigkeit erzeugt hatten.

Während Fanons Buch Anfang der 1960er Jahre große Wellen schlug und er später gerne in der Studentenbewegung und auch der Gewaltlegitimation im Terrorismus benutzt wurde, wurde es dann ruhig um ihn, bis er durch die Post-Colonial Studies wiederendeckt wurde. Wichtig festzuhalten ist für mich, dass er eine völlig unterschiedliche Weltsicht von »Schwarz und Weiß« oder übertragen: zwischen vormals Kolonisierten und vormaligen Kolonialisten konstatiert (vgl. A. Eckhard 2006).

Postkolonialismus

Postkolonialismus ist nicht nur die Phase nach dem Kolonialismus, sondern die Entwicklung der ehemaligen Kolonien nach der Unabhängigkeit, und mit ihr befassen sich neben der Entwicklungssoziologie die Post-Colonial Studies. Letztere entstanden nach dem von Edward Said publizierten Buches »*Orientalismus*« (Said 1978). In diesem Buch hinterfragte er die klassische Orientforschung als eine auf Vorurteilen, Stereotypen und Rassismus basierende Wissenschaft, die im Westen das Bild über den Orient entwarf (Beispiele: Silvestre de Sacy und Ernest Renan), aber wir können die Kritik als grundsätzlich und nicht nur den Mittleren Osten betreffend begreifen. Said griff auf die Diskursanalyse zurück, um Schriften von Orientalisten zu untersuchen. Saids Kritik wurde aus der Orientalistik heraus heftig kritisiert und als manipulativ bezeichnet.[25]

Orient

»Orient«, so Saids Argument, sei keine neutrale geographische Bezeichnung, sondern aufgeladen mit einer vermeintlichen Identität der »Orientalen«, wie sie von Orientalisten unterstellt wurde und nicht nur einen Kontrast zu Europa darstellte, sondern Europa und den Vereinigten Staaten dazu diente, sich überhöht und als überlegen wahrzunehmen. So sei »Orient« ein antipodisches Produkt (Okzident-Orient) der westlichen Moderne, das als statisch, fatalistisch, traditionell, despotisch, antriebslos, unorganisiert, hinterhältig, feilschend usw. dargestellt wurde und den »Orientalen« eine grundsätzlich zum Westen unterschiedliche Persönlichkeit unterstellt. Entsprechend wurde das Bild des Islam entworfen. Dieses Fremdbild diente als Rechtfertigung für den Kolonialismus. Viele Kenntnisse über die Fremdkultur waren reines »Bücherwissen« von Reisenden und Schriftstellern, und die Methoden der Feldforschung und interpretative Sozialwissenschaft fanden erst in der jüngeren Orientalistik Beachtung.

Neokolonialismus

Viele Abhängigkeitsverhältnisse, die nach der Unabhängigkeit der ehemaligen Kolonien weiterbestehen, werden auch unter dem Begriff des Neokolonialismus diskutiert. Methodisch knüpfen die postkolonialen Studien an neomarxistische Ideen an, Kolonien und Metropolen innerhalb eines Bezugsrahmens, der Weltwirtschaft, zu betrachten. Diese Perspektive verdeutlicht, der europäische Ausstieg fand auf Kosten der Kolonien statt, und die Kolonisierung führte zu irreversiblen Veränderungen der kolonialen Gesellschaften. Europa, das steht heute fest, hat durch den Kolonialismus die Welt verändert (Conrad 2012).

So zeigt Quijano (Ha 2014; 2000) die enge Verknüpfung zwischen Kolonialismus, Eurozentrismus und Kapitalismus als globale ›Kolonialität der Macht‹, auf Basis des klassifikatorischen eurozentrischen Rassismus entlang des folgenden Dualismus, der dann die Basis für eine weltkapitalistische Ausbeutung darstellt:

Tab. 5: Eurozentrischer Rassismus nach Quijano (Ha 2014)

Europa	**Die ›Anderen‹**
Zentrum (central)	Peripherie (peripheral)
modern (anterior)	Zurückgeblieben (primitive)
überlegene (superior) weiße (europäische) Körper	unterlegene (inferior) schwarze, braune (afrikanische, asiatische, indigene, jüdische) Körper
Kapitalismus	Basarökonomie informelle Ökonomie ethnische Ökonomie

Neomarxistische politökonomische Ideen finden sich in der 1967 gegründeten »Gruppe der 77« Entwicklungsländer, die forderte, eine umfassende Neue Weltwirtschaftsordnung zu schaffen, die mit dem Imperialismus der Industrieländer bricht. Der tansanische Staatschef Julius Nyrere reklamierte die Süd-Süd-Kooperation. Diese Ideen wurden in der Dependenztheorie entwickelt, die auf die 1960er Jahre zurückgeht.

Die Dependenztheorie

Die Dependenztheorie wurde von dem Argentinier Raul Prebisch ins Leben gerufen, der seinerzeit die ECLA (Economic Commission for Latin America) leitete. Sie hat insbesondere mit ihrem Bezug auf Lateinamerika regionale Relevanz und konstatiert ein Abhängigkeitsverhältnis der Peripherie (Lateinamerika) von den Metropolen (Industrieländern). Die Theorie kritisierte das modernisierungstheoretische Entwicklungsdenken als a-historisch, da es historische Beziehungen und Machtverhältnisse verschleierte, die für Entwicklung und Unterentwicklung ausschlaggebend seien. Die historische europäische Entwicklung basierte auf imperialistischer Ausbeutung, die damit das Schicksal für die postkolonialen Länder besiegelte. Begründet wird u. a. die Dependenz durch die umstrittene Singer-Prebisch These, die besagt, dass sich die *Terms of Trade*, also das reale volkswirtschaftliche Austauschverhältnis, durch ungleichen Tausch kontinuierlich verschlechterte, da letztendlich die sog. Entwicklungsländer Rohstoffe und Naturalien für den Weltmarkt lieferten, deren Weltmarktpreise durch Angebots- und Nachfragesteuerung seitens der Metropolen konstant blieben oder sogar sinken, während die Investitionsgüter, die in den Metropolen produziert werden, immer teurer werden. Daraus resultiere ein einseitiger Realtransfer von Profiten in die Metropolen (vgl. Bacha 1978; Love & Prebisch 1980; Schmidt 1982).

Weitere bedeutende Vertreter der Dependenztheorie sind Cardoso und Faletto (1977 repr.) und André Gunder Frank. Letzterer stellt fest:

> »If the now underdeveloped were really to follow the stages of growth of the now developed ones, they would have to find still other people to exploit in underdevelopment, as the now developed countries did before them« (1969: 46).

Damit ginge die Modernisierungstheorie mit ihrer Fixierung auf den historischen westlichen Entwicklungspfad von vollkommen falschen Prämissen aus, da die strukturellen Voraussetzungen von Entwicklung heutzutage anders sind: es gibt heutzutage entwickelte Industrieländer und Entwicklungsländer, die es zur Zeit der Industriellen Revolution nicht gab. Die heutige Situation, die als Abhängigkeit von fremdem Kapital, von fremder Technologie und von fremder Expertise umschrieben werden kann, verhindert Entwicklung, anstatt sie zu fördern. Die früheren Kolonien seien unterentwickelt, weil sie in der Kolonialzeit in Abhängigkeit gerieten und sich diese Abhängigkeit heutzutage fortsetzt: als Abhängigkeit von den Industrienationen in Bezug auf Handel, Technologie, Investition, Expertise usf. sowie von den Marktpreisen (Stichwort: »strukturelle Gewalt«, Galtung 1972).

Nach André Gunder Frank (1966; 1969) wurde diese Abhängigkeit über einen 3-stufigen Prozess geschaffen:

- in der 1. Stufe wurden die lateinamerikanischen Länder und die anderen Länder der Peripherie seit der frühen Kolonialzeit an das Weltwirtschaftssystem angekoppelt.
- Damit wurde in der 2. Stufe in den betroffenen Ländern ein kapitalistisches Wirtschaftssystem geschaffen, das die Entstehung der strukturell ungleichen Metropolen-Satelliten-Struktur ermöglichte.
- In der 3. Stufe wurde die Abhängigkeit der Satelliten verfestigt; deren wirtschaftliche Entwicklung wurde durch Weltmarktnachfrage und -angebot bestimmt und über Lieferverträge und Kreditbedingungen beeinflusst.

So profitierten die Metropolen einseitig von den Peripherie-Ländern, und die Peripherie erlitt im internationalen Handel gravierende Nachteile. Damit setzte die Entwicklung des Kerns (der Metropolen) die Unterentwicklung der Peripherie voraus. Profite flossen aus Lateinamerika ab nach Nordamerika und Europa, die zur dortigen Industrialisierung verwendet wurden, und eine eigenständige Industrialisierung wurde verhindert.

Metropolen-Satellitenstruktur

Die Metropolen-Satellitenstruktur sei auch deshalb besonders stabil, da über die Eliten in den Satelliten, die von der etablierten Weltmarktstruktur profitierten, wiederum die Metropole dort repliziert wurde – konkret ausgedrückt, das Elitenhandeln und -verhalten entspreche demjenigen in den Metropolen selbst und sei geradezu konträr zum Interesse der unmittelbaren Produzenten und der Kleinbourgeoisie.

In Bezugnahme auf verschiedene marxistische Ideen argumentiert Frank:

- »unterentwickelt« ist nicht identisch zu »unentwickelt« (»Entwicklung zur Unterentwicklung«).
- Unterentwicklung und Entwicklung sind nicht zwei verschiedene Stufen auf ein und demselben Entwicklungspfad.
- Koloniale Herrschaft hat Bedingungen zwischen den entwickelten und sich entwickelnden Ländern geschaffen, die grundsätzlich ungleich sind.
- Ohne eine Restrukturierung der Weltwirtschaft ist es den Entwicklungsländern unmöglich, dieser Abhängigkeit zu entkommen und Wachstum und Entwicklung zu erfahren. (André G. Frank 1966)

Peripherer Kapitalismus

Letztendlich handelt es sich bei den Ansätzen, die unter dem Begriff »Dependenztheorie« subsumiert werden, um verschiedene Beiträge mit unterschiedlichen Schwerpunktsetzungen, so dass Kritiker vorschlagen, nicht von einer »Dependenztheorie«, sondern von Dependenzansätzen zu sprechen, die einen gemeinsamen Kern aufweisen (Hein 2013). Einer dieser Ansätze ist die Theorie des peripheren Kapitalismus (Senghaas 1974). Dieter Senghaas argumentierte in Differenz zum Mainstream der Dependenztheoretiker, die an der umstrittenen Singer-Prebisch-These festhielten,[26] dass Unterentwicklung als komplementärer Prozess kapitalistischer Entwicklung in den Industrieländern historisch bedingt und letztendlich strukturell sei. Sie resultiere aus einer stagnierenden Produktivität des landwirtschaftlichen Sektors bei fehlender Produktion von Massenkonsumgütern und insb. Investitionsgütern für den nationalen Markt, die eine Folge der Kolonialismusstruktur und der anhängigen Weltmarktintegration sei und als peripherer Kapitalismus ganz andere Strukturmerkmale als der Kapitalismus in den Metropolen aufweise.

Konsequenzen

Die Konsequenzen aus Dependenzansätzen und der Theorie des peripheren Kapitalismus sind auch entsprechend unterschiedlich. André G. Frank tendierte ursprünglich dahin, dass die sog. Entwicklungsländer, wenn sie über den Kolonialismus in die ungleiche kapitalistische Weltmarktstruktur eingebunden sein, der Situation der Ausbeutung kaum noch entrinnen können. Diese Position teilt mit ihm auch Immanuel Wallerstein mit seiner Weltsystemtheorie (siehe im Anschluss). Anders ist Dieter Senghaas' Antwort, der mit Dissoziation und autozentrierter Entwicklung (1979a) eine Entwicklungsstrategie für die sog. Entwicklungsländer aufzeigt, sich aus dem Weltmarkt abzukoppeln und die eigenständige Entwicklung insbesondere auch mit Süd-Süd Kooperation voranzutreiben. Samir Amin (1979) greift mit seinen Konzepten der ›*Self-Reliance*‹ und des ›*De-Linking*‹ (Entkoppelns) diese Strategie auf und hält bis heute an ihr fest.

Kritik an der Dependenztheorie:

Bedeutungsverlust

Nach Pimmer und Schmidt (2015) ist der Bedeutungsverlust der Dependenztheorie durch den Ökonomismus mit der einseitigen Fixierung auf externe Faktoren für Unterentwicklung erklärbar und berechtigt. Dies würde die Vielschichtigkeit und den Facettenreichtum der Debatten ausblenden.

Auch Ilan Kapoor folgt dieser Ansicht, die Dependenztheorie ordne Kultur den Strukturzusammenhängen der politischen Ökonomie unter und verstetige ein binäres Denken zwischen Metropole und Satellit, Zentrum und Peripherie und einer entsprechenden Hierarchisierung. Damit gehe dieser Theorieansatz in dieselbe Falle wie Marx und Lenin, Europa als ein universelles Modell zu betrachten. Geschichte werde so aus der Entwicklung des europäischen Kapitalismus erklärt – eine Kritik, die generell auf Marx, Weber, Modernisierungstheorie, Dependenztheorie und Weltsystemtheorie zutrifft (Kapoor 2008: 10 ff.).

Fernanda Beigel (2015) stellt dazu fest, die Dependenztheorie basiere auf einem umstrittenen konzeptionellen Rahmen, da innerhalb der Gruppe der Dependenztheoretiker keine Einigung erzielt werden konnte, ob die Ursache der Unterentwicklung innerhalb Lateinamerikas oder im internationalen System zu suchen war, oder anders ausgedrückt, auf nationaler Ebene und in den Klassenverhältnissen oder im internationalen kapitalistischen System.

Die Theorie des peripheren Kapitalismus wurde ebenfalls wegen ihrer Generalisierung auf die gesamte »Dritte Welt« kritisiert, da sie regionale Unterschiede nivelliere.[27]

Abb. 7: Gegenüberstellung der Paradigmen von »einfacher« Modernisierungstheorie und Dependenzansätzen

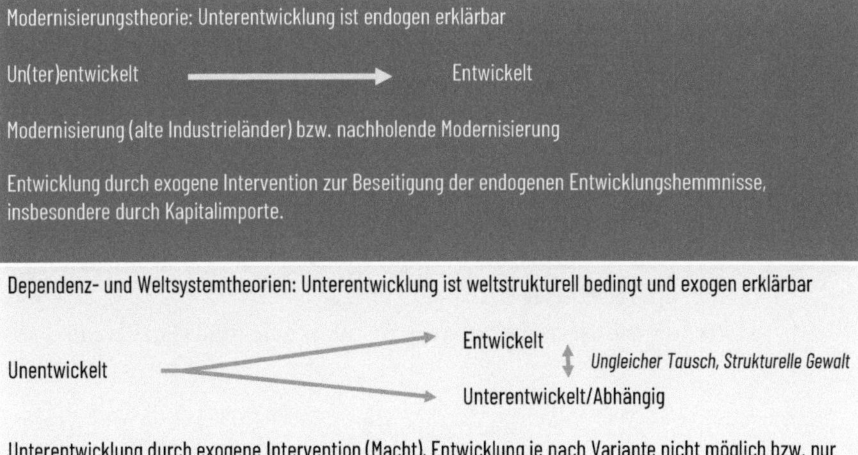

Die Weltsystemtheorie

Tendenziell ähnlich, aber mit einer weit größeren Reichweite argumentiert die neomarxistische Weltsystemtheorie. Immanuel Wallerstein schuf die neomarxistische Weiterentwicklung der Braudel'schen Theorie in den 70er Jahren, die er in dem vierbändigen Werk ›Modern World System‹ (I–IV) ausgearbeitet hat. Balibar fasst Wallersteins Theorie wie folgt zusammen: Die Gesamtstruktur dieses Systems sei eine generalisierte Warenökonomie, wobei die Prozesse der Staatenbildung, der politischen Hegemonie und der Klassenbündnisse dieser Ökonomie die Struktur geben (Balibar und Wallerstein 1988: 7). Schauen wir uns direkt mit Wallerstein seine Argumentationsweise an.

Expansion

Theoretisch beschreibt Wallerstein (1979, 1995, 1976, 1980, 1986) den Prozess der mehr oder weniger gewaltsamen Expansion Westeuropas und deren Auswirkung auf die verschiedenen ›Zonen‹ der Welt. Vom 14.–19. Jahrhundert expandierte die kapitalistische Weltwirtschaft über den gesamten Globus. Diese Expansion ging aber in verschiedenen Phasen von Ausdehnung und Kontraktion/Konsolidierung und sich ändernden Zentren und Schauplätzen der Aktivität vonstatten (nacheinander die Führung von Spanien und Portugal, Frankreich und Holland, England, zuerst in Lateinamerika, dann in Afrika, Asien und Nordamerika, hegemoniale Veränderungen in Osteuropa [Russland] und Vorderasien [Osmanisches Reich]). Diese lange Periode der Expansion der kapitalistischen Weltwirtschaft hängt eng zusammen mit technologischen Veränderungen (Schiffbau, Waffen, Kommunikation, Dampfmaschine, industrielle Produktion) und daraus resultierend mit einer Proletarisierung großer Teile dieser Welt.

Die Geschichte Westeuropa teilt er in folgende Phasen ein:

Tab. 6: Geschichtsphasen nach Wallerstein

1300–1450	Krise des Feudalismus (Rezession)
1450–1600	Expansion, insbesondere über den Atlantik
ca. 1600–1750	Konsolidierung (Rezession)
ca. 1750–1850	Expansion, insbesondere nach Süd- und Südostasien, sowie Afrika Inkorporierung, anschließend Peripherisierung

Weltreiche

Wir wollen uns hier nicht so sehr mit geschichtlichen Fakten auseinandersetzen, sondern die von Wallerstein herausgearbeiteten strukturellen Kennzeichen des modernen Weltsystems aufzeigen. Dabei unterscheidet er bei den Weltsystemen Weltreiche wie etwa das Chinesische Reich oder Russland zur Zarenzeit oder das Osmanische Reich, die natürlich nicht den gesamten Globus umfassten und Weltwirtschaften. Weltreiche fanden wir zu verschiedenen Zeiten in verschiedenen Regionen dieser Welt. Gemeinsam ist ihnen die Produktionsweise. Diese Produktionsweise produziert genügend landwirtschaftliche Überschüsse (Surplus), um nicht nur die unmittelbaren Produzenten zu ernähren, sondern auch Handwerker, Händler, Herrscher und Bürokraten. Charakteristisch für diese Weltreiche ist also, dass eine Klasse von Handelsprofiten, Steuern der Produkte und Zwangsarbeit lebte.

Wertabschöpfung

Im Unterschied zum Kapitalismus war diese Produktionsweise nicht darauf ausgerichtet, ein Maximum zu produzieren. Das Interesse der Herrschenden war, die existierenden Herrschaftsstrukturen beizubehalten und sich persönlich zu bereichern. Deshalb stand die Herrschaft immer in dem Spannungsverhältnis der Wertabschöpfung (Surplusaneignung) durch Machtmittel auf der einen Seite und dem Risiko der Auflehnung gegen das Herrschaftssystem bei zu hoher Abschöpfung, die die Existenzgrundlage der Bevölkerung gefährdete. Die Wertschöpfung ging deshalb im Allgemeinen nicht so weit, dass die Produzenten an Hunger starben. In Fällen von Hungersnöten wurden die Abgaben oftmals reduziert und dafür bei guten Ernten erhöht. Das Interesse der Herrschenden war, die Produzenten am Leben zu erhalten, um den Revenüenfluss zu verstetigen.

Definition

Mehrwert: Unterschied zwischen Wert der Arbeitsleistung und Arbeitslohn (basierend auf der Marx'schen Arbeitswerttheorie)
Surplus: Überschuss, Mehrprodukt

Mini-Systeme

Die den Weltreichen vorhergehenden Herrschaftsformen nennt Wallerstein Mini-Systeme. Ihre Produktionsweise ist nicht fundamental unterschiedlich. Es herrschte aber in diesen Minisystemen eine geringere Ungleichheit, weil es noch nicht den großen Verwaltungsapparat gab, der aus den Revenuen von den Produzenten finanziert wird.

Weltwirtschaft

Nach Wallerstein ist die kapitalistische Weltwirtschaft allerdings ganz anders als ihr Vorgänger, die Weltreiche. Die kapitalistische Weltwirtschaft ist zuerst einmal dadurch gekennzeichnet, dass sie gerade kein einheitliches Herrschaftssystem, keine übergeordnete politische Struktur hat. Allerdings liegt ihr dieselbe kapitalistische Produktionsweise zugrunde. Da der Surplus also nicht über eine politische Struktur abgeschöpft und umverteilt wird, geschieht dies also über den Markt – und dies ist der große Unterschied zum Kolonialismus. Allerdings stören oftmals Staaten das freie Spiel des Marktes über Interventionismus (Beispiel: Merkantilismus).

Peripherisierung

Der Widerspruch des Kapitalismus als soziales System ist gerade der gleichzeitige Wunsch der Freiheit des Marktes aus der Sicht der Käufer und der Intervention aus der Sicht der Verkäufer. Und dieser Widerspruch findet sich auch in der Weltwirtschaft. Charakteristisch für die kapitalistische Weltökonomie ist nicht nur eine Dichotomie von Klassen (Kapitalisten und Lohnarbeitern), sondern eine räumliche Dichotomie wirtschaftlicher Spezialisierung: Zentrum, Semi-Peripherie und Peripherie. Diese beiden Kanäle der Surplusaneignung sind eng miteinander verbunden. Das Grundcharakteristikum des modernen Weltsystems ist die fortgesetzte Akkumulation, während die Surplusaneignung in vorkapitalistischen Systemen zum Substanzerhalt, für den Verwaltungsapparat, für Schatzbildung und Prestigeobjekte verwendet wurde. Wichtigster Produktionsfaktor war Grund und Boden. Kapitalakkumulation kann aber nur dadurch stattfinden, dass der Kapitalismus kontinuierlich expandiert: nach außen in die Welt, so dass er immer mehr Regionen einverleibt (inkorporiert); und nach innen, indem er vormals unabhängige Produzenten proletarisiert. Sind diese Prozesse abgeschlossen, so ist diese Region peripherisiert.

Subsistenzproduktion

Allerdings weist Wallerstein hier mit Rosa Luxemburg darauf hin, dass die Marx'sche Perspektive zu eng ist anzunehmen, dass der Kapitalist Mehrwert am besten über Lohnarbeit aneignet. Denn Luxemburg brachte in ihren Schriften schon den Hinweis, dass der Kapitalismus zur Existenz und Fortentwicklung auch aus nichtkapitalistischen Produktionsformen Mehrwert abschöpfen kann und sich immer der Produktionsformen bedient, die zur Abschöpfung am geeignetsten sind. Diese Gedanken wurden in Anlehnung an die französische Produktionsweisendebatte von Bielefelder Soziologen der Entwicklungssoziologie aufgegriffen und in den 1970er und 80er Jahren unter dem Namen ›Bielefelder Ansatz zur Subsistenzproduktion und Akkumulation‹ bekannt. Die Produktionsweisendebatte wurde um den Aspekt der Hausarbeit im Kapitalismus zur systemischen Reproduktion erweitert (Evers 1987; Bennholdt-Thomsen 1981; Schiel und Stauth 1981; Entwicklungssoziologen 1979).

Spannungen

Wallerstein argumentiert, in der Mitte des 20. Jahrhunderts habe die kapitalistische Weltwirtschaft den ganzen Globus unter ihre Funktionsweise subsumiert und eine weitere Expansion nach außen sei nicht mehr möglich. Als Folge dessen sieht Wallerstein notwendigerweise die Zunahme an Spannungen in der kapitalistischen Weltwirtschaft, die auch durch das Aufeinanderprallen von Zentrum und Peripherie verstärkt wird, da die Semi-Peripherie (UdSSR, China, Indien, Südafrika, Argentinien und Brasilien), die einen Puffer darstellte, nicht mehr in ihrer früheren Form existiert und selbst kapitalistisch produziert. Aus der Sicht der Politikwissenschaft ist ein dreipoliges Gebilde stabiler als ein zweipoliges.

Die sich zunehmend aufbauenden Spannungen in der kapitalistischen Weltwirtschaft resultiert aus drei Gegensätzen, die letztendlich zum systemischen Kollaps führen: Wirtschaft und Politik, Angebot und Nachfrage und Kapital und Arbeit.

- Die Wirtschaft ist in erster Linie eine Weltstruktur, aber die politische Aktivität geschieht in erster Linie durch Nationalstaaten, deren Grenzen natürlich enger sind als die der Weltwirtschaft. Weltmarktinteressen/Freihandel und Protektionismus sind daher inkompatibel miteinander.
- Das Weltangebot hängt in erster Linie von marktorientierten individuellen Entscheidungen ab. Die Weltnachfrage ist in erster Linie abhängig von sozial bestimmten Verteilungen des Einkommens innerhalb von Nationalstaaten und zwischen Nationalstaaten und Regionen.
- Kapital wird akkumuliert durch Mehrwertaneignung von Arbeit, aber je mehr Kapital akkumuliert wird, desto mehr wird Arbeit durch Kapital substituiert. Damit wird Kaufkraft knapp.

Unterwerfung

Das Ergebnis dieser Gegensätze ist ungleicher Austausch zwischen Zentrum und Peripherie. Diese Weltstruktur haben Staaten im Zuge des Kolonialismus, Imperialismus und Neoimperialismus geschaffen. Die Phase des Kolonialismus war die gewaltsame Unterwerfung von Ländern unter Fremdherrschaft und die Zerstörung der dortigen einheimischen Produktion (Beispiele sind Indien und Teile Afrikas), der dann oftmals zwangsweise Export von Rohstoffen und die zwangsweise Einverleibung von unfreier oder freier Arbeit. Diese Rohstoffe wurden dann in den sog. Mutterländern genutzt, um dort die heimische Industrie aufzubauen, ja sogar, die Industrielle Revolution zu ermöglichen. Die koloniale Herrschaft war entweder direkt, d. h. Herrschaftsformen wurden importiert und durch Zwangsapparate (Militär, Polizei, Kolonialrecht) aufrechterhalten (direkte Herrschaft, z. B. Frankreich), oder indirekte Herrschaft (d. h., nur die oberste Verwaltungsebene wurde durch Kolonialherren ersetzt und die bestehende einheimische Bürokratie wurde in den Verwaltungsapparat integriert, um die Fremdherrschaft besser verträglich zu machen). In der Phase des Imperialismus kam eine weitere Komponente hinzu: der Aufbau von Industrien in den Kolonien, um dort die billigen Lohnkosten auszunutzen.[28]

Akkumulationsprinzip

Das Perfide an diesem kapitalistischen Weltsystem, ergänzt Balibar (1988: 8, 9), ist, dass neben dieser gewaltsamen Expansion bis zur Unumkehrbarkeit des Akkumulationsprinzips (Marx spricht hier von »reeller Subsumtion«) die Beherrschten selbst die herrschende Ideologie annehmen – ein für mich interessanter Aspekt, der den Gegensatz von Hegel und Marx bzgl. Idealismus und Materialismus zusammenführt: die Schaffung einer ideologischen Welt, die den Unterwerfenden und Unterworfenen gemeinsam ist und das System stützt (Balibar selbst bestreitet dies allerdings; ebd. S. 12).

Neoimperialismus

Nicht nur Wallerstein, sondern auch andere Theoretiker argumentieren, dass sich die koloniale Arbeitsteilung aufgrund der Umstrukturierung der Wirtschaften während der Kolonialzeit auch mit der Unabhängigkeit als Neoimperialismus fortsetzte. So bleiben zum Beispiel viele lateinamerikanische Staaten Lieferanten von Rohstoffen. Die neue Komponente ist, dass nicht mehr unmittelbar politische Herrschaft ausgeübt wird, sondern über ökonomisches Machtgefälle zwischen den Industrieländern letzteren Weltmarktpreise und Produktionsbedingungen aufgezwungen werden, die im Interesse der Industrieländer liegen (dies geschieht insbesondere über die Hegemonie der G7/G8 in der WHO, dem IWF und der Weltbank). Während viele Rohstoffpreise stabil blieben, sanken oder nur moderat stiegen, verteuerten sich industrielle Produkte, insb. Hightech enorm (das Raul-Prebisch Argument). Im Zuge der Globalisierung hat sich in den 70er Jahren die Neue Internationale Arbeitsteilung durchgesetzt: Die Entwicklungsländer wurden als Billiglohnproduzenten (Weltmarktfabriken) entdeckt, so dass bestimmte Industrien des globalen Nordens in den globalen Süden ausgelagert wurden (outsourcing). Gleichzeitig sind oftmals die Umwelt- und Arbeitsbedingungen weitaus weniger streng. Inzwischen ist die Wirtschaftsstruktur der Welt allerdings weiterhin verändert insofern, dass gerade auch gut ausgebildete Arbeitskräfte des globalen Südens wegen der Lohndifferenz gerade bei Dienstleistungen genutzt werden (Call-Centers, Programmierung etc.). Aber im 21. Jahrhundert sind auch ausgelagerte Industrien wieder nach Europa zurückgekehrt, da für die Produktion eben nicht nur der Lohnkostenfaktor, sondern auch die Produktivität der Arbeit und Qualität eine wichtige Rolle spielen.

Christoph Antweiler (1999) fasst die Struktur des Weltsystems wie folgt zusammen:

Tab. 7: Die Struktur des Weltsystems (Zusammenstellung Antweiler)

Merkmale	Kern(-staat)	Semiperipherie	Peripherie(-staat)
Anzahl	Eines bzw. wenige	Mehrere	Je Zentrum eine oder wenige
Kapital	Konzentration		Geringer Kapitaleinsatz
Arbeitsmarkt	Hohe Nachfrage nach gut gebildeten Arbeitskräften		Familienarbeit, Zwangsarbeit
Technisches Wissen	Hoher Wissensstand		Einfache Technologien
Produktion	Industrielle Herstellung, aufwändige Produkte		Rohstoffgewinnung, Gebrauchsgüter, Halbfertigwaren
Handel	Differenziert und intensiv		Wenig intensiv
Lebensweise	»gehobener« Lebensstil, Trendbildung, Städte wichtig		»rückständig«, zumeist ländlich
Soziale Differenzierung	Hoch, Mittelklasse		Geringe Arbeitsteilung, hoher Anteil abhängiger Bauern *(peasants)*
Politische und militärische Macht	Hoch konzentriert, starker Staat, ausgereifte Bürokratie	Aufsteigende Peripherie/absteigendes Zentrum	Geringe Macht, schwacher Staat, kleine Bürokratie
Ideologien	Dominierend		Untergeordnet

Merkmale	Kern(-staat)	Semiperipherie	Peripherie(-staat)
Räumliche Ausdehnung	Zumeist klein	Pufferzone	U. U. sehr ausgedehnt
Funktion im Welt-System	Akkumuliert Rohstoffe, Halbfertigprodukte, Arbeitskraft, sichert Monopolrechte	Mittlerstellung im Handel	Liefert Rohstoffe, Halbfertigprodukte, Arbeitskraft an Zentrum

Kritik an der Weltsystemtheorie

Die Kritik an Wallersteins Weltsystemtheorie richtet sich natürlich zuerst einmal gegen den neomarxistischen Ansatz an sich mit der Begründung, die geschichtlichen Ereignisse in Osteuropa und der früheren Sowjetunion hätten die Theorie überholt, die den Kollaps des kapitalistischen Weltsystems voraussah. Allerdings bin ich der Auffassung, dass diese Ereignisse kein Zeugnis für die Qualität des Kapitalismus abgeben, sondern sogar im Rahmen der Weltsystemtheorie interpretiert werden können: gerade der Kollaps der Zentralverwaltungswirtschaften gäbe dem Kapitalismus ja noch einmal die Chance, in vormals geschlossene Gebiete zu expandieren und neue Absatzmärkte zu schaffen. So verschöbe sich dann der von Wallerstein prophezeite systemimmanente Zusammenbruch des Kapitalismus noch etwas. Dies bedeutet allerdings – und hier tut sich Wallerstein bis heute sehr schwer, da er sehr dogmatisch an seiner Theorie festhält –, die Idee der sozialistischen Weltregierung, des Historischen und Dialektischen Materialismus vorerst einmal aufzugeben. Kollaps

Wenden wir uns aber weiteren, berechtigten Kritikpunkten zu: Sie richten sich zuerst einmal gegen die Wallerstein'sche Sichtweise von Phasen. Wallerstein gibt die Geburtsstunde dieses Systems mit etwa 1450 an, da er hier einen entscheidenden Phasensprung zur kapitalistischen Produktionsweise sieht. Osterhammel und Jansen (2009) argumentieren, diese rigide Einteilung könne historisch nicht nachvollzogen werden. Dazu seien die Entwicklungen in den verschiedenen Weltreligionen zu uneinheitlich. Geburtsstunde

Hegemoniale Verschiebungen

Auch verschiedene Neomarxisten und Dependenztheoretiker teilen die Kritik. Balibar (1988: 11) stellt fest, dass Wallerstein den vielfältigen sozialen Konflikten eine formale und einseitige Uniformität überstülpt. André G Frank argumentiert heute gegen das Phasenmodell, dass das Weltsystem schon seit mehr als 5.000 Jahren existiert, aber dass es im Zentrum dieses Weltsystems verschiedene hegemoniale Veränderungen und örtliche Verschiebungen des Akkumulationszentrums gab, und dass jedes dieser Akkumulationszentren über eine Peripherie verfügte (André G Frank 1998). Ich teile diesen Kritikpunkt und sehe eine Stärke in der Aufweichung des Wallerstein'schen Determinismus, da sie Raum für Flexibilität sieht. So ist zum Beispiel im Rahmen dieser Sichtweise möglich anzunehmen, dass sich das neue Zentrum des Weltsystems entlang einer Ost-West-Achse entwickelt, die sich von den USA über Europa nach Ostasien zieht oder sogar in den pazifischen Raum verschiebt. Aber genau so ist theoretisch denkbar, dass das alte Zentrum aufgrund der strukturellen wirtschaftlichen Probleme in die Semiperipherie abrutscht oder sogar noch tiefer, während das neue Zentrum Ostasien ist.

Zentrum-Peripherieschema

Ein weiterer Schwachpunkt ist der Determinismus und Unilinearismus der Wallerstein'schen Theorie, der sich auch teilweise in den Dependenztheorien findet. Einmal in das Zentrum-Peripherieschema inkorporiert, gebe es für die peripheren Länder kaum eine Chance zur Entwicklung (einige Theorien sahen in temporärer Dissoziation und autozentrierter Entwicklung = Importsubstitution, Blockbildung eine Entwicklungschance). Hier sprechen die empirischen Fakten gerade in Asien allerdings eine ganz andere Sprache, da viele vormalige Kolonien sich industrialisiert haben und rasante Steigerungsraten des pro-Kopf-Volkseinkommens aufweisen – trotz der Rückschläge während der Asienkrise. Genau diese Entwicklungsbeispiele haben dazu geführt, dass die Modernisierungstheorien in der jüngsten Zeit mit ihrem Theorem der »nachholenden Industrialisierung« wieder Aufwind bekommen haben. Dabei wird allerdings von ihnen übersehen, dass die erfolgreiche Entwicklung von Entwicklungsstaaten betrieben wurden, die sich zeitweise aus dem Weltmarkt ausgekoppelt hatten, um zuerst einmal ihre eigene konkurrenzfähige Industrie aufzubauen (Taiwan, Südkorea etc.).

Ein weiterer Kritikpunkt an der Weltsystemtheorie ist weitaus schwerwiegender. So argumentieren vielen Historiker, dass Wallerstein nur solche geschichtlichen Daten verwendet hätte, die seine Theorie unterstützen, während er andere Daten unterdrückt hätte. Dies ist ein Vorwurf der Unwissenschaftlichkeit. Unwissenschaftlichkeit

Zur Würdigung von Dependenztheorie und Weltsystemtheorie lässt sich allerdings festhalten, dass ihre Betrachtungsweise der gesamten Welt als Analyseeinheit und des welthistorischen Zusammenhangs die Engstirnigkeit der älteren Modernisierungstheorie überwunden hat, dass Unterentwicklung ein Produkt endogener Bedingungen sei – eine Sichtweise, die heutzutage im Rahmen von Globalisierung auch Eingang in die Modernisierungstheorie genommen hat. Auch wenn die Weltsystemtheorie ein anderes Verständnis von System hat als die Systemtheorie, schafft sie es, einen strukturellen Zusammenhang zwischen Entwicklung und Unterentwicklung über den Begriff der Expansion der kapitalistischen Weltökonomie herzustellen. Würdigung

Globalisierung, Weltgesellschaft, Landnahmen im Finanzkapitalismus

Theoriediskussionen zur Globalisierung und zur »Weltgesellschaft« bedingten sich gegenseitig. Sie kamen zeitgleich mit dem Niedergang der Weltsystemtheorie, als gerade ostasiatische Wirtschaften plötzlich ein enormes Wachstum erfuhren. Dabei nahm der Mainstream der Globalisierungstheoretiker euphorisch eine neoliberale Perspektive ein. Globalisierung wurde hier verstanden als die Fortführung des Ricardianischen Freihandelstheorems, dass alle Gesellschaften vom freien Welthandel profitieren. Dabei verwendeten Globalisierungstheoretiker auch gern den Begriff der Weltgesellschaft.

Diese neoliberale Perspektive hat ein Bias, ohne dem wirklich bewusst zu sein und dies zu artikulieren. Sie erklärt die Welt(gesellschaft) aus der Perspektive der Industrieländer und Newly Industrialized Globalisierung

Countries (NICs). Ich möchte hier nicht tiefer in die Globalisierungsdiskussion einsteigen, sondern einige Argumente entgegenhalten, wie ich sie 2004 formuliert habe (Schrader 1999). Archer (1991: 133) stellte seinerzeit fest, dass Globalisierung weltweit Strukturen, Kulturen und Institutionen verknüpft und damit die bisherige Bezugsgröße der Soziologie – Gesellschaft – verändert wird. Hier zeigt sie eine Nähe zu Luhmann. Martin Albrow (1990: 9, 11) argumentiert ähnlich, dass Gesellschaften heutzutage keine eigenen Entitäten mehr sind, sondern Subsysteme der Weltgesellschaft darstellen.

Freier Weltmarkt

Globalisten feierten seinerzeit das Modell des freien Weltmarktes ohne Wettbewerbs- und Mobilitätshemmnisse, eine globale Massenkultur und eine weltumspannende Informationsgesellschaft. Nach neoliberalen Vorstellungen agieren internationale Unternehmen auf einem hoch informationstechnologischen globalen Güter- und Finanzmarkt, und Arbeit konkurriert auf einem globalen Arbeitsmarkt. Die Produktionsfaktoren Arbeit und Kapital haben einen Mobilitätsgrad erreicht, der kaum noch gesteigert werden kann. Produktion, Distribution und Servicearbeiten sind vielfach relativ unabhängig von Standorten und können daher primär nach Kostenkriterien organisiert werden.

Vernetzung

Es wird hier von der »globalen« Vernetzung über Glasfaserkabel gesprochen, die eine 24-Stunden-Wissensproduktion über den gesamten Erdball ermöglichen: das zu bearbeitende Produkt wird dabei durch die Zeitzonen weitergereicht und ermöglicht ganz neue Formen der Akkumulation, bei denen Zeit und Raum eine wesentlich geringere Bedeutung haben. Die Welt, so die Globalisierungstheorie, sei geschrumpft (Giddens, Waters, Robertson, Held and McGrew u. a.), es entstehe eine globale Kultur (Featherstone, Buell u. a.).

Globalisierungseuphorie

Die Globalisierungseuphorie in den Sozial- und Wirtschaftswissenschaften begeht aus meiner Sicht denselben Fehler, wie ihn zuvor die Soziologie der Modernisierung begangen hat. Aus einer ethnozentristischen Perspektive insbesondere der Vereinigten Staaten, aber auch Europas, wurde nicht verstanden, dass Weltgesellschaft – wie dies Luhmann vorsichtig ausgedrückt hat – zwar eine Vernetzung bestimmter Regionen der Welt und hier wiederum insbesondere von Global Cities (Sassen) bedeutet. Aber nach wie vor nehmen viele Regionen der Welt primär als Rohstoff- und Nahrungsmittellieferanten am Welthandel teil oder liefern als verlängerte Werkbänke und Sweatshops der internationalen Arbeitsteilung billige Arbeitskräfte und Produktionsstandorte mit minimalem Arbeitsschutz und minimalen Sozialstandards, wo aber hochpreisige Technologie sehr teuer importiert werden muss. Eigene Forschung in den Slums von Mumbai hat gezeigt, wie US amerikanische und europäische Handelsunternehmen durch immer weiteres Outsourcing für den Weltmarkt in den Slums durch ungeschützte Arbeit im informeller Sektor produzieren (vgl. Bhowmik 2005). Dass bei diesen langen Ketten des Outsourcing ethische Standards dann nicht mehr kontrolliert werden (können) (vgl. Wallacher 2018), ist durchaus nachvollziehbar.[29] Aber auch ein anderer Faktor steht einer ›Weltgesellschaft‹ entgegen. Selbst in manchen Newly Industrialized Countries (NICs) wird deutlich, dass zwar die Technologie und das Knowhow vorhanden sind, um mit Serviceleistungen an der Globalisierung teilzuhaben (Callcenter, Programming etc.), dass es aber ganz einfach an stabiler Stromversorgung scheitert, die Computersysteme stilllegt. Politisch zeigt sich darüber hinaus deutlich, dass diese vermeintliche Weltgesellschaft keine Wertegemeinschaft darstellt; es wurde von Globalisten angenommen, dass die wirtschaftliche Vernetzung national ein Wachstum und damit die Entstehung einer Mittelklasse zur Folge haben, die dann demokratische Werte einfordert. Russland und China sprechen dagegen eine ganz andere Sprache, dass eine Liberalisierung der Wirtschaft sich mit einem Staatsautoritarismus verträgt, und dieses Modell ist für viele Staaten des globalen Südens wesentlich attraktiver als das westliche Demokratiemodell.

Wenn die Neoliberalisten glaubten, dass sich im Zuge der Globalisierung auch die Probleme der Peripherie durch die Beseitigung interner Entwicklungshemmnisse (Strukturanpassung, Deregulierung) durch die Kraft des Marktes lösten, haben die Asienkrise, Russlandkrise und Lateinamerikakrise den neoliberalen ›Marktfetischismus‹ in Frage gestellt. Dies werde ich an späterer Stelle erläutern.

Weltgesellschaft

Auch Niklas Luhmann hat sich von der Weltsystemtheorie inspirieren lassen. Ihm zufolge hat die Menschheitsgeschichte eine

Reihe verschiedener Gesellschaftssysteme durchlaufen, die seit dem 16. Jahrhundert durch den historisch neuen Typ der »Weltgesellschaft« abgelöst wurden. Im Gegensatz zu den Imperien des Altertums (den Wallerstein'schen Weltreichen) habe die Weltgesellschaft keine geographischen Grenzen, sondern nur welche zwischen den unterschiedlichen Funktionssystemen. Denn dadurch, dass sich die gesellschaftlichen Kommunikationsstrukturen immer weiter ausdifferenzieren, verlieren räumliche Begrenzungen immer mehr an Bedeutung. Im Austausch mit den Bielefelder Entwicklungssoziologen stellte Luhmann dann fest, dass »Weltgesellschaft« aber auch zulasse, dass eine Reihe von geographisch abgelegenen Gesellschaften existieren, die nicht (oder besser: in geringem Maße) mit der Weltgesellschaft in Kommunikation stehen (Luhmann 1997). Diese Einsicht geht wesentlich weiter als bei vielen Globalisierungstheoretikern. Aber es geht hier eben nicht nur um einige abgelegene Gesellschaften, sondern um einen wesentlichen Teil des globalen Südens!

Landnahme

Wenn ich an dieser Stelle Klaus Dörres (2009) Theorie der Landnahme einfüge, dann deshalb, weil ich sie als Neuinterpretation des neomarxistischen Landnahmebegriffs von Marx und Luxemburg betrachte. Dörre nennt die kapitalistische Entwicklung eine Abfolge von Landnahmen nichtkapitalistischer Terrains.

> »Landnahme bedeutet demnach Expansion der kapitalistischen Produktionsweise nach innen und außen« (Dörre 2009: 37).

Marx zeigte, dass dieser Prozess nur durch staatliche Intervention gelingen konnte. Es wurden entsprechende Gesetze geschaffen oder genutzt, um Arbeitszwang zu etablieren, und eine neue Form von Prekariat genutzt, um freigesetzte Arbeitskräfte in den kapitalistischen Prozess zu zwingen und sie dort zu disziplinieren (vgl. Polanyi 1978). Es wurden auch nicht an den Markt angeschlossene Produzenten gezwungen, monetär Steuern zu entrichten, was sie in den Markt trieb.

Aneignung

Allerdings wurde die Zwangsläufigkeit in der Sichtweise von Marx schon früh in Frage gestellt. Rosa Luxemburg (1966) hatte bereits auf das Doppelgesicht kapitalistischer Entwicklung hingewiesen. Es zeige sich in den Fabriken, der kapitalisierten Landwirtschaft und in den Warenmärkten. Die andere Entwicklung basiere auf den Austauschbeziehungen zwischen der Kapitalakkumulation und nichtkapitalistischen Produktionsweisen und Territorien. Es geht hier – anders ausgedrückt- um innere und äußere Aneignung (vgl. Entwicklungssoziologen 1979). Dörre verweist hier auf Harvey (2005).

Landnahmetheorem

Das heutige Landnahmetheorem sieht allerdings anders aus. Die Idee von Dörre ist, dass

> »der Kapitalismus in der Lage [ist], sich an den Kreuzpunkten seiner Entwicklungen selbst zu häuten. Das heißt, Akkumulationsregime, und Eigentumsverhältnisse, Regulationsweisen und Produktionsmodelle werden umgewälzt, transformiert, dies jedoch mit dem Ziel einer Selbsterhaltung des Kapitalismus« (Dörre 2009: 41).

Der Kapitalismus schafft sich immer ein neues ›Außen‹. Damit bricht Dörre mit der Wallerstein'schen Sichtweise, dass der Kapitalismus, wenn er einmal den gesamten Globus inkorporiert hat, kollabieren muss. Nach Dörre bedeutet dies, dass die Kette der Landnahmen praktisch unendlich ist. Kernargument ist, dass die Dynamik des Kapitalismus auf der Fähigkeit der Produktion und Zerstörung von Raum basiert. Mit den Produktionsmitteln geht das Kapital räumliche Bindungen ein, die es nur durch Reibungskosten lösen kann. Kapital wird dem primären Kreislauf entzogen und einem sekundären (Infrastruktur) bzw. tertiären (Bildung, Soziales) Kreislauf angehaftet. Da die Amortisierung dabei nicht einmal garantiert ist, werden solche Kosten daher auf den Staat abgewälzt (etwa durch Staatssubventionen oder Bürgschaften) und die Verluste dem Steuerzahler angehaftet. Findet gleichzeitig national/regional eine Deindustrialisierung statt (Ende des Fordismus, Krisen), wird ein neues ›Außen‹ geschaffen, ein neues Arbeitskräftepotential, das zu schlechteren Arbeitsbedingungen ggf. in den Arbeitsmarkt reintegriert werden kann.

Transnationale Unternehmen

Seit den 1970er Jahren wurde der Fordismus mit seinem Schwerpunkt bei der nationalen Produktion durch Globalisierung und den Finanzkapitalismus ersetzt. Die zentralen Akteure sind heute transnationale Unternehmen, die die Profitraten über die Ausnutzung von Weltmarktbedingungen erhöhen, wie dies eben schon bei der Globalisierungsdiskussion von mir angesprochen wurde. Solche Unternehmen ›nomadisieren‹ auf dem Weltmarkt, sich immer die günstigsten Bedingungen suchend, und sind oftmals durch nationale Gesetzgebungen über Firmensitzverlagerungen in Offshore Zentren (vgl. Sassen) auch rechtlich und steuerlich kaum zu belangen.

Finanzmarkt

Die Finanzmärkte verzeichnen heutzutage das größte Wachstum. Während zu früheren Zeiten Finanzprodukte an die Realwirtschaft gekoppelt waren, schaffen Finanzunternehmen immer neue entkoppelte Produkte, mit denen sich ohne »Arbeit« und möglichst geringer Infrastruktur Gewinne appropriieren und Verluste generalisieren lassen. Der Finanzmarkt hat nach Dörre eine gleichzeitig systemstabilisierende wie auch destabilisierende Wirkung. Stabilisierend können Aktienmärke und Investmentfonds, Rating-Agenturen, Selektionen und Konzentrationen wirken, denn Finanzmärkte liefern die Zahlen, die für die Beobachtung der Realwirtschaft nötig sind. Destabilisierend ist dagegen die Spekulation durch rapide Umschichtungen von Finanzprodukten und die Manipulation von Aktienkursen.

In der jüngsten Zeit hat die Finanzmarktkrise die Grenzen des Systems offenbart. Allerdings gehören nach der Sicht von Dörre solche Krisen zum System der neuen Landnahme, weil sie riesige Umverteilungsmaschinerien darstellen und neue Eigentumsverhältnisse schaffen – also neue Landnahmen durch Konzentration.

Neue Theorien der Modernisierung

Die Wiederbelebung der Modernisierungstheorie und die Kritische Theorie der Modernisierung

Modernisierungstheorie

Nach der vehementen Kritik an der Modernisierungstheorie und deren (vorläufigem) Niedergang mit den Theorien abhängiger Entwicklung (Dependenztheorie, Weltsystemtheorie), dem Aufkommen keynesianistischer Verteilungspolitik und Einführung einer armutsorientierten Entwicklungspolitik schienen der Modernisierungstheorie kaum noch Chancen zur Regeneration. Umso erstaunlicher ist dann die Renaissance in den späten 80er Jahren, die letztendlich mit dem Kollaps der Sowjetunion und seinen ideologischen Konsequenzen zusammenfällt. Dies zeigt die Zählebigkeit modernisierungstheoretischen Denkens. Die reale politische Entwicklung hat einen Optimismus hinsichtlich der Überlegenheit des Kapitalismus als System sowie einer spontanen neoliberalen Selbstorganisation des Marktes erzeugt, wie es in den 1970er und 80er Jahren kaum jemand für möglich gehalten hätte. Mit dem Niedergang des ideologischen Systems, das die einzige Alternative zum Kapitalismus darstellte, fiel eben die Alternative zum Markt: die Planwirtschaft in einem sozialistischen System aus. Allerdings bedeutet deren Niedergang im Umkehrschluss keinen Qualitätsbeweis für das kapitalistische System, aber von der Politik und den meisten Sozialwissenschaftlern wurde hier keine theoretische Trennung vorgenommen, sondern es wurden einfach die normativen Grundsätze der neoklassischen Theorie und des Neoliberalismus als Wahrheiten übernommen.

Ist denn das Wiedererstarken der Modernisierungstheorie nur alter Wein in neuen Schläuchen? So einfach liegt der Fall nicht. Seit den 1990er Jahren haben wir uns (vorerst) von den großen Theorien der Modernisierung verabschiedet. Der entscheidende Unterschied zur älteren Modernisierungstheorie liegt im Verzicht auf die universalistische Sichtweise mit dem Anspruch einer großen Theorie und universalen Entwicklung. Stattdessen macht sich mit dem ›*Cultural Turn*‹ und ›*Spatial Turn*‹ ein Kulturrelativismus in den Sozialwissenschaften breit. Beidc Tatsachen führen zur Einengung der Perspektive. Die Allgemeine Soziologie drängt in das Feld der Transformation vormals sozialistischer Gesellschaften. Während sie sich bis dahin auf Westeuropa und die Vereinigten Staaten bezog (und die Industriesoziologie als Teilgebiet auch die Modernisierung der Wirtschaft in sozialistischen Ländern betrachtete) und den Rest der Welt der speziellen Entwicklungssoziologie überließ, erklärt sie sich nun nach dem »*Ende der Geschichte*« (Fukuyama), dem Ende des Kalten Krieges, für die »Modernisierung moderner Gesellschaften« in *allen* Demokratien und Marktwirtschaften zuständig (Zapf 1997, 1992; kritisch: Kollmorgen und Schrader 2003), also auch in den postsozialistischen und postkolonialen Gesellschaften. Modernisierung ist nach dieser Lesart demnach nicht mehr, wie von älteren Theorien des sozialen Wandels konstatiert, ein Prozess, der seinen Höhepunkt mit der westlichen Zivilisation erreicht hat und als Projekt im Zuge nachholender Modernisierung auf außereuropäische Gesellschaften übertragen werden kann, sondern ein weltweit kontinuierliches Projekt ohne Endpunkt.

Modernisierungsprojekte

Gegen diese generalisierende Position nach der Rückkehr der Modernisierungstheorie richten sich Kößler und Schiel (Reinhard Kößler & Tilmann Schiel 1996). Das Projekt der Moderne, das letztendlich aus seiner Entstehung heraus die westeuropäisch-nordamerikanische Entwicklung abbildet, aber dann verallgemeinert, wurde ja – wie wir mit der Modernisierungstheorie diskutiert hatten – zur Blaupause als Entwicklungsmodell schlechthin. Dadurch, so Kößlers/Schiels *Kritische Theorie der Modernisierung*, war dieses Modell nicht auf die Industrieländer (»privatkapitalistischen Gesellschaften«) beschränkt, sondern wurde von anderen Gesellschaften übernommen: sowohl in der Gestalt von Eliten, die im Westen studierten und dieses Modell nach ihrer Rückkehr als wünschenswertes Modernisierungsprojekt importierten, als auch durch Entwicklungsberater und mit Hilfe von Entwicklungsorganisationen wie IWF oder Weltbank, deren angewandte Entwicklungspolitik ja auf diesen Theorien basierte. Das Projekt der Moderne, so die Autoren, wurde auch durch ›Gesellschaften des sowjetischen Typs‹ und ›postkoloniale Gesellschaften‹ übernommen. Es beinhaltet, dass die rationalisierte Wissenschaft, die produktionsorientierte Technik und die permanente technosoziale Innovation zusammenwirken und Veränderungen erzeugen, die zu sozialen, ökonomischen und ökologischen Problemen führen (intrinsischen Spannungen der Moderne).

Modernisierung

An dieser Stelle brechen Kößler/Schiel mit der klassischen Theorie der Modernisierung, indem sie argumentieren, ›Moderne‹ deckte eine erhebliche Formenvielfalt gesellschaftlicher Verhältnisse ab, die sich gliedern lassen in die eben skizzierten drei Hauptformen **privatkapitalistischer Gesellschaften, Gesellschaften sowjetischen** bzw. **post-sowjetischen Typs** und **post-koloniale Gesellschaften.** Sie wiesen trotz ihrer ihnen gemeinen Ausrichtung auf Modernisierung, Wachstum und Entwicklung eigenständige Entwicklungsspezifika auf. ›Modernisierung‹ thematisiere damit nicht mehr die Überwindung von ›Tradition‹, sondern die Dynamik dieser unterschiedlichen, unter ›modernen‹ Verhältnissen geschaffenen Strukturen und die diskursive bzw. ideologische Auseinandersetzung mit diesen Parallelstrukturen (z. B. Kapitalismus gegenüber Kommunismus, Gesellschaften des globalen Nordens und globalen Südens, usf.). Gleichzeitig setzen diejenigen Gesellschaften, denen das Konzept der Moderne und Modernisierung entsprungen ist, westliche Rationalität als Maßstab für Fortschritt und Entwicklung und machen diese zu einem universellen Modell.

Ich werde der Logik Kößlers/Schiels in diesem Buch folgen und daher nacheinander die privatkapitalistischen, post-kolonialen und postsozialistischen Gesellschaften im Hinblick auf den Modernisierungsdiskurs betrachten. Wie aus meiner Argumentation deutlich werden wird, bedingen sich diese Diskussionen allerdings gegenseitig.

Zuvor möchte ich mich in einem Exkurs aber dem Kultur- und Traditionsbegriff zuwenden.

Exkurs: Der Kultur- und Traditionsbegriff

Ich habe bereits von der kulturellen Wende gesprochen. In der älteren Modernisierungstheorie wurden Kultur wie auch Tradition als endogenes Hemmnis für Modernisierung betrachtet. Deshalb möchte ich mich nun diesen beiden Begriffen zuwenden.

Kultur

Kultur umfasst eine bestimmte Zugangsweise und Aktivität des Menschen, seiner Mitmenschen und seiner Umwelt, aber auch eine Interpretation dieser. Der Kulturbegriff kann sich auf Gesellschaft als Ganzes, mehrere Gesellschaften eines Kulturareals (z. B. christlich-abendländische Kultur, im Englischen ›civilization‹) oder Teile von Gesellschaften (zum Beispiel Kohorten spezifischen oder ethnischen ›Subkulturen‹) beziehen. Entsprechend wurde in der *British Social Anthropology* der Kulturbegriff über den Kolonialismus als Befassung mit außereuropäischen Gesellschaften, Sprachgruppen usw. in der Ferne betrachtet. In der amerikanischen *Cultural Anthropology* kam aufgrund des Multikulturalismus in der US-amerikanischen Migrationsgesellschaft die Betrachtung von Migranten, Diaspora, schwarzen »Ghettos« usw. ins Zentrum der Analyse. In der Soziologie wurde dies mit der Chicago School weitergeführt.

Grundsätzlich wird Kultur als Antipode zur Natur auf Grundlage der Idee begriffen, dass Menschen sich selbst bestimmte Regeln oder Institutionen schaffen und an die Nachkommen weitergeben.

(Makro)Kulturtheorien nach Soeffner (2003)

Ordnungssysteme

Die **erste Gruppe** von Kulturtheorien sieht Kultur als geformt. Die im Kern relativistische amerikanische ›Culture Patterns‹ (Kulturmuster-)Theorie bzw. ›Culture and Personality‹ (Kultur- und Persönlichkeits-)Lehre der 30er bis 50er Jahre des 20. Jahrhunderts sah in Kulturen vor allem Ordnungssysteme, die Altes bewahrten, neue Einflüsse transformierten (Akkulturation, Assimilation, Integration) und Überfremdung abwiesen.

Klassifizierungskonzept

Nach der evolutionistischen Perspektive ist Kultur ein gesellschaftlicher Erfahrungsschatz von Problemlösungen im weitesten Sinne. Biologistische Konzepte setzen bei biologischen Unterschieden von Menschen an. Essentialistische Ansätze finden sich auch heute noch in den Sozialwissenschaften. Sie gehen von einem unveränderbaren kulturellen Wesenskern im Menschen aus. Ich habe schon an anderer Stelle auf Rassentheorien hingewiesen. In verschiedenen gesellschaftlichen und politischen Milieus und zu verschiedenen Zeiten wurde der Begriff **›Rasse‹** von einem biologischen Klassifizierungskonzept von Menschen nach Haut, Auge usw. mit psychologischen und normativen Klassifizierungskonzepten der Überlegenheit und Unterlegenheit verknüpft. Die germanische Rasse wurde etwa um 1900 in ein sozialdarwinistisches Konzept eingebettet (Houston Steward Chamberlin, Friedrich Nietzsche), nach dem sie sich als überlegene Rasse durchsetzte, und dann in den 1920er Jahren von den Neokonservativen und aufkommenden Nationalsozialisten umgearbeitet in ein Rassenwertigkeitskonzept von hochwertigen, zur Herrschaft bestimmten Rassen und minderwertigen, zur (Sklaven-)Arbeit bestimmten Rassen, und Schädlingsrassen, die vernichtet werden müssten. Die Wertigkeiten in faschistischen Rassenkonzepten sind dabei völlig willkürlich bestimmt. Der Begriff der ›Rasse‹ ist aber ein essentialistisches Konzept, das von einem Wesensursprung und einer Differenz Reinheit/Unreinheit ausgeht. Da über Kulturkontakt/Diffusion Kultur vermischt wird, verändert sich Kultur, und genau dies versuchten die faschistischen Ansätze zu verhindern, indem sie die Reinheit der vermeintlich überlegenen Rasse propagieren und ethische Codes bzw. Rassengesetze verabschieden. Dagegen ist Kultur im Sinne von Diffusion immer Mischung und kontinuierliche Veränderung; es gibt nirgendwo eine Reinkultur mehr, die es zu bewahren gilt. Der Rassenbegriff wurde in der jüngeren Vergangenheit weitgehend aus den Sozialwissenschaften verbannt und durch den Begriff ›Ethnizität‹ ersetzt, während er im angloamerikanischen Kontext eher verwendet wird.

Symbolsysteme

Die **zweite Gruppe** von Kulturtheorien betrachtet Kultur als Symbolsystem bzw. als Kommunikationssystem. Kultur stellt nach dieser Auffassung einen Raum dar, in dem dieselbe Interpretation von Symbolen geteilt wird, d. h. Symbole auf dieselbe Art verstanden werden. Ernst Cassirer (1995 [1923–29]) entwickelte in den 1920er Jahren eine Kulturphilosophie, welche den Menschen als symbolisches Wesen begreift. Er setzte dabei nicht beim kognitiven ›Verstehen‹ an, sondern beim praktischem Weltbezug des Menschen: seine Kulturtätigkeit sei stets ein Gestalten, Formen und Bilden von Dingen. So bringe der Mensch Kultur hervor und verändere sie.

Konstruktivistische Wende

Vor dem Hintergrund dieser Theoriegruppe entstehen die konstruktivistischen Theorien zur Kultur, die diese als eine hohe Konstruktionsleistung begreifen. Dies gilt genauso für Begriffe wie Gesellschaft, Ethnizität, Nationalität usw. Benedict Anderson (1988) beschäftigte sich 1983 mit der *Erfindung der Nation* (Titel im Original: *Imagined Communities*). Ungefähr zur selben Zeit erschienen Ernest Gellners *Nationalismus und Moderne*, Balibars/Wallersteins (1992/2019 repr.) *Klasse, Rasse, Nation* und Eric Hobsbawms (E. Hobsbawm und Ranger 1983) *The Invention of Tradition*. Alle verfolgen ähnliche Ansätze, die die ›konstruktivistische Wende‹ in den Sozialwissenschaften wiederspiegeln, nach der Realitäten nicht objektiv, sondern sozial und kollektiv konstruiert ist und dabei der Lenkung durch Eliten bedarf. Nationalstaaten bedienen sich zur Entstehung eines auf vermeintlich gemeinsamen Wurzeln basierenden Zusammengehörigkeitsgefühls und zur Reduzierung intrinsischer Spannungen moderner Gesellschaften einer oftmals erfundenen Tradition, um bestimmte Normen und Strukturen gesellschaftlich zu legitimieren und zu verfestigen.

Identität

Erfundene Tradition hängt eng mit dem Begriff der Identität zusammen, und beide sind für die Phase der Nationalstaatenbildung bedeutsam. Der Identitätsbegriff entstand im 19. Jh., nimmt aber einen essentialistischen Bezug auf etwas Altes, Dauerhaftes, ja sogar Ewiges, das sich an den Träger von Eigenschaften, das Individuum, aber auch Kollektive, um die es hier gehen soll, bindet. Es handelt sich also um eine substantielle Identitätskonzeption (Schmidt 2011: 26, 60 ff.). Geschaffen wird diese über Institutionen, und damit ist

> »jede soziale Gemeinschaft, die durch das Wirken von Institutionen reproduziert wird, (…) imaginär (Balibar und Wallerstein 1988: 115)«.

Wallerstein (ebd.: 97) stellt sich die Frage nach der Funktion einer solchen Identitätskonzeption.

> »Das Vergangene ist von daher zu allererst ein moralisches, mithin ein politisches, und immer ein zeitgenössisches Problem. (...) Notwendigerweise verändert sich also auch der Gehalt der Vergangenheit fortwährend. Da aber das Vergangene per definitionem eine Feststellung der unveränderlichen Vergangenheit ist, kann nicht zugegeben werden, dass eine bestimmte Vergangenheit sich je verändert hat oder möglicherweise verändern könnte.« [Egal, über welche Begrifflichkeit Bezug zu diesem vermeintlich unveränderlichen Wesenskern genommen wird – sei es »Rasse«, »Nation«, »Ethnizität«, H. S.] »Es sind Konstruktionen, um sich das Vergangene zu erfinden, es sind zeitgenössische politische Phänomene« (ebd.).

Gleichzeitig hat eine solche Identität die Funktion, *Klassen für sich* als gefühlte Zusammenhalte dieser größeren Identität unterzuordnen (Balibar 1988: 114). Die Nation als ganze richtet sich damit gegen äußere (andere Nationen) und innere Feinde (Migrant*innen, Obdachlose usw.).

Nation

Beim Volk ist, wie Balibar und Wallerstein schreiben, der Bezug zur Nation, die eine klare geographische Außengrenze/moralisch-psychische Innengrenze konstituiert: Nation-Form stelle Gemeinschaft über das imaginierte ›Volk‹ her, wobei das Individuum das Gefühl der Zugehörigkeit zur Gemeinschaft als Teil der individuellen Identität internalisiere (1988: Kap. 5) – und die innere Gleichheit der Nation geht einher mit einer äußeren Ungleichheit: nicht der moderne Staat postuliere die Gleichheit der Bürger, sondern der nationale und nationalistische Staat (ebd.: 64), indem er auf die Differenz zu Nichtbürgern verweist und dem Nationalismus damit rassistische Züge der Wertigkeit unterliegen, die im modernen europäischen Postkolonialismus unter das Thema der »Immigration« aus Kriegs- und Krisengebieten des globalen Südens subsumiert werden (ebd.: 64, passim, 67). Gleichzeitig unterliegt ihm aber auch die Tendenz der Ausgrenzung nach innen, etwa in der Beibehaltung ethnischer Zuschreibungen von migrantischen Herkunftsländern (Beispiel: Deutsch-Türke, Anglo-Afrikaner) oder sogar Stigmatisierungen bestimmter Gruppierungen »am Rande der Gesellschaft« wie Obdachlosen, Alkoholikern oder

Drogenabhängigen. Selbst Nationen mit Staatsbürgerschaftskonzepten nach Geburt wie Frankreich können sich keineswegs von einem unterschwelligen Rassismus freimachen.

Nationalismustheorie

Gellners Nationalismustheorie (1999) ist die Gegenposition zum primordialistischen/essentialistischen Nationalismus, der solche gemeinsamen Wurzeln einer Kultur als real unterstellt, teilt jedoch die Position nicht, dass Nationalismus rein konstruiert ist. Er sieht ihn als die notwendige Folge bzw. Implikation bestimmter sozialer Verhältnisse in der westeuropäischen Kultur mit dem Entstehen der Moderne. Damit sei Nationalismus nicht zufällig entstanden, sondern habe in dieser spezifischen Kultur tiefe Wurzeln, während diese allerdings in anderen Kulturen (zum Beispiel der islamischen) fehlen.

Tradition

Anthony Giddens (1995) bezeichnet Tradition als

> »Mittel für den Umgang mit Zeit und Raum, das jede einzelne Tätigkeit oder Erwartung in das Kontinuum aus Vergangenheit und Zukunft einbringt, die ihrerseits durch immer wieder eingesetzte soziale Praktiken strukturiert werden. Tradition ist nicht völlig statisch, denn sie muss von jeder Generation neu erfunden werden« (in der englischen Fassung von 1999: 52 f.).

Tradition, so schreibt er weiter, ist in der Moderne, sofern sie gelebt werden will, unter Rechtfertigungszwang, eben nicht traditionelles Handeln im Sinne Max Webers zu sein, sondern reflexiv zu sein und durch die Moderne selbst gerechtfertigt zu werden. Er nennt diese Tradition »kostümiert«, also in etwa nur scheinbare Tradition.

Dabei wird diese aber auch manipulativ eingesetzt. Erfundene Tradition bedeutet nach Hobsbawm (Hobsbawm und Ranger 1983; Hobsbawm 1998), Kontinuität mit einer vermeintlichen oder realen Vergangenheit und deren Werten herzustellen, um darüber in der Gegenwart ein Zusammengehörigkeitsgefühl zu vermitteln. Der Zweck der erfundenen Tradition ist, in Zeiten eines rapiden sozialen Wandels Stabilität und Kontinuität aufzuzeigen, Homogenität im Binnenraum (im Nationalstaat) zu erzeugen und über die gefühlte Gemeinsamkeit sogar eine Opferbereitschaft für das höhere Ziel der

Nation zu herzustellen – wie dies in zahlreichen Kriegen geschehen ist. Aus soziologischer Sicht macht es daher Sinn, Nationalstaaten (also Staaten, denen es gelungen ist, dieses Zusammengehörigkeitsgefühl in einer gefühlten nationalen Identität zu erzeugen) von anderen Staaten (also Staaten, die in ethnische Gruppen segmentiert sind und Produkt postkolonialer Politik sind) zu unterscheiden.

Auffällig ist, dass (vermeintliche) Traditionen derzeit im Zuge der Globalisierung und auch Europäisierung wieder an Bedeutung gewinnen und von Populisten der Bezug zu den »Wurzeln« des Volks als Mittel gegen Überfremdung genommen wird. Gegenmoderne Bewegungen und lokale Widerstände sind entsprechend ebenfalls Kennzeichen von globaler Moderne (vgl. Berner & Korff 1994). Im Zuge eines durch Migrationsbewegungen ausgelösten Transnationalismus lässt sich bei Migranten ein Hang zum Fernnationalismus (vgl. Bamyeh 1993) und zur übersteigerten Erhaltung vermeintlicher Tradition in Form von Folklore beobachten.

Gemeinschaft

Ich möchte deshalb an dieser Stelle noch einmal explizit betonen, dass die Begrifflichkeiten Familie und Verwandtschaft, Ethnizität, Nation (bzw. »Volk«) und Staatsbürgerschaft als gefühlte »Gemeinschaften« überhaupt erst bedeutungsvoll sind, wenn es ein Außen gibt, das anders ist und nicht dazu gehört bzw. gehören soll. Gemeinschaften und Gesellschaften haben ziemlich klare Grenzen zwischen denjenigen, die dazugehören und Rechte und Pflichten teilen und diejenigen, die nicht dazugehören, die also die Rechte nicht in Anspruch nehmen können, die aber auch der Pflichten enthoben sind, die in Gemeinschaft oder Gesellschaft anfallen (Beispiel: Staatsbürger, Schengen, Staatenlose, Geflüchtete aus sicheren bzw. unsicheren Herkunftsländern). Insofern ist der Gesellschaftsbegriff nicht ohne den Fremdheitsbegriff denkbar (vgl. Stichweh 2010; Simmel 1908a; Merz-Benz 2002; Claessens 1991). Im Gegensatz zu Nationalstaatenbildungsprozessen in Westeuropa, die relativ friedlich vonstattengingen, zeigt sich bereits in Osteuropa, dass wegen der dortigen historischen Bedingungen Nationalstaatenbildung erschwert und von Zwang und Gewalt (Umsiedlungen, Genozide etc.) begleitet war. Mit der Expansionspolitik im Dritten Reich und der Prämisse des

Nationalismus, dass ethische und politische Einheit deckungsgleich sind bzw. sein sollen, lassen sich dann auch ethnische Säuberungen in Westeuropa legitimieren (vgl. Gellner 1999). Die gefühlten Gemeinschaftsbegriffe sind dabei eng mit einem essentialistischen Kulturverständnis verbunden.

Kultur

Im essentialistischen Verständnis von Kultur, verstanden als die eigenen Wurzeln, schaffte Kultur Sicherheit und Identität, und deshalb wird dieses Verständnis in den Zeiten rapiden Wandels gerne instrumentalisiert. Aus einem zeitgenössisch-postkolonialen Verständnis heraus liegt die heutige Bedeutung von Kultur gerade im Gegenteil der klassischen Bedeutung. In der globalisierten Welt sehen wir statt Eindeutigkeit Differenz, Hybridisierung und Uneindeutigkeit. Autoren der Postkolonialen Studien (Said, Fanon, Spivak, Bhabda u. a.) dekonstruieren das Aufeinandertreffen stabiler Kulturen, wie dies die kolonialen Studien taten und Primordialisten tun. Sie stellen die postkolonialen Subjekte, ihre »Kontaminierung« durch westliche Einflüsse, aber auch ihre heutigen Identifikationen in Differenz zur westlichen Kultur ins Zentrum der Analyse, die sich etwa in Sprechakten oder auch in der Literatur äußern. Gerade der postkoloniale Migrant, dem wir im Westen Fremdkultur zuschreiben, ist allzu oft ›kulturlos‹ in dem Sinne, dass er völlig entwurzelt ist. Auch eine Identität in Differenz aufzubauen in Form etwa einer Negritude, wie diese Edward Said oder Franz Fanon beschrieben haben, schafft keine Identität, und die starken Bezüge auf die eigene vermeintliche Identität, wie wir dies bei Pegida, AfD und anderen rechten Gruppierungen finden, ist nur der Ausdruck der eigenen kulturellen Entwurzelung und eines Gefühls vermeintlicher Ohnmacht angesichts einer globalen, multikulturellen Welt der Unordnung, die aus der subjektiven Perspektive wieder ausgegrenzt werden soll. Identitätskonstruktion geschieht über die Identifizierung der vermeintlich Anderen als Andere, wenn wir schon nicht wissen, wer wir selbst sind.[30] Wir werden auf Indentifikationsprozesse in außereuropäischen Gesellschaften etwas später zurückkommen.

Soweit der Exkurs zu Kultur und zum konstruktivistischen Ansatz in der Kultursoziologie. Wenn wir uns nun daran erinnern, dass der Modernisierungsprozess verschiedene Teilbereiche betrifft, so u. a. den Bereich Kultur, so können wir den Konstruktivismus auch auf den gesamten Modernisierungsprozess anwenden. Modernisierung ist in dieser neuen Sichtweise nicht etwa ein abgeschlossener oder ein noch nicht abgeschlossener Prozess, sondern wird zu einer gesellschaftlichen Konstruktionsleistung, einem gemeinsam geteilten kontinuierlichen Projekt nicht nur der eigenen, sondern aller Gesellschaften, ja sogar der Weltgesellschaft (Niklas Luhmann 1971).

Abb. 8: Modernisierung als Projekt: Die Organisation der Vergangenheit im Hinblick auf die Gegenwart und Zukunft

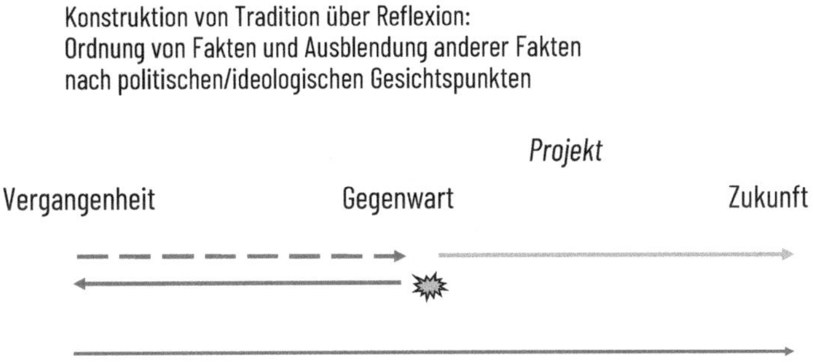

Konstruktion von Tradition über Reflexion:
Ordnung von Fakten und Ausblendung anderer Fakten
nach politischen/ideologischen Gesichtspunkten

Projekt

Vergangenheit Gegenwart Zukunft

Dieselbe Position findet sich bei Habermas (1981). Dem Projektbegriff widerspricht allerdings Pollack und nennt Modernisierung einen prinzipiell ergebnisoffenen Prozess (2016a: 232).

Neuere Theorien der Modernisierung in privatkapitalistischen Gesellschaften

Wenden wir uns nun der Diskussion um Erste und Zweite Moderne, Hochmoderne, reflexive und flüchtige Moderne zu, die – wie wir sehen werden – zumindest anfangs wiederum eine stark ethnozentrische Perspektive (auf Deutschland, vielleicht Europa, allerhöchstens die Vereinigten Staaten) hatte. Wie zumeist in der Allgemeinen Soziologie üblich, wird dies allerdings oft verschwiegen.

Erste und Zweite Moderne, Hochmoderne, reflexive und flüchtige Modernisierung, Risiko- und Weltrisikogesellschaft

Moderne

Während Habermas und andere Autoren Moderne als kontinuierliches Projekt interpretieren, sind verschiedene Sozial- und Politikwissenschaftler, aber auch Philosophen der Auffassung, dass wir die Moderne bereits wieder hinter uns gelassen haben. Anfang der 1980er Jahre kündete Alvin Toffler (1980) das Ende der industriellen Zivilisation an. Etwa zur selben Zeit sprach Daniel Bell (1985) davon, dass wir in die nachindustrielle Gesellschaft eingetreten sind – klar abgrenzbar zur Industriegesellschaft und – da war er vorausschauend – mit neuen Ressourcenknappheiten konfrontiert. In der nachindustriellen Gesellschaft gehe es darum, ein System normativer Regelungen zu schaffen, das jenseits von Massenproduktion und Massenkonsum die Freiheit schützt, die Leistungen belohnt und innerhalb der Schranken und Zwänge der Wirtschaft das Gemeinwohl erhöht (Bell 1991). Hier deutet sich bei Bell der bereits angesprochene Dritte Sektor als eine Organisationsform jenseits von Markt und Staat an – einer Bürgergesellschaft, die Marktproduktivität und soziale Produktivität gleichermaßen bewertet.

Postmoderne

Über Jean-François Lyotard wurde gleichzeitig der Begriff der Postmoderne in die Sozialwissenschaften eingebracht (Lyotard 1986), der in der Philosophie und insbesondere auch Architektur und Kunst diskutiert wurde. Lyotard bezeichnet die Postmoderne als eine Entwicklung weg von erkenntnistheoretischen Begründungsversuchen und weg vom Glauben an durch Menschen erzeugten Fortschritt. Er konstatiert das Verschwinden der ›Großen Erzählungen‹, die uns einen eindeutigen Platz in der Geschichte und gegenüber der Natur zuweisen. Die Postmoderne sei daher eine Phase, in der es eine Mehrzahl heterogener Erkenntnisansprüche gibt. Hier sei die Wissenschaft nicht mehr privilegiert.

Egal, welche Terminologie wir hier wählen: Jeder dieser Begriffe bezieht Stellung zur Moderne, und einige Autoren argumentieren wie Habermas, dass wir nicht in ein neues Zeitalter jenseits der Moderne eingetreten sind, sondern dass wir eine neue spezifische Phase der

Moderne erreicht haben: eine Hochmoderne oder Spätmoderne, die sich strukturell von der früheren Phase unterscheidet.

Kontingenzangst

Vielen Autoren von Zeitdiagnosen ist gemeinsam, dass sie im Gegensatz zur Phase der Moderne mit ihrem Zukunftsglauben und der Großen Erzählung von Wirtschaftswachstum und Wohlstand nun Sorgen und Ängste in den Mittelpunkt stellen. So konstatiert Bude (2014), wir leben in einer *»Gesellschaft der Angst«*, in der das Gefühl von Bedrohungen für Leib und Leben zunehme. Dehne (2016) bezeichnet dies als ›Kontingenzangst‹, die sich durch alle gesellschaftlichen Schichten zieht. Gründe, die von diversen Autoren genannt werden, sind Statusängste wie etwa sozialer Abstieg durch den Verlust des Arbeitsplatzes oder der Abbau des Sozialstaates wie auch ökologische Ängste (vgl. Lübke und Delhey 2019), und nun kommt in jüngster Zeit auch noch die nukleare Bedrohung durch ein Wiedererstarken des Kalten Krieges hinzu. Einher mit dieser Beschreibung geht, wie die Autoren Giddens, Beck und Lash (1996) feststellen, der Bruch mit der Ersten Moderne hin zu einer Zweiten Moderne.

Zweite Moderne oder reflexive Modernisierung

Reflexive Modernisierung

Nach Ulrich Beck (Beck 1986, Beck et al. 1996) verbindet reflexive Modernisierung die Frage, was sich in unserer gegenwärtigen Zeit auflöst und was neu entsteht. Zum Erscheinen des Buches *»Risikogesellschaft«* war das, was neu entsteht, noch nicht definitiv sichtbar, sondern erst als Konturen erkennbar: eine Zweite, nicht lineare, globale Moderne. Beck stellte fest, dass diese Zeit von den Menschen ambivalent erfahren werde. Für die einen sei sie Verfall und Krise, für die anderen der Aufbruch zu besseren Zeiten, und diese Perzeption hänge eng mit dem eigenen Erleben dieser Zeiten zusammen. Aus meiner Sicht kann diese Aussage generell auf sozialen Wandel angewendet werden: Er schafft, wenn er nicht latent vonstattengeht, sondern rapide sichtbar wird, Verunsicherungen und Verlustängste.

Wohlfahrtsstaat

Zuerst einmal wurde deutlich, dass der Wohlfahrtsstaat an seine Grenzen gestoßen ist. Der Wohlfahrtsstaat war aber, wie Bude (2014) konstatiert, der Beseitiger von Ängsten in der Moderne des späten 19. und bis in die 70er Jahre des 20. Jh., indem er ein soziales Netz ausbreitete und einen Basisschutz vor sozialer Verelendung schuf. Seitdem brechen überall neue Unsicherheiten und Ängste auf, vor denen der Wohlfahrtsstaat schützen sollte, z. B. hinsichtlich Arbeitsplatzsicherheit, Rentensicherheit, Wohlstandssicherheit, Statussicherheit usw. (vgl. Bude 2014: 16). Hinzugekommen sind ökologische Unsicherheiten und jetzt sogar wieder die Unsicherheit eines Krieges in Europa.

Ressourcenkonflikte

Bleiben wir einmal bei der Ressourcenverknappung und Ökologie. Das westliche Wirtschaftsmodell, das auf Wachstum und Ausbeutung von Naturressourcen basiert, ist an seine Grenzen gekommen, weil es weltweit und auch in Bezug auf die Folgegenerationen nicht mehr funktionieren kann. Die meisten Ressourcen sind endlich und knapp. Geopolitisch waren Großmächte schon immer bereit, Kriege zu führen, um ihren Ressourcenbedarf zu sichern – auch wenn dies ideologisch oftmals anders unterfüttert wurde. Ressourcenkonflikte – so die heutige Diskussion in den Sozialwissenschaften – können bei Knappheit lebenswichtiger Ressourcen auch zu lokalen, wenn nicht sogar regionalen oder globalen Gewaltkonflikten, führen, etwa wenn es um Öl und Gas, Trinkwasser, seltene Erden usw. geht (vgl. Welzer 2008). Gleichzeitig werden durch die globale Erwärmung und die dadurch entstehenden Klimaveränderungen z. B. wegen jahrelangen Ausbleibens des Monsunregens, regionaler Desertifizierungen (Wüste, Versalzung), Versteppungen, aber auch Überschwemmungen, die kein (Über-)Leben am Herkunftsort mehr erlauben, Migrationsbewegungen in Gang gesetzt, etwa wenn eine Megacity evakuiert werden muss, da sie dann unter dem Meeresspiegel liegt. Schon jetzt kann man empirisch Umwelt- und Kriegsflüchtlinge kaum noch voneinander unterscheiden, weil in den Begriffen eine politisch gewollte, aber empirisch nicht zutreffende monokausale Verortung des Migrationsgrundes angenommen wird. Beide sind aber miteinander vermengt. Vor diesem Hintergrund ist es unverständlich, wie wenig Bedeutung Ressourcenkonflikten und Klimaveränderungen bis zur Jahrtausendwende beigemessen wurde und auch heutzutage politisch nicht entschieden genug angegangen wird. Das Szenario der Hunger-Flüchtlingsströme nach Europa wurde schon in den 1980er Jahren im Spielfilm-Drama »Der Marsch« thematisiert,[31] wo sich Europa gegen

Klimaflüchtlinge aus Afrika abschottete, seine Grenzen hochrüstete und die ›Festung Europa‹ mit Waffengewalt verteidigte, um diese Ströme von der Wohlstandsinsel Europa fernzuhalten. Dieser utopische Spielfilm ist inzwischen weitgehend Realität geworden, wenn wir die elektronischen Grenzsicherungen im südlichen Spanien oder die Task Force »Frontex« der EU im Mittelmeerraum betrachten, aber auch das Vorgehen Italiens, Griechenlands, oder Bulgariens gegenüber syrischen oder nordafrikanischen Geflüchteten am Grenzzaun.

Ökologische Unsicherheiten

Das besondere Kennzeichen der ökologischen Unsicherheiten für die europäische Gesellschaft ist aber, wie Beck systematisiert hat, dass eine Bedrohung oder Unsicherheit eben nicht nur von außen kommt, wie dies die Perspektive auf Geflüchtete ist, sondern latent unter uns ist. Da ist z. B. die zunehmende Gefahr von Melanomen durch massive intensive Sonneneinstrahlung, und diese Gefahr kann in uns schlummern aus Zeiten, wo Bräunung am Mittelmeer noch dazugehörte, um zu zeigen, dass wir uns diesen Strandurlaub leisten konnten. Da ist auch der Vormarsch von Parasiten und Krankheiten, die vormals wärmeren Regionen vorbehalten waren (z. B. erste Malariafälle und Denguefieber in Deutschland). Insbesondere betreffen diese ökologischen Unsicherheiten Umweltgifte im Boden, im Grundwasser und in der Nahrung durch Überdüngung und Pestizide, auch die Kernenergie, hier den Outfall von Tschernobyl in Europa, und die Endlagerung radioaktiven Mülls. Beck widmete sich diesen Fragen bereits in den späten 1980er Jahren mit seinem Buch »*Risikogesellschaft*« und konzentrierte seine Perspektive auf Deutschland. Die Kritik diesbezüglich nahm er auf mit einer Neubewertung der Thematik im Jahr 2007 unter dem Buchtitel »*Weltrisikogesellschaft*«.

Unsicherheit

Es macht hier Sinn, sich mit dem Begriff der Unsicherheit auseinander zu setzen und auf die englische Sprache zu verweisen, die hier reichhaltiger ist als die deutsche. ›*Insecurities*‹ bedeutet soziale Unsicherheiten, die etwa durch Strukturwandel in der Berufswelt entstehen. ›*Lack of safety*‹ wird als Bedrohung des Lebens durch Gifte, Kriminalität und Gewalt erfahren. ›*Uncertainties*‹ sind Verluste von Gewissheit und Glaubenssätzen, an denen wir uns orientiert haben (etwa der Fortschritt- und Wachstumsglaube). Vor diesen Unsicherheiten zerbrechen soziale Lagen und Biographien, wie dies z. B. Sennett (1998, 2005) gezeigt hat. Die sozialen Identitäten der Industriegesellschaft haben keine Gültigkeit mehr. Wir beobachten Prozesse der Individualisierung, die einhergehen mit Prozessen der Globalisierung. Der Begriff des Risikos ist ein Begriff der Moderne: er hat damit zu tun, die anthropogenen Folgen des Handelns zu erkennen und dem Menschen selbst die Verantwortung hierfür zu geben – im Gegensatz zur Vormoderne, wo diese dem Schicksal (den Göttern) zugeschrieben wurden (vgl. Niklas Luhmann 2001).

Reflexive Modernisierung

Beck unterscheidet daher zwischen **Erster** und **Zweiter Moderne**. Die Erste Moderne hat ihren Schwerpunkt bei der Industrie, beim Nationalstaat, bei Klassen und Geschlechtsrollen, bei der Kleinfamilie, beim Technikglauben, beim Glauben an Expertenwissen, bei Gewerkschaftsorganisation etc. Dem stehen – wie er 1986 prognostizierte, die Konturen der Zweiten Moderne gegenüber, die mit diesen alten Orientierungen brechen, ohne dass wir damals genau begriffen, was eigentlich die neuen Orientierungen sind. Reflexive Modernisierung, so Beck, sei daher zuerst einmal ein Prozess der Abgrenzung von der ›Weiter so-Modernisierung‹, der einfachen Modernisierung.

> »Reflexive Modernisierung ist das Bemühen, Sprache und damit Handlungsfähigkeit, Wirklichkeit wiederzugewinnen – angesichts von Entwicklungen, die einerseits die Folgen von Modernisierungserfolgen sind, andererseits die Begriffe und Rezepte der klassischen Industriegesellschaft von innen her fundamental infrage stellen; nicht durch Krise, Zerfall, Revolution oder Verschwörung, sondern durch die Rückwirkungen des ganz gewöhnlichen ›Fortschritts‹ auf die Grundlagen desselben (...) ›Reflexive Modernisierung‹ soll heißen: Selbsttransformation der Industriegesellschaft (...); also Auf- und Ablösung der ersten durch eine zweite Moderne, deren Konturen und Prinzipien es zu entdecken und zu gestalten gilt« (Beck 1986: 26).

Reflexive Modernisierung bedeutet dabei aber nicht, dass alles bewusst und gewollt abläuft, sondern oftmals unreflektiert, ungewollt, radikal, reflexhaft ist. Die Zweite Moderne münde in eine gesellschaftliche Polarisierung in unterschiedlichen sozialen Lagen und lasse sich sozialstrukturell etwa charakterisieren wie

- sicher – unsicher
- politisch – unpolitisch
- inkludiert – exkludiert.

Vielleicht das Wichtigste an der reflexiven Modernisierung sei, dass es hierbei nicht um die externen Nebenfolgen der Modernisierung gehe (etwa Technikfolgen), sondern um die internen Nebenfolgen der industriellen Modernisierung: die kontinuierliche Anwendung der Prinzipien der Moderne auf sich selbst.

Beck ist sich allerdings dabei bewusst, dass er über bestimmte westliche Gesellschaften spricht, die in die reflexive Modernisierung eingetreten sind. In anderen Gesellschaften erscheinen dagegen die Konsum-Errungenschaften der Ersten Moderne für viele erstrebenswert (aufstrebende obere Mittelklasse), weil Lebensstil/Konsum auch Status/Erfolg repräsentiert, und für andere (untere Mittelklasse, arme Bevölkerung) unerreichbar ist (Konsum als Mittel der Distinktion, vgl. Elias 1981; Bourdieu 1982; Douglas und Isherwood 1996). Aber gerade der globale Süden erlebt massiv die Folgen der globalen Erderwärmung und wird somit mit den ökologischen Folgen des Konsumismus und der Massenproduktion der alten und neuen Industrieländer konfrontiert.

> »Reflexive Modernisierung heißt also: eine zunächst unreflektierte, gleichsam mechanisch-eigendynamische Grundlagenveränderung der entfalteten Industriegesellschaft, die sich im Zuge normaler Modernisierung ungeplant und schleichend vollzieht und die bei konstanter, möglicherweise intakter politischer und wirtschaftlicher Ordnung auf dreierlei zielt: eine Radikalisierung der Moderne, welche die Prämisse und Konturen der Industriegesellschaft auflöst und Wege in andere Modernen – oder Gegenmodernen – eröffnet« (Beck 1986: 29).

Die Theorie der reflexiven Modernisierung erfasst daher eigentlich nur die Entwicklung in Westeuropa und vielleicht in den Vereinigten Staaten, und hier insbesondere auch die gebildete Mittelschicht, während gerade auch weniger gebildete Schichten und Menschen, die einen Arbeitsplatzverlust fürchten, reflexiv aus Verlustangst ihre Vorurteile gegenüber Migranten artikulieren, und rechte Gruppierungen an Zuspruch gewinnen, sich gegen Migration abzuschotten und sich auf das Nationale zu besinnen. Dem stehen aber die Interessen der Wirtschaft in Europa gegenüber, dem demographischen Wandel mit einer Visaerleichterung für Facharbeitern und Experten zu begegnen, wie dies die Vereinigten Staaten mit der Green Card vormachen. Neben diesen Globalisierungstendenzen in der Wirtschaft lassen sich in anderen Regionen der Welt trotz Wirtschaftswachstum ein zunehmender Nationalismus, Massenarmut durch Segregation, religiöser Fundamentalismus, ökonomische und ökologische Krisen, Kriege und Revolutionen, aber auch ein Antiamerikanismus bzw. eine antiwestliche Haltung beobachten. Wir kommen im Anschluss an die hier geführte Diskussion auf diese Punkte zurück.

Im Gegensatz zur Postmoderne geht Beck von zwei verschiedenen Modernen aus. Die ›Zweite Moderne‹, so stellt er fest, geht zwar aus der Ersten Moderne hervor, aber sie unterscheidet sich fundamental von ihr. Wie die Erste Moderne die Feudalgesellschaft abschaffte, schaffe die Zweite Moderne die Industriegesellschaft ab. Zwischen Erster und Zweiter Moderne liege damit ein Strukturbruch.

Trotz dieses Strukturbruchs bedeute reflexive Modernisierung gleichzeitig Kontinuität bei den Grundprinzipien der Moderne: dem Begründungszwang, der Teilrationalitäten, der zentralen Position des Individuums usw. Der Bruch liegt nun aber gerade darin, dass sich diese Prinzipien nun gegen die Erste Moderne selbst richten und deren »Erzählungen« dekonstruieren. Die Moderne werde damit radikalisiert.

Weg der Modernisierung

Eine grobe Gegenüberstellung der einfachen und reflexiven Modernisierung ist nach Beck wie folgt:

(1) reflexive Modernisierung löst die kulturellen Voraussetzungen sozialer Klassen auf und ersetzt sie durch Formen der Individualisierung sozialer Ungleichheit;

(2) funktionale Differenzierung erzeugt Folgeprobleme, die aber nicht mehr durch weitere funktionale Differenzierung gelöst werden können.

Die evolutionstheoretische Grundlage der Modernisierungstheorie besagte, dass moderne Gesellschaften in einer zunehmenden komplexen Umwelt immer anpassungsfähiger und überlebensfähiger werden (vgl. etwa Zapf 1979) und es keine bessere Alternative zum eingeschlagenen Weg der Modernisierung gibt. Die Überwindung von Problemen wird nach dieser Sichtweise durch eine Steigerungslogik, ein Mehr an Märkten und Konsum, Technik, *Economies of Scale*, komplexeren Strukturen usw. erzielt. Wenn die durch die Erste Moderne erzeugten Umweltschäden neue Techniken zur Beseitigung dieser hervorrufen, so steigert dies das Bruttosozialprodukt und damit das Wachstum, anstatt als Umweltkosten verbucht zu werden. Der Strukturbruch bewirkt aber auch, dass neue umweltfreundlichere Technologien entstehen (Stichwort *Green Economy*), die zwar der Umwelt zugutekommen, aber weiter am Wachstumsgedanken festhalten und nichts am kapitalistischen System ändern. Ob dies genügt, um den Herausforderungen der globalen Erwärmung und der Ressourcenverknappung zu begegnen, werde ich später betrachten.

Moderne Gesellschaft

Ob allerdings die Erste Moderne wirklich so linear verlaufen ist, wie dies in der Beck'schen Kontrastierung von Erster und Zweiter Moderne unterstellt wird, wird von Claus Offe hinterfragt. Er sieht verschiedene parallele Prozesse, die letztendlich moderne Institutionen, Techniken, Methoden usw. hervorgebracht haben, nicht aber *die* moderne Gesellschaft (Offe 1986: 105 ff.).

Fritz Stern (2018: 14, zitiert nach Decker/Brähler [2020: 23–24]) stellt für die Gegenwart

> »eine latente[n] Aufstandsbereitschaft gegen die Modernität« fest, die zum Ziel hat, die verachtete Gegenwart zu zerstören, »um in einer imaginierten Zukunft eine idealisierte Vergangenheit wiederzufinden« (S. 7).

Offe argumentiert, auch die Gegenmoderne ist ein Projekt und Produkt der Moderne. Modernisierung und Gegenmodernisierung sind dabei allerdings gleichursprünglich, und wechseln sich oftmals in Phasen ab, wobei sie dennoch gleichzeitig sind. Das, was hinsichtlich Lebensqualität erreicht worden ist, kann durch ›Weiter so-Modernisierung‹ wieder zerstört werden. Genau dieser Gedanke findet sich in der Theorie der reflexiven Modernisierung.

Beck stellt die einfache und reflexive Moderne anhand von sechs Punkten gegenüber:

(1) an die Stelle der Immer-Weiter-So-Modernisierung treten vielfältige Veränderungen der Selbstauflösung, Selbstveränderung usw.,
(2) das zweckrationale Denken der einfachen Modernisierung und die Annahme der Handlungs- und Problemlösungsfähigkeit werden durch ein reflexives Denken ersetzt. Das heißt, die Nebenfolgen werden entweder bewusst reflektiert oder unbewusst wahrgenommen und beeinflussen Entscheidungen, Sichtweisen und Haltungen,
(3) einfache Modernisierungssoziologie überhöht die Industriegesellschaft als das Nonplusultra. Die Theorie der reflexiven Modernisierung sieht die Industriegesellschaft als eine widerspruchsvolle Figuration zwischen Moderne und Gegenmoderne,
(4) in Bezug auf Lebenslage, Lebensführung und Sozialstruktur stehen Großgruppenkategorien und Großtheorien in der Ersten Moderne Theorien der Individualisierung und Verschärfung sozialer Ungleichheit in der Zweiten Moderne gegenüber,
(5) während die einfache Modernisierungstheorie sich Großgruppen wie Klassen zuwendet, steht bei der reflexiven Modernisierung die Individualisierung im Vordergrund,
(6) die Prozesse, die in der heutigen Zeit stattfinden, lassen sich politisch nicht mehr mit dem Schema Links – Rechts umreißen (Beck 1996: 65–67).

Probleme

Beck spricht von Problemen erster und zweiter Ordnung, die in der Industriemoderne auftreten. Die Probleme erster Ordnung verweisen auf eine vormoderne Welt: auf Natur, auf Tradition, auf soziale Zwänge usw., die die Entfaltung der Moderne behindern (dies ist die Thematik der Klassiker der Soziologie bis zur einfachen Modernisierungstheorie). Die Probleme zweiter Ordnung entstehen dagegen aus der Industriemoderne selbst und ihre reflexive Handhabung verweist auf den Übergang zur Zweiten Moderne.

Polarisierung

Kennzeichen der Zweiten Moderne ist eine zunehmende Polarisierung der Gesellschaft zwischen Inkludierten und Exkludierten. Exklusion ist zuerst einmal ein subjektives Gefühl der Nicht-Teilhabe an Gesellschaft und am Markt, und zwar nicht nur im globalen Süden, sondern auch in den Metropolen der Welt. Die Zahl der Menschen, die unterhalb der (relativen) Armutsgrenze leben, nimmt auch in den reichen Ländern gravierend zu. Armut ist auch in den westlichen Gesellschaften wieder im Alltag sichtbar geworden, was bedeutet, dass das Wirtschaftssystem nicht mehr in der Lage ist, Güter, Arbeit und Kapital effizient und zum Wohle der Gesellschaft zu verteilen bzw. dass Armut in unserer Gesellschaft zunehmend als selbstverschuldet akzeptiert wird (Leistungsgesellschaft/Selbstverantwortlichkeit für Lebenslagen als Kennzeichen der Ersten Moderne). Aber gerade über prekäre Arbeit bleiben diejenigen, die sich subjektiv exkludiert fühlen, nicht nur am System angeschlossen, sondern sie erfüllen für dieses auch ganz bestimmte Zwecke für die Kostenoptimierung von Unternehmen. Genau dies zeigt, dass der Kapitalismus nicht am Ende ist, sondern immer wieder neue Nischen der Mehrwert Appropriation findet – Nischen, wo wir meinen, dass sie eigentlich zum Frühkapitalismus gehörten.

Individualisierung

Die Beck'sche Individualisierungsthese besagt, dass sich Individuen zunehmend aus vorgegebenen Sozialformen wie Stand oder Klasse, lokaler Verankerung, Familie usw. herauslösen und ihr Leben selbst in die Hand nehmen, indem sie die Institutionen in Arbeits- und Lebenswelt nutzen, um finanzielle wie auch soziale Sicherheit für sich selbst zu generieren. Hier wird Individualisierung nicht mit Atomisierung oder Anomie gleichgesetzt, sondern mit Handlungsfähigkeit. Dabei lassen die Differenzierungen in der Lebensführung kaum noch Typisierungen sozialer Lagen zu (Pollack 2016a: 232). Individualisierung soll auch nicht nur dahingehend interpretiert werden, dass neue Hierarchien entstehen, sondern dass sich Beschäftigte konstruktiv und kreativ in Teams mit flachen Hierarchien oder sogar selbstgesteuerte Teams einbringen und aus Kooperation neue Ideen entstehen (vgl. Scharmer 2019).

Hinter der Beck'schen Individualisierungsthese steht die Annahme, dass das Individuum für sein Leben selbst verantwortlich ist, anstatt Schicksal oder Gott (Vormoderne) oder Klassenlagen (frühe Industriemoderne) verantwortlich zu machen. Misserfolg wird damit individuell verortet und auch entsprechend gesellschaftlich stigmatisiert (vgl. hierzu die Hartz IV/Arbeitslosengeld II Diskussion). In seinem Buch »*Risikogesellschaft*« verweist Beck auf die Differenzierung von Biographien. In der Zweiten Moderne unterscheidet er Normalbiographien, denen er individuelle Handlungsfähigkeit zutraut, also Menschen, die ›normal‹ und flexibel ihr Leben bestreiten können, Risikobiographien, Gefahrenbiographien und katastrophale Existenzen. Im Fall von Risikobiographien ist die Kontrolle über Ressourcen subjektiv noch gegebenen, aber es besteht die Gefahr einer Abwärtsspirale. Bei Gefahrenbiographien sieht sich das Individuum dagegen Kräften ausgesetzt, die es nicht mehr regulieren kann. Allerdings herrscht hier immer noch der Wunsch vor, ein selbstbestimmtes Leben zu führen und kontrollieren zu können. Das Auseinanderfallen von Wunsch und Wirklichkeit erzeugt allerdings genau das Gefühl, von der Moderne überfordert und abgehängt zu sein. Erst wenn dieser Wunsch verloren gegangen ist, können wir von katastrophalen Existenzen sprechen, die ihr Leben auf dauerhafte Transferleistungen ausrichten.

Der konstatierte Bruch zwischen Erster und Zweiter Moderne ist nach Beck allerdings erst im Nachhinein von der Wissenschaft diagnostiziert worden und wird von den Menschen, die in dieser Zeit leben, nicht eindeutig als solcher erfahren. So hat die Theorie der reflexiven Modernisierung genau mit dieser Problematik zu kämpfen, dass sie einerseits einen Epochenbruch aufzeigt, aber ebenfalls eine Gleichzeitigkeit von Vormoderne, Erster und Zweiter Moderne nicht nur innerhalb der Welt, sondern auch innerhalb von Gesellschaften zulässt.

Reflexive Modernisierung

Die These der reflexiven Modernisierung ist im Kern die Freisetzung der Handelnden von Strukturzwängen. Dies kann in der Gegenwart z. B. dahin interpretiert werden, dass Gesellschaft die Politik zwingt, ein ökologisches Wirtschaften durchzusetzen. Die Ergebnisse der Europawahl 2019 haben gezeigt, dass die beiden großen Volksparteien dieser Rolle bisher nicht gerecht geworden sind.

Wie wird nun die Sicht Becks in »*Risikogesellschaft*« und anderen zeitnahen Publikationen wissenschaftlich bewertet? Giddens (2010) nennt in Bezugnahme zu anderen Autoren folgende Kritikpunkte:

- zum einen argumentieren Wissenschaftler, dass die von Beck prognostizierten Trends der Auflösung der Klassengesellschaft sowie zur reflexiven Moderne bisher empirisch nicht nachweisbar sind, wenn es auch Indizien dafür gibt.
- zum anderen nimmt Beck eine eurozentristische Perspektive ein und berücksichtigt zu wenig die Perspektive von Ländern des globalen Südens. So sei allein schon die semantische Bedeutung von Risiko in beiden Kontexten völlig verschieden.
- allerdings spricht für Beck, dass in der Sicherheitsdebatte der Internationalen Gemeinschaft der militärische Aspekt um den ökologischen Aspekt erweitert wurde. Sicherheitsrisiko bedeutet dann ein Risiko für das (Über-)Leben von Menschen in vom Klimawandel bedrohten Gesellschaften.

In demselben Buch fragt Scott Lash zurecht, wo denn nun gesellschaftlich konkret die Spannungen und Polarisierungen der reflexiven Moderne liegen? Gibt es etwa objektive Klassengegensätze (Klasse an sich) zwischen Gewinnern und Verlierern der Zweiten Moderne, ohne dass ein Klassenbewusstsein (Klasse für sich) existiert? Wie ›reflexiv‹ und individuell könne denn eine alleinstehende Mutter am Existenzminimum in einem Großstadtgetto sein? Sowohl Beck als auch Giddens verweisen vorranging auf die freie Gestaltung der Biographien, und dies gipfelt heutzutage in der Managementliteratur unter dem Thema, die Unternehmen konkurrieren um ihre Mitarbeiter und müssen ihnen etwas bieten und Zugeständnisse machen (New

Work). Was sicherlich für *Future Leaders*, also die Führungskräfte von morgen zutrifft, kann aber wiederum nicht generalisiert werden. Inwieweit können Menschen unter Strukturzwängen wie etwa Armut in Industrie- oder sog. Entwicklungsländern in der Gestaltung ihrer ›Lebensgeschichte‹ wirklich aktiv sein? Inwiefern können Hilfsarbeiter von ihren Arbeitgebern nichtvertragliche Leistungen oder Absprachen einfordern, wenn es nach wie vor eine industrielle Reservearmee/Surplusbevölkerung (vgl. Marx) gibt, die Ungelernte leicht austauschbar macht?

Lebenschancen

Man kann mit Castells argumentieren, in der reflexiven Moderne basieren die Lebenschancen, also die Reflexivitätsgewinne und -verluste, auf der Position innerhalb der ›Informationsweise‹ (Castells 1991). Lebenschancen hängen eng mit dem Zugang zu Informations- und Kommunikationsstrukturen und nicht mehr so sehr mit dem Zugang zu produktivem Kapital oder Produktionsstrukturen zusammen. So arbeitet heute die Mittelschicht weitgehend innerhalb der Informations- und Kommunikationsstrukturen, während Teile der alten Mittelschicht, die Facharbeiter der Produktion eher *downgegradet* wurden. Die neue Mittelschicht hängt eng mit der Produktion von Informationsgütern/Wissen zusammen. Kapitalakkumulation findet über diese Informationsgüter statt und schafft gerade in diesem Bereich neue Arbeitsplätze. Die Halbwertszeit von Bildung wird immer kürzer, so dass heute weniger bedeutsam ist, was wir inhaltlich lernen (Wissen), sondern dass wir lernen, Informationen zu kombinieren und neue Information möglichst schnell zu verarbeiten (Kompetenzen). Damit sind informationsverarbeitende Mitarbeiter wesentlich flexibler einsetzbar als etwa in einer Branche und an einer Maschine ausgebildete Facharbeiter (die neuen Produktionsprozesse in der Plattformproduktion oder an 3D-Druckern verlangen von den Mitarbeitern schon wesentlich mehr informationstechnologische Kenntnisse). Die neue Mittelschicht ist eine Informationsverarbeitungsschicht. Kapitalakkumulation und Informationsakkumulation gehen Hand in Hand. Dabei ist die Informationsproduktion Triebkraft der reflexiven Moderne. Die Verlierer der reflexiven Moderne (angelernte und ungelernte Arbeiter/Dienstleister) sind ausgeschlossen von der Informationsproduktion und damit höheren Einkommen, ausgeschlossen von der einkommensgenerierenden Nutzung von Information und, sofern verarmt, ausgeschlossen vom Markt. Die Neustrukturierung der Informationsgesellschaft zeigt sich in den verlassenen Industriedistrikten, in der Ansiedlung von (Konsum-) Infrastruktur, dort, wo die Gewinner der reflexiven Moderne leben, und dem Abgang von solcher Infrastruktur aus Regionen, wo die Verlierer der reflexiven Moderne anzutreffen sind. Dort heißt das Ergebnis der Restrukturierung nicht etwa Individualisierung, sondern Anomie und Mangel an sozialen Angeboten, ärztlicher Versorgung, Regulierung durch Sicherheitsinfrastruktur, Entstehung von Jugendbanden, einem rechtsfreier Raum der Gewalt usw. (vgl. Bourdieu et al. 2005 in der Studie über die französischen Banlieus). Sassen beschreibt diese Prozesse für die Megastädte (Sassen 1994, 2002). Ethnizitäts-, Migrations- und Genderaspekte spielen in den Exklusionsprozessen ebenfalls eine Rolle. Der Trend wird sich unter Arbeit 4.0/Industrie 4.0 (also der zunehmenden Vernetzung von Menschen, Maschine und Produkten) verschärfen.

Weltrisikogesellschaft

Beck knüpft mit seiner Theorie der *Weltrisikogesellschaft* (2007) an das Buch »*Risikogesellschaft*« an, indem er vor dem Hintergrund des Fortschreitens der globalen Erwärmung die Perspektive erweitert. Das 21. Jahrhundert ist durch unberechenbare Risiken und in der Moderne erzeugte Unsicherheiten charakterisiert. Dies führt zu besonderen Konflikten in der Welt dahingehend, dass manche die Vorteile der Risiken genießen, während andere Nachteile der Risiken tragen. Dies nennt Beck den ›Antagonismus des Risikos‹. Das Kernproblem der Weltrisikogesellschaft ist, dass wir mit Gefahren und Unsicherheiten zu tun haben, die nicht aus den Fehlern, sondern gerade aus den Erfolgen der Modernisierung entstehen. Gerade breche ein neues Risiko an: mit der Entdeckung der Blaupause des menschlichen Genoms dürfte der Schritt zur Bio-Weltrisikogesellschaft getan worden sein.

Risikokomplexität

Niklas Luhmann argumentierte noch modernisierungstheoretisch, dass all das, was nicht kontrollierbar sei, nicht wirklich sei. Er bezog dies auf die Autopoiesis von Systemen und ihre partikularen Systemlogiken. Beck dreht die Argumentation um, indem er feststellt, dass die gegenwärtige Gesellschaft und ihre Teilsysteme nicht in der Lage sind, die selbst erzeugten Probleme zu lösen. Dies hat mit den Partitionierungen der Systemlogiken der Subsysteme zu tun. Wissenschaft ist etwa nicht zuständig für andere Teilsysteme als die Wissenschaft selbst. Die Reflexivität der Moderne führt dazu, dass sie sich unter Zuhilfenahme von Wissenschaft dazu gezwungen sieht, die Gefahren, die sie selbst hervorgebracht hat, zu betrachten. Risiken sind nicht länger Nebenfolgen, sondern ein zentrales Problem scheinbar abgeschlossener gesellschaftlicher Systeme. Dabei ist die Risikokomplexität so gewaltig, dass keine genauen Aussagen möglich und vor allem keine Problemlösungen glaubhaft sind. Die Erfassung dieser Komplexität erfordert neue Modelle und Abstraktionen, die weiter die Risiko-Unsicherheit erhöhen. Die Zwänge, wegen des ökologischen Zeitdrucks schnell zu handeln, resultieren gleichzeitig in Entscheidungsunfähigkeit wegen Überkomplexität.

Risikokonflikte

Hinsichtlich sozialer Ungleichheit stellt sich die Frage, wer von den Risiken profitiert und für wen sie Gefahren darstellen. Die Weltrisikogesellschaft schafft Risikokonflikte zwischen denen, die über Risiken entscheiden und denen, die sie erleiden. Im Weltmaßstab gibt es Risikogeber- und Risikonehmerländer, die weitgehend mit dem globalen Norden und globalen Süden korrelieren. Hinzu kommt eine Verwischung zwischen realen Risiken und deren Wahrnehmung; letztere resultiert wiederum aus Informationszugang und einer Risikoaufklärung der Bevölkerung durch Politik, Medien und Wissenschaft. Gerade erstere tendiert eher zur Verharmlosung, um die eigene Zögerlichkeit oder Unfähigkeit nicht zu unterstrichen. Und in vielen Ländern unterliegen die Medien der Kontrolle und Zensur des Staates.

Interessant ist der Aspekt, dass sich nach Beck die instrumentelle Vernunft zunehmend auflöst. Es entfalten sich global existierende Schock-, Leidens- und Mitleidslogiken, die im Gegensatz zur instrumentellen Vernunft stehen. Wir können hier z. B. an die große Bereitschaft zu privaten Spenden bei Naturkatastrophen denken, die sich auch in ganz anderen Weltregionen ereignen. Dabei gibt es mindestens drei verschiedene Konfliktachsen der Weltrisikogesellschaft:

ökologische Risikokonflikte, globale Finanzrisiken und terroristische Konflikte. Inzwischen kommt wieder als vierter Risikokonflikt der grenzüberschreitende Krieg hinzu, der Kriegsgeflüchtete hervorbringt und durch Wiedererstarken des Kalten Krieges zu einer Polarisierung von Blöcken führt.

Selbstreflexivität

Reflexive Moderne bedeutet nach meiner Auffassung auch, dass der Gesellschaftsbegriff nicht mehr positivistisch/normativ, sondern nur noch selbstreflexiv verstanden werden kann. Selbstreflexivität bedeutet zuerst einmal, ihn im Hinblick auf Weltgesellschaft zu hinterfragen und genauer hinzuschauen, wo wir weltgesellschaftliche Tendenzen und Gegentendenzen erleben. Zweitens wird Gesellschaft als gefühlte Einheit zunehmend durch Desintegrationsprozesse hinterfragt. Das Problem zeitgenössischer Gesellschaften ist, sich selbstreflexiv überhaupt als ›Gesellschaft‹ wahrzunehmen, wie Armin Nassehi (2012) schreibt. Der zunehmende Nationalismus und Protektionismus könnten dagegen die nationale Gesellschaft als gefühlte Gesellschaft ›beleben‹.

Flüchtige Moderne

Der postmoderne Soziologe Zygmunt Bauman interpretiert in Bezugnahme auf Ulrich Beck, Richard Sennett, Anthony Giddens und andere zeitgenössische Soziologen die heutige Moderne als flüchtige Moderne, einen Begriff, den er dem der Zweiten Moderne vorzieht.

> »Die traditionelle Moderne wirkt ›schwer‹ (im Gegensatz zur gegenwärtigen ›leichten‹ Moderne), oder besser noch: ›solide‹ (im Unterschied zu ›fluid‹, flüchtig oder flüssig); kondensiert (im Gegensatz zu diffus oder kapillar) und schließlich symmetrisch (im Unterschied zu netzwerkartig)« (Bauman 2003: 35).

Er beschreibt dieses Flüchtige anhand der geänderten Arbeitsverhältnisse, der Wahrnehmungen von Ort und Zeit, des zunehmenden Fehlens von Verbindlichkeiten, der zunehmenden Unsicherheiten, der veränderten Formen von Herrschaft, usw. Hinsichtlich Herrschaft greift Bauman die von Foucault (2007) – bezugnehmend auf Bentham – verwendete Metapher des architektonischen Modells des Panoptikums auf und modifiziert sie für die flüchtige Moderne als Synoptikum.

Während die feste moderne Gesellschaft also eine Art Fremd- und Selbstkontrolle des Individuums durch die gleichzeitige Sichtbarkeit des Panoptikums und die Unsichtbarkeit der potenziell Beobachtenden ermöglichte, und somit überwachend, kontrollierend und selbstdisziplinierend wirkte, gehe mit dem Gesellschaftsbild des Synoptikums eine Dezentralisierung und Enthierarchisierung der sozialen Ordnung einher, wo sich die Individuen in netzwerkähnlichen Strukturen gegenseitig überwachen und die Identitätsbildung eher durch Identifizierung mit Vorbildern und Berühmtheiten erfolgt.

Zur Beschreibung der flüchtigen Moderne in Gegenüberstellung zur festen Moderne bedient sich Bauman einer sehr bildhaften Sprache:

> »Die Passagiere auf dem Dampfer des ›schweren Kapitalismus‹ vertrauten (sicherlich nicht immer zu Recht) darauf, dass die Mitglieder der Mannschaft, die Zugang zum Oberdeck hatten und von dort das Schiff steuerten, auf dem richtigen Kurs waren. Derweil konnten sie sich voll darauf konzentrieren, sich die Regeln einzuprägen, die auf dem Passagierdeck in Großbuchstaben für sie angebracht waren. Beschwerden von Seiten der Passagiere oder gar Meuterei gab es höchstens dann, wenn der Kapitän nicht schnell genug den Hafen ansteuerte oder sich gegenüber den Passagieren ungewöhnlich nachlässig verhielt. Demgegenüber müssen die Fluggäste im Überschallflugzeug des ›leichten Kapitalismus‹ mit Erschrecken feststellen, dass das Cockpit ihrer Maschine leer ist und dass sich die geheimnisvolle Black Box namens Autopiloten beharrlich weigert, Informationen über die Flugroute, das Flugziel oder darüber, wer entscheidet, auf welchem Flughafen man landen wird, preiszugeben. Auch erteilt sie keine Auskünfte, ob die Fluggäste an Bord irgendeinen sinnvollen Beitrag für eine sichere Landung leisten können« (ebd.: 73, 74).

Hartmut Rosas Theorie der Beschleunigung (2005) nimmt eine ähnliche Perspektive ein.

Wertewandel

Welche empirischen Belege gibt es nun für den von Beck et al. konstatierten Bruch zwischen Erster und Zweiter Moderne? Der quantitative Sozialforscher Ronald Inglehart (1998) hat sich mit dieser Frage beschäftigt. Er stützt mit seinen Untersuchungen den Bruch wie auch die Beck'sche Behauptung der teilweisen Gleichzeitigkeit von Erster und Zweiter Moderne mit seiner neokonservativen Postmodernisierungstheorie. Kennzeichen von Ingleharts Arbeiten sind großangelegte empirische Untersuchungen zum Wertewandel.

Nach Inglehart ist die Kernaussage der Modernisierungstheorie, dass ökonomischer, kultureller und politischer Wandel bestimmte kohärente Muster hervorbringen, die es ermöglichten, Entwicklung tendenziell vorauszusagen. Dies solle aber nicht bedeuten – und hier unterscheidet er sich deutlich von den älteren Ansätzen –, dass die Zukunft eines bestimmten Landes genau prognostiziert werden kann. Genau so wenig lassen sich die Abfolgen des Wandels voraussagen, denn – und das ist ein Kernpunkt von Ingleharts Analysen – der Prozess der Modernisierung verlaufe nicht linear. In der Modernisierung erreichen die Profitraten ein Maximum, denen dann ein Sinken dieser folge. Dies sei der Übergang zur postmodernen Gesellschaft.

Postmodernisierungstheorie

Inglehart schlägt eine revidierte Fassung der Modernisierungstheorie vor, die er Postmodernisierungstheorie nennt. Er zeigt in seinem Buch empirisch, dass nach seiner Interpretation der Daten die Modernisierungstheorie im weitesten Sinne richtig war:

> »(...) technologische und ökonomische Veränderungen [sind, H. S.] mit bestimmten Typen kulturellen, politischen und sozialen Wandels verknüpft (...)« (Inglehart 1998: 23).

Was bedeutet nun aber nach Inglehart ›Postmoderne‹ und ›Postmodernisierungstheorie‹?

Der Begriff ›postmodern‹ wurde in mehreren Bedeutungen gebraucht, von denen einige durch einen extremen kulturellen Relativismus gekennzeichnet sind: dass Kultur die menschlichen Erfahrungen beinahe vollständig prägt. Diesen kulturellen Determinismus lehnt Inglehart ab. Er stellt fest, der Einfluss der Kultur scheint zwar generell zuzunehmen und gleichzeitig das Diktat der ökonomischen Rationalität abzunehmen. Es sei auch richtig, dass jeder Mensch die Realität durch eine Art kulturellen Filter wahrnimmt. Auch seien diese kulturellen Faktoren ein immer wichtigerer Bestandteil von Erfahrungen. Die Entwicklung zu postmodernen Werten gilt aber nicht, wie Inglehart nachweist, für alle Gesellschaften. Die Daten seiner zahlreichen Untersuchungen zeigen, dass die nordischen Länder und die Niederlande hier am weitesten zu sein scheinen, während zahlreiche außereuropäische Gesellschaften mit ihren Werten voll in der Moderne sind.

Ingleharts Postmodernisierungstheorie basiert auf zwei Hypothesen: Der Mangelhypothese und der Sozialisationshypothese. Erstere besagt, dass die Prioritäten eines Individuums die sozioökonomische Umwelt reflektieren und von Knappheit geleitet werden (wer existenziell am Minimum lebt, beschäftigt sich nicht mit postmodernen Werten, sondern mit dem eigenen Überleben; das Sein bestimmt das Bewusstsein, vgl. Marx). Die zweite Hypothese besagt, dass die Beziehung zwischen Werten und Umwelt zeitverzögert und nicht gleichzeitig ist; dies bedeutet, dass man in eine bestimmte Zeit hinein sozialisiert wird (Beispiel: Die Kriegsgeneration ist stark durch die Erfahrung von Knappheit geprägt, die Nachkriegsgeneration der 60er und 70er Jahre in Westdeutschland von Überfluss) und dass diese Sozialisierungsphase den gesamte Lebensstil bestimmt. Inglehart kommt auf der Basis dieser beiden Hypothesen zu folgenden Prognosen:

- Die postmodernen Werte sind in den reichsten und stabilsten Gesellschaften am weitesten verbreitet; ärmere Länder werden eher durch existenzielle Knappheiten bedroht.
- Innerhalb jeder beliebigen Gesellschaft werden postmoderne Werte am stärksten in Schichten mit großer sozioökonomischer Sicherheit angenommen.
- Kurzfristige Schwankungen erfolgen nach dem Muster der Mangelhypothese. Reichtum, aber auch Aufschwung und insb. Marktsättigung in einer Gesellschaft verstärken die Tendenz zu postmaterialistischen Werten, wirtschaftlicher Abschwung und Knappheit die Tendenz zu materialistischen Werten.
- Langfristige Veränderungen zu postmaterialistischen Werten sind stark an die Entstehung einer Wohlstandsgesellschaft geknüpft.

- In Gesellschaften, die über einen längeren Zeitraum eine Zunahme ökonomischer und physischer Sicherheit erlebt haben, gibt es Diskrepanzen zwischen den Werten jüngerer und älterer Generationen.
- Diese intergenerationellen Wertunterschiede sind langfristig stabil (Sozialisationshypothese). Zwar führen eigene Erfahrungen in Verhältnissen der Sicherheit oder Unsicherheit zu kurzfristigen Schwankungen, doch die Unterschiede zwischen den jüngeren und älteren Kohorten bleiben über längere Zeit bestehen. Die Jüngeren werden nicht mit zunehmendem Alter die Werte der Älteren übernehmen, was man erwarten müsste, wenn die Generationenunterschiede nur auf den Lebenszyklus verweisen würden.
- Auf internationaler Ebene beobachten wir in Gesellschaften, die ein relativ hohes Wirtschaftswachstum erreichen konnten, einen starken intergenerationellen Wandel.
- Schließlich können wir mit der Theorie vom intergenerationellen Wertewandel nicht nur Prognosen darüber erstellen, welche Werte entstehen und wo sie entstehen werden, sondern wir können auch etwas darüber aussagen, wie weit sich der Wertewandel in einem bestimmten Zeitraum vollziehen müsste.

Gesellschaftstypen

Inglehart kombiniert hier also eine Wohlstands-, Kohorten- und Schichtenanalyse, um Aussagen über Wertewandel treffen zu können. Seine breit angelegten quantitativen Untersuchungen nehmen damit die vergleichende Weltperspektive ein. Allerdings bleibt er auch im (neo)modernisierungstheoretischen Denken verhaftet, wenn er Prognosen erstellt und Aussagen über das Fortschreiten des Wertewandels trifft. Die Kombination von Mangel- und Sozialisationshypothese ist sinnvoll und für den Kontext des Gesellschaftsvergleichs hilfreich für die Analyse von Unterschieden zwischen industriekapitalistischen, postkolonialen und postsozialistischen Gesellschaften. Letztere Gesellschaftstypen haben rapide Systembrüche erlebt, die sich stark auf die Kohorten und deren Werte, Denken, Handeln und Verhalten auswirken und eher für eine pfadabhängige Entwicklung (North 1991) sprechen. Hierzu haben wir Anfang 2004 eine Konferenz zu Vertrauen und Sozialkapital in postsozialistischen Gesellschaften durchgeführt, die das Fortleben informeller Netzwerke und das mangelnde Vertrauen in staatliche Strukturen unterstreichen (Schrader 2004).

Statuskonsum

Die Lehre und Forschung im postsozialistischen Raum der Gegenwart zeigt mir, dass trotz einiger umwelttechnischer Entwicklungen materialistische Werte vorherrschen und bei wohlhabenden Schichten Statuskonsum und weniger Wertewandel zu beobachten sind, was sich im Rahmen der Mangel- und Sozialistationshypothese als Nachholbedarf interpretieren lässt. Hier würden Modernisierungstheoretiker dann den Vergleich zur Nachkriegsgeneration in Europa anführen, um für den postsozialistischen Raum im Rahmen der Modernisierungstheorie eine zeitversetzte Entwicklung zu diagnostizieren.

Aus meiner Sicht können modernisierungstheoretische Betrachtungen mit dem Pfadabhängigkeitstheorem kombiniert werden in eine Theorie der pfadabhängigen Modernisierung, wie ich dies etwas später bei der Betrachtung postkolonialer und postsozialistischer Gesellschaften tue.

Von den Grenzen des Wachstums zur Diskussion des Klimawandels

Grenzen des Wachstums und nachhaltige Entwicklung

Wachstumsgesellschaft

Wir wissen seit den 1960er Jahren, dass ein kontinuierliches Wirtschaftswachstum nicht möglich ist. Der Club of Rome warnte 1972 mit seinem *»Limits to Growth«* (Meadows 1973) und vor ihm bereits Rachel Carson, dass der Wachstumsidee die Endlichkeit der Ressourcen auf unserem Planeten entgegensteht. Trotz dieses Wissens wurde politisch am Wachstumsgedanken festgehalten, weil er das vermeintlich gute Leben verkörpert und verspricht. Wir leben in einer Wachstumsgesellschaft, die eine Wirtschaft hervorgebracht hat und legitimiert, deren Ziel die Wachstumsproduktion ist. Die Zweite Moderne hat aber diese Wachstumsproduktion hinterfragt. Langfristig kann unser Lebensstil nicht die Regenerationsfähigkeit der Erde überschreiten, was Beck ja mit der Weltrisikogesellschaft (2007) stärker herausgearbeitet hat – insbesondere, wenn wir dem globalen Süden unter dem Aspekt globaler Gerechtigkeit einen nachholenden Konsum zugestehen müssen. Wir müssen erkennen, dass quantitatives durch qualitatives Wachstum ersetzt werden muss.

Schwache und starke Nachhaltigkeitskriterien

Nachhaltigkeit

Diesbezüglich gibt es hier weniger radikale und radikalere Ansätze. Zu den weniger radikalen Ansätzen (vgl. Giddens 2010: 195 ff.) zählt die Idee der nachhaltigen Entwicklung. Sie existiert seit dem Brundtland Report 1987. Er konstatierte, dass wir nicht auf Kosten der nachfolgenden Generationen leben dürfen. Der Begriff der Nachhaltigkeit wurde von Umweltbewegungen, Politikern wie auch Unternehmen aufgenommen und ist fast zur Beliebigkeit verkommen. Einer der Hauptkritikpunkte ist die Vernachlässigung globaler Gerechtigkeit, da die Nachhaltigkeit allzu oft als Nullsummenspiel verstanden wird oder sogar betriebswirtschaftlich dazu verwendet wird, ›nachhaltig‹ Profite zu erwirtschaften.

Green New Deal

Der Ansatz der ökologischen Modernisierung geht zwar davon aus, dass eine ›Weiter-so-Modernisierung‹ wie bisher nicht mehr möglich ist. Es wird aber nicht die kapitalistische Produktionslogik selbst in Frage gestellt, sondern es geht hier eher um eine ökologisch-technologische Anpassung im Umweltbereich: Um Katalysatoren, Energiesparlampen, Häuserdämmung, Recycling von Rohstoffen usw. Europa ist hier führend. Einige Firmen (allen voran Toyota und Honda) haben sich dem Recycling und der Minimierung der Verschwendung von Rohstoffen verschrieben. Dieser Ansatz ist in den Sustainable Development Goals der UN vertreten und setzt auf einen ›Green New Deal‹, der auch die Folgegenerationen und die Tragfähigkeit der Erde benennt. Er wird als Ansatz der ›schwachen Nachhaltigkeit‹ bezeichnet, da er das Wachstum selbst nicht in Frage stellt.

Ökologische Gerechtigkeit

Die Bewegung der ökologischen Gerechtigkeit entstand erst national im Hinblick auf Klassenlagen und deren Lebensrisiken und wurde mit der Zeit auf den internationalen Kontext übertagen. Hier geht es heute um die Ausbeutung von Ressourcen durch große Konzerne in Entwicklungsländern und die katastrophalen Auswirkungen auf die Lebensbedingungen der Bevölkerung. Ein Beispiel ist hier die

Ogoni-Bewegung in Nigeria gegen Shell, die sich 1990 formierte und starke internationale Unterstützung findet.

Konzepte schwacher und starker Nachhaltigkeit

- Schwache Nachhaltigkeit: Green New Deal schafft nachhaltiges Wachstum über Umwelttechnologie (vgl. UN Sustainable Development Goals), stellt aber das Wachstumsparadigma nicht infrage
- Starke Nachhaltigkeit: bricht mit der Wachstumsideologie und impliziert eine Transformation des kapitalistischen Systems oder den Bruch mit ihm (Appropriate Technology Movement, De-Growth Movement, Postwachstumsgesellschaft, Steady State Economy, Neofeudale Formation des Kapitalismus, Ökosozialismus, usw.)

Radikale Ansätze

Die radikaleren Ansätze setzen mit ihrer Kritik am kapitalistischen System und an der Wachstumsideologie an, und sie gehören zu den Konzepten ›starker Nachhaltigkeit‹. Schauen wir uns nun zwei radikalere Ansätze etwas detaillierter an, die nämlich die kapitalistische Produktionsweise und den Wachstumsbegriff selbst in Frage stellen und Aspekte ökologischer Gerechtigkeit mit einbeziehen.

Angepasste Technologie

Zwischentechnologie

Der erste aus den Wirtschaftswissenschaften und der Technik entstandene Ansatz ist die ›Angepasste Technologie‹ (engl. *appropriate technology*). Der Ansatz baut auf dem Konzept »Zwischentechnologie« (engl. *intermediate technology*) auf, das der Wirtschaftswissenschaftler E. F. Schumacher in den 1960er Jahren entwickelte. Er entwarf eine Alternative für die Ökonomien der Entwicklungsländer unter dem Titel »*Small is Beautiful*« (1973). Dies war zu einer Zeit, in der die Wirtschaftswissenschaften eine spezielle Wirtschaftstheorie für Entwicklungsländer zugunsten einer allgemeingültigen neoliberalen Wirtschaftstheorie und -politik aufgaben und die Entwicklungspolitik sich in den 1970er Jahren einer Armutsorientierung zuwandte. Schumacher stellte fest, dass in den bis zu dieser Zeit durchgeführten Entwicklungshilfeprojekten die großen Probleme von Armut, Unterbeschäftigung und Landflucht in Entwicklungsländern nicht gelöst werden konnten. Die Ursache hierfür sei, dass Technologieentwicklung in den Industrieländern für die dortige Wirtschaft und Bevölkerung stattfände und die Produktion kapitalintensiv und in Bezug auf nicht regenerative Ressourcen nicht nachhaltig sei. Entwicklungsländer, so Schumachers Argument, bedürfen aber einer Zwischentechnologie, die der traditionellen Technologie weit überlegen, zugleich aber einfacher, billiger, arbeitsintensiver, dezentralisierter und freier zugänglich sei als die Hochtechnologie der Industrieländer. Hinsichtlich Indien fand Schumacher in Gandhi einen Vordenker, der die einfache Technologie auf Dorfebene realisieren wollte. Die Kerninhalte von Schumachers Konzept können in vier Technologiemerkmalen zusammengefasst werden:

- geringe Größe *(smallness)*
- Einfachheit *(simplicity)*
- niedrige Kapitalkosten *(capital-cheapness)*
- Sanftheit *(non-violence)*.

Angepasste Technologie

Die angestoßene Debatte führte bis in die heutige Zeit zu einer Vielzahl an Veröffentlichungen. Die Politiker im globalen Süden lehnten zunächst das Konzept der *›intermediate technology‹* ab mit der Begründung, sich nicht mit einer zweitrangigen Technologie abfinden zu wollen. Dann vermittelten die UN, und es wurde Anfang der 1970er Jahre eine Einigung mit dem Begriff *›appropriate technology‹* (angepasste Technologie) erzielt, den dann auch Schumacher selbst annahm. Die Fachwelt modifizierte dann das ursprüngliche Konzept von Schumacher. Angepasste Technologie solle nun bedeuten, im Einklang mit örtlichen, kulturellen und wirtschaftlichen Bedingungen zu stehen.

- Die Maschinen und Produktionsprozesse sollen von der Bevölkerung instandgehalten bzw. kontrolliert werden.
- Angepasste Technologie soll, wo immer möglich, örtlich verfügbare Ressourcen verwenden.
- Falls importierte Ressourcen und Technologien verwendet werden, soll die Gemeinschaft eine gewisse Kontrolle darüber haben.

- Angepasste Technologie soll, wo immer möglich, örtlich verfügbare Energiequellen benutzen.
- Sie soll umweltfreundlich sein.
- Sie soll kulturelle Zerrüttungen minimieren.
- Sie soll flexibel sein, damit die Gemeinschaft sich nicht selbst in Systeme hineinbegibt, die sich später als ineffektiv und unpassend herausstellen.
- Forschungs- und Leistungsaktivitäten sollen, wo immer möglich, integriert und am Ort ausgeführt werden, damit die Relevanz der Forschung für die Wohlfahrt der örtlichen Bevölkerung, die Maximierung der örtlichen Kreativität, die Mitwirkung der Ortsansässigen bei technologischen Entwicklungen und die Synchronisation der Forschung mit Feldaktivitäten sichergestellt wird (vgl. Louven 1980).

Der erste Ansatz sieht die Weiterentwicklung des Konzepts im Wesentlichen bei der zusätzlichen Einbettung der Technologieanwendung in einen sozialen und kulturellen Kontext und in der Akzeptanz einer zeitlich befristeten Zwischenlösung in sog. Entwicklungsländern, die über die regionale und lokale Produktion letztendlich Innovations- und F&E (Forschung und Entwicklung) Effekte auslösen und Entwicklung durch Weltmarktintegration hervorbringen würden. Der Entwurf des Konzepts der angepassten Technologie ist inzwischen ganzheitlich auf Synergieeffekte zwischen einzelnen Wirtschaftsbereichen ausgerichtet. Er berücksichtigt ferner klein- oder mittelbetriebliche Produzenten und die Bereitstellung von Knowhow und Training. Inzwischen räumen selbst neoliberale Autoren dem Konzept eine wesentlich stärkere Bedeutung ein als bisher; die Masse der ärmeren Bevölkerungsschichten in Entwicklungsländern stellt ein neues Marktsegment dar, während der Markt unter den Mittelschichten zunehmend gesättigt ist (vgl. Grieve, 2004; Kaplinsky, 2011). So lässt sich feststellen, dass dieser Ansatz eher konträr zur ursprünglichen Idee Schumachers ist, weil er letztendlich wirtschaftsliberal auf Wachstum und Weltmarktintegration setzt.

De-Growth/Postwachstumsgesellschaft

De-Growth

Der zweite Ansatz setzt wie Schumacher an den Grenzen des Wachstums und einer eingebetteten Produktionsweise an und sieht diese als Ziel und keinesfalls als Zwischenstadium, gerade auch nicht beschränkt auf Entwicklungsländer, sondern als Notwendigkeit hinsichtlich Nachhaltigkeit (starke Nachhaltigkeit im Gegensatz zum Green New Deal der UN). Wir müssen, so der französische Soziologe Latouche (2009), unser Wachstum reduzieren, ohne dabei notwendigerweise schlechter zu leben. Die Idee des exponentiellen Wachstums ist gekoppelt an exponentiellen Profit, der nur auf Kosten von Natur und Menschheit erfolgen kann. Wir brauchen daher ein Umdenken in der Gesellschaft – eine andere Logik des Systems. So sei *Décroissance* (im Engl.: *De-Growth*) nur in einer *»Décroissance/De-Growth/Wachstumskritischen Gesellschaft«* denkbar, die mit der Idee bricht, Wachstum mit gutem Leben gleichzusetzen.

Konsum

Nicht nur die Wirtschaftswissenschaften lehren uns, sondern auch die gesellschaftlichen Reaktionen zeigen uns, dass in jüngster Zeit Politik und Wirtschaft in Aufruhr sind, weil die Wachstumsraten geringer oder sogar negativ werden. Unsere kapitalistische Wirtschaft steht unter dem Zwang der Akkumulation. Daher muss sie immer wieder neue ›Landnahmen‹ vornehmen. So gibt es heutzutage die sehr weit verbreitete Möglichkeit, auf Kredit zu konsumieren – teilweise ohne Kreditzinsen bei Ratenkauf. Permanent wird über Werbung, Produktberichte und Lebensstil-Zeitschriften Einfluss auf unsere Wünsche genommen, und in Umfragen vertreten sogar viele Menschen die Meinung, dass sie etwas im Supermarkt gekauft haben, das sie gar nicht kaufen wollten. Direkte und indirekte Werbung (Produktplatzierungen, Influencer etc.) sind der Motor der Akkumulation in einem in Europa weitgehend gesättigten Markt. Konsumenten werden durch eingebaute Obsoleszenzen oder durch Beendigung von Software Updates zu Ersatzkäufen gezwungen. Die Konsumwirtschaft lebt von der Kurzlebigkeit ihrer Produkte.

Ökologischer Fußabdruck

Nehmen wir nun die ökologische Perspektive im Hinblick auf Konsum ein: Unser ökologischer Fußabdruck ist sehr ungleich verteilt! Insgesamt gesehen ist dieser Konsum aber ökologisch für die Erde einfach nicht verkraftbar, weil er bei Weitem die Regenerationsfähigkeit übersteigt: wir verbrauchen derzeit 1,75 Erden, wobei dieser Verbrauch sehr stark variiert. In den USA sind es 5,1, in Deutschland 3,0, in Frankreich 2,8, in Großbritannien 2,6 und in China 2,4 (Stand 2022, Welthungerhilfe[32]), um einige Beispiele aus den G8 zu nennen. Und auch die meisten Volkswirtschaften des globalen Südens verbrauchen mehr als 1,0 Erden. Allerdings möchte ich betonen, dass der ökologische Fußabdruck als Nachhaltigkeitsindikator dahingehend kritisiert wird, dass hier die Gewichtung auf Kohlendioxidproduktion liegt, während Abfälle, gefährliche Substanzen und nicht erneuerbare Ressourcen ebenso wenig eine Rolle spielen wie Luft- oder Wasserverschmutzung.[33]Aber die Berücksichtigung dieser weiteren Faktoren ändert nichts an der Gesamtaussage.

Acht »R«

Wie kann nun nach Latouche *Décroissance/De-Growth/Schrumpfung* erreicht werden? Über den Zyklus der acht »R« (aus dem Englischen bzw. im Original Französischen ans Deutsche angepasst, H. S.):

- **Reevaluiere**: Es gibt in unserer Gesellschaft viele Werte, die immer mehr dem Ökonomismus zum Opfer gefallen sind. Dazu zählt etwa, eine Arbeit gewissenhaft auszuführen, Wissen weiterzugeben, ein Werkstück möglichst gut und langlebig herzustellen, zu kooperieren, den Armen zu helfen usw. Auf diese Werte müssen wir uns besinnen. Insbesondere müssen wir wieder begreifen, dass wir Teil der Natur sind (ökozentrisches Weltbild) und nicht Herrscher über sie (anthropozentrisches Weltbild).
- **Rekonzeptualisiere**: Wir müssen die Welt wieder mit anderen Augen sehen und einige Begriffe anders definieren: Lebensqualität, Wohlstand und Armut, Knappheit und Überfluss, Arbeit und Freizeit usw. Ivan Illich und Jean-Pierre Dupuy haben gezeigt, dass der Ökonomismus den Überfluss der Natur in Knappheit verwandelt (Dumouchel und Dupuy 1979).
- **Restrukturiere**: Passe den Produktionsapparat an die sich ändernden Werte an.
- **Redistribuiere**: verteile um zwischen Klassen, Kontinenten etc. (wodurch sich durch geringere Lebensstandardunterschiede das

Gesamtglück auf dieser Welt erhöhen kann, H. S.). Wie Veblen (1953) gezeigt hat, ist ein Großteil des Konsums Statuskonsum und daher unnötig.

- **Relokalisiere**: Produziere lokal, vermeide unnötige Transporte. Lokale Unternehmen können durch lokale Investitionen durch Kooperativen etc. finanziert werden (bringe Produzenten und Finanziers wieder zusammen, H. S.).
- **Reduziere**: den Überkonsum und den Abfall (Beispiel Abfall pro Haushalt: USA 760 kg, Frankreich 380 kg, im Süden 200 kg pro Jahr). Aber auch: reduziere die Arbeitszeit, was die Gesundheitsrisiken verringert. Reduziere Fernreisen wegen des CO2 Ausstoßes. Passe Jobs den wirtschaftlichen Zyklen an: setze Menschen in der Rezession für kommunale Tätigkeiten frei und umgekehrt.
- **Recycle**: Stelle recyclebare Produkte her, um Rohstoffe zu sparen. Teppiche können z. B. aus Pflanzenfasern hergestellt werden und bei Ausmusterung als Mulch fungieren. Es müssen Anreize dafür gesetzt werden, dass Produzenten und Konsumenten diesen Weg gehen.
- **Re-use:** Benutze etwas wieder oder gibt es weiter an andere, die es nutzen können.

Es geht darum, so Latouche, das Gemeingut wiederzuentdecken – eine ›Bioregion‹ (Esteva 2004). Eine solche Bioregion habe eine Identität, eine Geschichte, ein Interesse, sei ein arbeitsteiliges, aber nicht notwendigerweise hierarchisches, polyzentrisches Netzwerk, in dem Probleme der Wachstumsgesellschaft dezentral und regional angegangen werden, um die Wirtschaft wieder in regionale Bezüge einzubetten. Eine regionale Ökonomie reduziere die externen Effekte, weil die Region selbst von den Konsequenzen betroffen sei und Umweltschäden damit nicht externalisiert werden können. Die Region hätte daher ein starkes Interesse, diese zu lösen (z. B. Arbeitslosigkeit, Probleme hinsichtlich Lebensqualität). Bioregion

Ein direkter Ansatz Richtung De-Growth Gesellschaft sei, die Externalisierung von Kosten zu verhindern, also die Umweltkosten zu den Produktionskosten zu addieren und Subventionen gerade auch De-Growth bei Transportkosten zu streichen. Gelänge dies, wären die vielleicht derzeit teureren regionalen Produkte vom Preis her konkurrenzfähig. Das Problem des De-Growth Ansatzes sei aber die Angst vor relativer Deprivation, wenn das Wachstum ausbleibe. Im internationalen Kontext würden die Länder des globalen Südens, denen bisher nachholende Industrialisierung als Strategie empfohlen wurde, nun nicht auf den angestrebten Wohlstand des Westens verzichten wollen und setzen daher auf traditionelles Wachstum.

Aus der De-Growth Idee kann nach Latouche ein politisches Programm erstellt werden, das teilweise schon realisiert oder mindestens diskutiert wird. Dazu gehören z. B. eine hohe Werbesteuer, Anreize für ökologische Innovationen, eine Finanztransaktionssteuer, Reichtumssteuer, Umweltverschmutzungssteuer usw. Es gehe auch darum, Arbeit umzuverteilen, flexibler zu sein in Bezug auf Wechsel zwischen Erwerbsarbeit und gemeinnütziger Arbeit.

Postwachstumsgesellschaft

An die Ideen von Latouche knüpft die in Europa verbreitete wachstumskritische Bewegung, auch als Postwachstumsbewegung bezeichnet, an.

Dieser und weitere Ansätze, die direkt mit der Wachstumsideologie brechen, werden unter dem Begriff ›Postwachstumsgesellschaft‹ zusammengefasst (dazu auch Nico Paech [2020] und Tim Jackson [2013]). Hierzu zählen etwa der Ansatz der ›*Steady State Economy*‹ (Daly 1973, 2014) oder der ›Neofeudale Formation des Kapitalismus‹ (Zinn 2015) wie auch einige ökosozialistische Visionen (vgl. Schrader 2017).

Globale Erwärmung

Der Club of Rome, der schon Anfang der 1970er Jahre mit seiner Publikation »*Grenzen des Wachstums*« Denkweisen der reflexiven Moderne im Hinblick auf die Endlichkeit von Ressourcen antizipierte, stellte im Jahr 2012 seinen Zukunftsreport »*2052: A Global Forecast for the Next Fourty Years*« vor. In diesem Report geht es um den Klimawandel. Das Szenario ist sehr düster und bestätigt schon verschiedene Zukunftsprojektionen der letzten Dekade. Die globale Erwärmung führt zu Klimaveränderungen, Dürren, Desertifizierung und Überflutungen. Die Treibhausemissionen steigen weiter, und die von der Politik ins Auge gefasste Beschränkung der Erwärmung auf nur 2 Grad wird nicht erreicht werden (2080: 2,8). 35 namhafte Wissenschaftler haben dieses Szenario erstellt, das auf Zukunftsmodellen beruht. Der norwegische Zukunftsforscher Jørgen Randers geht davon aus, dass die Ressourcen der Erde fast verbraucht sind und in manchen Fällen der Kollaps schon vor 2052 erfolgt.

Die ökologische Entwicklung beeinträchtigt das Wirtschaftswachstum. Die Produktivität der Anbauflächen sinkt wegen der Überdüngung, Verkrustung und Versalzung. Der Fischbestand der Meere ist enorm zurück gegangen, die Umweltkosten, die durch den Klimawandel verursacht werden, steigen stark. Dies bezieht sich auf Umweltschäden genauso wie Vorbeugeinvestitionen. Schon jetzt würde – wie dies bei Latouche anklang – die Wirtschaft keine Gewinne mehr erzielen, müsste sie die Umweltkosten selbst aufbringen. Auch das Bruttoinlandsprodukt werde in Zukunft langsamer steigen. Zwar würden insbesondere die Schwellenländer in ihrer Entwicklung aufholen, aber die Einkommensunterschiede innerhalb von Ländern gehen weit auseinander. Die Weltbevölkerung werde im Jahr 2040 mit 8,1 Milliarden ihren Höhepunkt erreichen und dann allmählich zurückgehen. Erst Mitte des Jahrhunderts werde sich auch die globale Erwärmung massiv erhöhen, wenn erst einmal die Permafrostböden auftauen und weiter den Klimawandel durch Methanfreigaben erhöhen. In dem Bericht werden auch gesellschaftliche Umbrüche vor dem Hintergrund des Klimawandels prophezeit.

Kritiken gegen diesen Bericht argumentieren, dass in diesem Szenario Lerneffekte und wissenschaftliche Effekte vernachlässigt werden, die den Klimawandel verlangsamen. Das Szenario bleibt insgesamt sehr düster, da es den Menschen die Fähigkeit der Veränderung auf breiter Basis abspricht.[34] Dies steht den Thesen des intergenerationalen Wandels bei Inglehart (1989) zu einer postmaterialistischen Gesellschaft entgegen.

Ökologische Fragen

Was hier im Bericht des Club of Rome ein düsteres Szenario darstellt, kann im Rahmen der Theorien sozialen Wandels als weiterer Bruch gelesen werden. Schon 2006 erkannte Anthony Giddens die Konturen einer Dritten Moderne[35], obwohl er diese allerdings bis jetzt noch nicht herausgearbeitet hat. In der *taz* äußerte er sich optimistisch dahingehend, dass die EU inzwischen in ökologischen Fragen federführend sei, dass aber die ökologischen Fragen mit Fragen der sozialen Gerechtigkeit verbunden werden müssten. Einige Industrieländer hätten bereits der Abhängigkeit von nicht erneuerbaren Energien entsagt. Hinzu kommt inzwischen die Lossage Deutschlands von der Kernenergie. Grüne Umwelttechnologien gewinnen bei Kraftfahrzeugen und in der Konstruktion von Häusern zunehmend an Bedeutung. Selbst einige Schwellenländer wie etwa Brasilien oder Indien setzen inzwischen auf Autogas. Giddens benennt verschiedene politische Konsequenzen, von denen ich hier drei benennen möchte:

(1) der Klimawandel gehöre ins Zentrum von sozialwissenschaftlicher Theorie und Praxis.
(2) Der Wohlfahrtbegriff müsse auf ökologische Bereiche erweitert werden – es gehe nicht nur um Risikomanagement von Armut, Krankheit etc. wie in der Ersten Moderne, sondern ebenfalls um Nachhaltigkeit der Entwicklung für die Zukunft. Aufgabe der Politik sei, eine Veränderung zu nachhaltigen Lebensstilen zu fördern.
(3) Die Diskussion dürfe nicht mehr thematisch auf die grünen Parteien beschränkt sein, sondern müsse gesamtgesellschaftliche Bedeutung erlangen, auch in der Wirtschaft, die langfristiger und ökologischer denken und handeln müsse, was z. B. Investitionen betrifft.

Die Metamorphose der Welt

Metamorphose

Das posthum von Ulrich Beck erschienene Buch *»The Metamorphosis of the World«* (2016) stellt eine Fortsetzung der *»Weltrisikogesellschaft«* dar. Schon im Vorwort führt Beck die Unterscheidung zwischen sozialem Wandel und Metamorphose ein: sozialen Wandel verortet er in Gesellschaft und Metamorphose betreffe die Welt. Die Idee des sozialen Wandels, so sein Argument, basiert nach wie vor auf der Idee einer Zukunft der Modernität als Fortsetzung der Gegenwart und Vergangenheit, in der die grundsätzlichen theoretischen Konzepte dieselben bleiben. Metamorphose jedoch destabilisiere die Sicherheiten der Moderne. Der Fokus wechselt die Perspektive zu Prozessen, die nicht geplant und nicht linear sind und daher oft unsere Vorstellungskraft übersteigen. Metamorphose bedeute in diesem Sinne, dass das, was gestern noch undenkbar war, heute möglich und zur Realität geworden ist.

In der heutigen Welt, so Beck, gehe es nicht mehr um Wandel, Evolution, Revolution und Transformation, also Zielgerichtetheit, sondern um eine radikalere Transformation, in der die alten Gewissheiten der Moderne wegfallen und etwas Neues entsteht. Die »Metamorphose« bedeute eine neue kosmopolitische Perspektive auf die Welt mit Blick auf gravierende Veränderung, die diese neue kosmopolitische und ökozentrische Perspektive erzwingen. Die Theorie der Metamorphose sei deskriptiv und bilde ein vielschichtiges Modell der Interaktion zwischen lokalen, regionalen, nationalen und globalen Bedingungen. Dabei passen unsere (sozialwissenschaftlichen) Frames nicht mehr, was Familie, Mutter, Ehe, Vater- und Mutterschaft usw. betrifft. Deutlich wird dies am Beispiel der Mutterschaft: Mütter migrieren, um Geld zu verdienen, und lassen ihre Kinder zu Hause von Verwandten versorgen. Reproduktionsmedizin lässt Empfängnis, Schwangerschaft und Geburt auseinanderfallen wie auch genetische, biologische und soziale Mütter (wie auch Väter), wenn wir die Samen- und Eierspende betrachten, oder die Bestellung einer bezahlten Leihmutter, die ein künstlich befruchtetes Ei austrägt. Die hier beschriebenen Phänomene stellen nicht nur einen Möglichkeitsraum von Medizin(technik) dar, sondern sind gleichzeitig Ausdruck der Kommodifizierung und sozialen Ungleichheit.

Klimawandel ist das Ergebnis von Fehlern, die durch die gesamte Epoche der Industrialisierung gemacht wurden, und er erzwingt Handlung anstatt Verleugnung. Die Frage, was wir gegen Klimawandel tun können, wird bisher von Wissenschaftlern, Politikern und der Industrie nicht zufriedenstellend beantwortet, geschweige denn in Handlung umgesetzt. Der zweite Rahmen, der durch die Metamorphose ausgelöst wird, stellt die soziologische und analytische Frage: wie wirkt Klimawandel auf uns und wie verändert er die gesellschaftliche Ordnung und Politik? Internationale Umweltpolitik scheitert bisher am Konsens der Nationalstaaten; die Apokalypse scheint vorprogrammiert. Es wird deutlich, dass das Prinzip nationaler Souveränität, der Unabhängigkeit und Autonomie einer globalen Umweltpolitik und des Überlebens der Menschheit im Wege steht.

Metamorphose bedeutet, dass das Lokale, Regionale, Nationale und Globale gleichzeitig passieren und einer Neuverortung des Konzepts des Politischen und der Gesellschaft bedürfen. Bei der jetzigen Metamorphose gehe es insbesondere um die Zunahme globaler Risiken, die ein gemeinsames geteiltes Schicksal der Menschheit aufzeigen. Dies rückt auch den vormals in Irrelevanz verschwindenden globalen Süden (vgl. Menzel 1992) in den Fokus, der nicht nur das gemeinsame Schicksal teilt, sondern auch als Nicht-Verursacher der globalen Erwärmung besonders unter ihr leidet.

Nebeneffekte

Die Nebeneffekte der Modernisierung würden, so Beck, den industriellen Kapitalismus nicht nur tangieren, sondern zur Transformation zwingen. Das weltweite Versagen der Modernisierungsversprechen habe national wie international extreme Armut, Ungleichheit, Rassismus, Frauenunterdrückung, Umweltzerstörung, Flüchtlingsbewegungen, Fundamentalismen usw. hervorgebracht, die in kulturellen Revolten und Bewegungen artikuliert werden (arabischer Frühling, iranische Frauenbewegung, Al-Qaida, Occupy, Letzte Generation, etc.).

Kosmopolitische Metamorphose

Beck bezeichnet kosmopolitische Metamorphose als soziale Tatsache, die aber nicht mit einem universalistischen Ansatz erfasst werden kann, sondern nur auf der Ebene mittlerer Reichweite. Dabei sieht Beck drei Dimensionen der Metamorphose der Welt:

- die kategoriale Metamorphose, die daraufhin zielt, dass wir die Welt anders sehen, zum Beispiel den Wandel von Klasse zur Risikoklasse, von der Nation zur Risikonation usw., wobei die Paradigmen von Norden und Süden, West und Rest aufgehoben werden.
- Die institutionelle Metamorphose, die sich darauf bezieht, wie existierende Institutionen nicht mehr funktionieren und globale Risiken produzieren, da sie in einem anderen Referenzrahmen (Modernisierung) entstanden sind und rekurrieren, daher auf den neuen Referenzrahmen nicht mehr passen.
- Die normativ politische Metamorphose, die sich auf das Bild und die Praxis der Politik unter Risikobedingungen bezieht.

Soweit das Theoriegerüst der Beck'schen Metamorphose der Welt, das er mit zahlreichen analytischen Beispielen wie etwa Organhandel oder Reproduktionsmedizin untersucht.

Weitere soziologische Zeitdiagnosen: Erlebnisgesellschaft, Resonanz und Singularitäten

Überfluss

Mit seiner auf Deutschland bezogenen »*Erlebnisgesellschaft*« Anfang der 1990er Jahre schafft Gerhard Schulze (1992) eine kultursoziologische Analyse der gesellschaftlichen Milieus, die an die postmodernen (Überfluss-)Gesellschaften nach Ingelehart anknüpft. Gesellschaft betreibe eine Innenschau, auf der Suche nach dem individuellen und subjektiven Glück; sie sei, erlebnisorientiert. Die gesellschaftliche Situation werde nicht mehr nach Knappheiten, sondern nach dem Überfluss interpretiert. Auf der mikrosoziologischen Ebene bedeutet dies: Zum Erleben entwickelt das Individuum Stile, die Genuss, Distinktion und Lebensphilosophien als Wertvorstellungen enthalten und sich in der Produktwelt widerspiegeln. Konsumentscheidungen finden nach Geschmäckern statt und stellen eine Selbststilisierung und Identifizierbarkeit auf Basis von Zeichen dar.

Hochkulturschema

Schulze erkennt drei kollektive Hauptmuster des persönlichen Stils, die aus Zeichen und deren Interpretation zusammengefasst werden: das Hochkulturschema, das Trivialschema und das Spannungsschema. Ersteres werde immer wieder durch Schule, Universität und die (Hoch-)Kultur-Welt, also Museen, Konzerte usf. erneuert (vgl. Bourdieus kulturelles Kapital). Sein Genussschema sei das Versunkensein im Zuhören oder Betrachten, sein Distinktionsschema liege in der Unterscheidung von Bildungsgruppen, und die Lebensphilosophie in einer Mischung aus Optimismus und Pessimismus, Verklärung und Demaskierung und Utopie oder Weltzertrümmerung.

Trivialschema

Das Trivialschema existiert als Antipode zum Hochkulturschema als Massengeschmack der leichten Muse, des Kitsches, des schlechten Geschmacks und der Spießigkeit, der Gartenzwergkultur. Hinsichtlich des Genussschemas wird das introvertierte Erleben durch ein

Gruppenerleben, das Mitklatschen, Schunkeln, Zuprosten usf. ersetzt. Lebensphilosophisch geht es um die Illusion des Fortbestandes.

Spannungsschema

Das Spannungsschema entstand mit der Pop-Gegenkultur der 50er Jahre, der Enthemmung im Tanz und in der Musik. Im Genussschema spielt der Körper(ausdruck) eine wichtige Rolle. Distinktion liegt schon in der Gegenbewegung zu den spießigen Eltern und der Trivialkultur.

Individualisierung

Schulze begreift Individualisierung als moderne Bedingung der Gemeinsamkeit in der Erlebnisrationalität, die das Äußere für das innere Erleben funktionalisiert. Das ›Projekt des schönen Lebens‹ resultiert aus der Summe schöner Erlebnisse. Erlebnisrationalität ist dabei die Systematisierung der Lebensorientierung. Erlebnisse sind nicht Begleiterscheinungen des Handels, sondern sein Zweck.

So kommt Schulze zu dem Ergebnis, das Individuum wähle heute sein Milieu, anstatt zugeordnet zu werden, habe aber auch die Freiheit, sich nirgends zuzuordnen. Die Wahl sei dabei relativ unabhängig von Beruf, Einkommen und Herkunftsfamilie. Gesamtgesellschaftlich betrachtet entstehe aus diesen verschiedenen Milieus und deren Perspektive ein gegenseitiges Nichtverstehen und ein gelabeltes Sich-Abgrenzen (Spießer, Elitäre, Proleten usf.).

Modernisierung

Festzustellen bleibt hier, dass kulturspezifische Ansätze wie der von Schulze ihren Wert haben, Prozesse der Modernisierung innerhalb einer bestimmten Kultur unabhängig vom Klassenschema zu verstehen und zu vertiefen, aber für einen Vergleich zwischen Gesellschaften oder Gesellschaftstypen liefert die »Erlebnisgesellschaft« wenig Informationen.

Steigerungszwang

In seinem Werk: *»Resonanz: Eine Soziologie der Weltbeziehung«* beschäftigt sich Hartmut Rosa (2019) mit dem ziellosen nicht endenden Steigerungszwang im kapitalistischen System, der zur Pathologie, für die Weltbeziehung der Subjekte und der Gesellschaft, die Beziehungen von Menschen zur Natur oder nicht menschlichen Welt wie auch die Beziehung zu anderen Menschen führt. Die Annahme der Kopplung des guten, gelingenden Lebens an die Verfügbarkeit von Ressourcen verstellt dabei den Blick auf eine qualitative Lebensqualität.

Rosa stellt immer wieder zwei Handlungstypen bzw. Interaktionstypen gegenüber. Der eine Typus ist durch Aneignung, durch Reichweitenvergrößerung und Weltbeherrschung gekennzeichnet (dieser Typus kennzeichnet das Denken der Moderne und der Modernisierungstheorie), der andere Typus durch reziproke und schöpferische Interaktion (Resonanzbeziehungen), wie sie vielleicht in der Vormoderne bedeutsamer war, und die wir in der Spätmoderne wiedergewinnen können.

Interaktionstypen

In modernen Gesellschaften ändert sich durch die Steigerung des Wachstums, Beschleunigung, Innovationszwang und die ständige Erweiterung der Möglichkeitshorizonte kontinuierlich die Vorstellung vom guten Leben. Im Kapitalismus ist diese an Besitz und Verfügungsgewalt über Güter gekoppelt. Dazu gehört, mit der Beschleunigungslogik mithalten zu können, was zum Distinktionskriterium wird. Individuen handeln nach dem Prinzip der Konkurrenz und des Wettbewerbs nach Leistungskriterien. Sie ordnen sich diesem dynamischen Prozess unter und machen ihren Selbstwert und den anderer an diesen Kriterien fest.

Wachstum

Somit knüpft Rosa in seiner Analyse an die Kritische Theorie an, die die Problematik der Entfremdung ins Zentrum ihrer Betrachtungen stellte (vgl. 298 ff.). Die ›Kolonisierung des Lebens‹ durch Wirtschaft, Macht und Geld, die sich gerade bei den späteren Vertretern der Kritischen Theorie (Honneth, Jaeggi, Forst) findet und schon bei den Klassikern mit ihrem Hinweis auf den Entfremdungsprozess und Pathologien angelegt ist (vgl. Marx, Weber, Tönnies, Durkheim), führt zu einer Verstummung, zum Resonanzverlust. Der Modernisierungsprozess zeigt somit eine Janusköpfigkeit: Zugewinn an Handlungsfähigkeiten und eine Vergrößerung des Möglichkeitsraums auf der einen Seite und Entfremdung und Verlust von Resonanz auf der anderen Seite.

Entfremdung

Resonanz ist dabei nach Rosa kein Gefühlszustand, sondern Modus der Einbeziehung, die Resonanzerfahrung und Empathiefähigkeit. Rosa fasst es so, dass in Resonanzmomenten Sein und Sollen tendenziell übereinstimmen. Der Resonanzbeziehung steht die stumme

Resonanztheorie

Beziehung gegenüber, die Nichtberührung, das nicht verbunden sein, das diffuses oder konkretes Unbehagen und Angst erzeugt.

Im Zentrum von Rosas Resonanztheorie steht die Idee, dass nicht der Ressourcen- und Verfügungsreichtum, nicht die Weltreichweite, also die Beschleunigung (Rosa 2005), das gute Leben ausmachen, sondern sein Problem sind. Dies ähnelt der Beck'schen Sichtweise, dass die reflexive Moderne sich gegen sich selbst richtet. Dabei ist aber Entschleunigung nicht die Lösung des Problems. Die Qualität des guten Lebens liegt in der Verbundenheit mit der Welt und der Offenheit anderen Menschen gegenüber. Somit versteht Rosa Resonanz vielleicht nicht nur als Gegenbewegung, sondern auch als Heilmittel für die Pathologien der Beschleunigung (vgl. S. 13).

Rosas mehr als 700 Seiten umfassendes Buch wird aus meiner Sicht der kritischen Theorie dahingehend weniger gerecht, dass er nicht die Aspekte der sozialen Ungleichheit in den Mittelpunkt rückt (vgl. Peters und Schulz 2017). Es ist aber wesentlicher Bestandteil der zeitdiagnostischen soziologischen Literatur zum sozialen Wandel gerade aus mikrosoziologischer Perspektive – der Interaktion mit der Welt: Subjekten wie auch Objekten. Dabei lassen sich die Aspekte der strengen Nachhaltigkeit und der Postwachstumsgesellschaft gut mit der Resonanztheorie verbinden.

Wenig sagt der Autor aber über die kulturelle Reichweite seiner Theorie aus. Werden Beschleunigung und Resonanz als Phänomene der Weltgesellschaft (oder anders formuliert: der globalisierten Gesellschaften) betrachtet, oder müssen wir hier eine differenziertere Betrachtung anwenden, wenn wir uns dem globalen Süden, postkolonialen und postsozialistischen Gesellschaften zuwenden?

Strukturwandel

Andreas Reckwitz' »*Die Gesellschaft der Singularitäten: Zum Strukturwandel der Moderne*« (2019) weist Ähnlichkeiten zu Ulrich Becks gesellschaftlicher Beschreibung der Individualisierung und der Klassenanalyse auf, bezieht sich aber wieder eng auf Deutschland, vielleicht Westeuropa und Nordamerika. Er stellt in den Strukturwandel von der industriellen zur Spätmoderne die Tendenz vom Allgemeinen zum Besonderen, Partikularen ins Zentrum seiner Analyse. Dabei geht es ihm nicht nur um individuelle Lebensplanung, sondern die

Individualisierung ändert auch Geschmäcker und Vermarktungen – nicht nur im Hinblick auf Selbstvermarktung, sondern auch Produktvermarktung, Städteimages usf. Wie Richard Sennett (1998) stellt er die Kurzfristigkeit und Kurzlebigkeit als Kennzeichen der Spätmoderne heraus – dies betrifft die Authentizitätsrevolution (Selbstverwirklichung), die postindustrielle Ökonomie und die technische Revolution der Digitalisierung, hier gerade auch die nötige Infrastruktur für die Singularitäten, die die Selbstpräsentation überhaupt erst möglich machen (Facebook, Instagram, WhatsApp usf.). Das Alte, Beständige wird zum No-Go, das Neue, Kurzlebige zum Gütezeichen. Alles wird zum Event, alles wird bewertet, geratet, gerankt, ob es sich nun um Internetfirmen, Zahnärzte oder Lehrveranstaltungen handelt – quantitativ ausgedrückt in Likes, Sternen oder anderen Indizes. Die Entwicklung zur Dienstleistungs- und Informationsgesellschaft bringt nicht nur neue Berufe und daher neue Schichtzuschreibungen hervor, sondern das Individuum inszeniert sich und seine Biographie selbst, um den Anforderungen der Gesellschaft und des Marktes zu entsprechen (Flexibilität, Kreativität, Selbstverwirklichung, Glücklichsein, usf.). Man könnte hier das bekannte Bild von Erving Goffman (1976) einbringen, dass sich das ganze Leben auf der Vorderbühne inszeniert.

In Reckwitz' Ansatz bekommt die singularistische Lebensführung besondere Bedeutung: der Lebensstil, Klassen/Schichten und Subjektformen. Wie schon von Manuel Castells (2001) herausgearbeitet, bringt die Informationstechnologie neue Berufsanforderungen hervor. Die Neue Mittelklasse ist urban mit zumeist akademischem Abschluss und arbeitet in der Wissens- und Kulturökonomie. Sie trägt das meritokratische Denken in sich. Die neue Oberklasse umfasst nur ca. 1 % der Bevölkerung, verfügt aber über eine Vermögenskonzentration, und stellt die Funktionselite dar. Die Neue Unterklasse ist die Schicht der Ungesicherten, wie sie Beck beschreibt. Die alte nichtakademische Mittelklasse wird downgegraded bzw. stirbt langsam aus. Das alte Klassenbewusstsein der Arbeiterklasse existiert kaum noch, ihr Wertesystem und Lebensstil wie Pflichtbewusstsein, Ordnungsliebe, Konstanz etc. ist nicht mehr gefragt. Sie ist von Ressentiments von oben und unten sowie Abstiegsängsten bedroht.

Singularität

Die Singularität führt allerdings auch zur Selbstvermarktung und Selbstausbeutung, zur Selbstüberforderung (Burnout, Depression) und zur Vermischung von Arbeit und Privatleben, mit allen negativen Konsequenzen für das Privatleben.

Reckwitz sieht in den Singularitäten eine Ausformung zu neuer Gemeinschaftsvorstellung entlang der Linien Nationalität, Fundamentalismus, Rechtspopulismus und Ethnizität. Solche kollektiven Formungen zeigen Merkmale des Singulären, Abgrenzungen (»wir« und »die«) und Wertungen, oftmals verbunden mit Identitätskonstruktionen auf essentialistischen Konzepten von Geschichte (Wurzeln), Raum (Territorium) und Ethik (normativen Überzeugungen). Das Individuum wählt unter diesen Identitätsangeboten aus.

Theoriebildungsebene

Mit diesem Blick auf die zeitgenössische soziologische Gesellschaftsdiagnose wird deutlich, dass die Theorien des sozialen Wandels auch gerade in jüngster Zeit starke Veränderungen erfahren. Die Tendenzen sind dabei nicht eindeutig, was etwa die Theoriebildungsebene betrifft (Großtheorie, Theorie mittlerer Reichweite, kulturrelativistische Theorie) wie auch ihre Reichweite (Deutschland, Europa, westliche Welt, Weltgesellschaft).

Wenden wir uns nun der post-kolonialen und der postsozialistischen Perspektive zu.

Modernisierung als Fremdverhältnis aus der Perspektive postkolonialer und postsozialistischer Gesellschaften

Für die sozialistischen bzw. postsozialistischen oder postkolonialen Gesellschaften bedeutet Modernisierung, dass das Projekt der Moderne von ihnen nicht selbst entworfen, sondern übernommen wurde bzw. im Zuge des Kolonialismus implementiert wurde. Es stellt somit ein Fremdverhältnis dar. Fremdverhältnis

Abb. 9: Modernisierung in postkolonialen und postsozialistischen Gesellschaften

Die Organisation der Vergangenheit im Hinblick auf die Gegenwart und Zukunft unter Einbezug kolonialer oder sozialistischer Vergangenheit

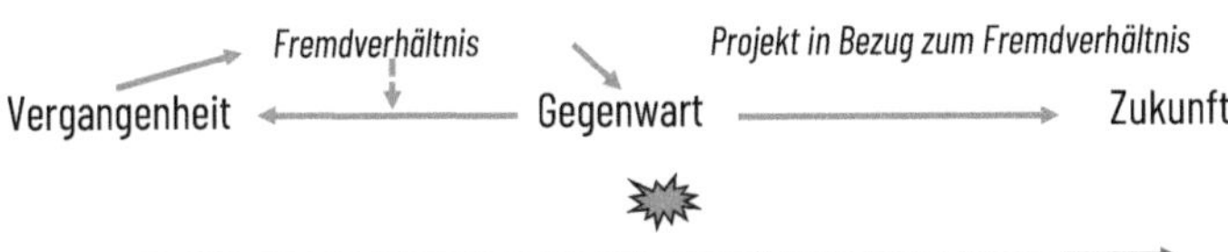

Das Kernproblem dabei ist, dass die vermeintliche Universalität des Projekts der Moderne erst seit etwa 35 Jahren als westliches Projekt entlarvt wird. Viele post-koloniale und postsozialistische Gesellschaften haben dieses westliche Projekt der Moderne im Kolonialismus als Unterdrückung erfahren bzw. die Überlegenheit des Westens und die Unterlegenheit der eigenen Kultur als Ideologie erklärt bekommen. Der Prozess hat die eigene Identität gestört. In der heutigen Weltwirtschaftsordnung und in der Globalisierung sehen sie daher neoimperialistische Formen der Ausbeutung und Unterdrückung. Direkte Reaktionen sind Antiamerikanismus bzw. Anti-Westlichkeit, Antiglobalisierung etc. sowie die Suche nach einem eigenständigen, auf ihre Kultur zugeschnittenen Modernisierungsprojekt (Ein Beispiel hierzu[36]: Die türkische Soziologin Nilüfer Göle konstatiert 2009, kopftuchtragende Frauen wollen sich nicht zwischen Moderne oder Religion entscheiden und richten sich daher gegen die Säkularisierung. Türkische Frauen, die Kopftuch tragen, bestehen auf die Rückführung der Religiosität in den öffentlichen Raum. Modern heißt für sie nicht mehr automatisch, Religiosität in die Privatheit zu verbannen und in der Öffentlichkeit weltlich zu leben. Nilüfer Göler knüpft mit ihrer Sichtweise an den französischen Soziologen Alaine Touraine und seiner Lehre der »Selbstproduktion der Gesellschaft« an. Gesellschaft sei ein kontinuierlicher Prozess, der im Handeln der historischen Akteure steckt).[37]

Die unmittelbare Frage, die sich hieraus stellt, ist, ob es eine alternative Modernisierung gibt, die aus ihrer eigenen Kultur entspringt, und was dies für die eigene Entwicklung und Modernisierung bedeutet. Im Zentrum steht dabei, eine eigene Position gegenüber dem Westen – gegen das Fremdverhältnis – einzunehmen.

Modernisierungstheorie

Wichtig vorab festzustellen ist, dass es heutzutage keine traditionellen Gesellschaften i. S. v. ›vormodernen‹ oder ›vorkapitalistischen Gesellschaften‹ mehr gibt. Wie die Dependenztheorien und Weltsystemtheorie gezeigt haben und in diesem Punkt sicherlich nicht widerlegt wurden, ist heutzutage die gesamte Welt in wirtschaftlichen, politischen und kulturellen Beziehungen miteinander verflochten. Durch das Ungleichgewicht in Macht- und Kapitalausstattung ist der Tausch zwischen verschiedenen Weltregionen jedoch insbesondere zum Nutzen der Industrieländer und der Eliten in den sog. Entwicklungsländern bzw. post-kolonialen Ländern. Durch die ›Entlarvung‹ der Modernisierungstheorie als westliches, hegemoniales Entwicklungsmodell, das aus der Historie Westeuropas und der USA hergeleitet und hegemonial im Kolonialismus eingesetzt wurde, finden heute allerdings in zahlreichen Regionen dieser Welt und durch zahlreiche

Gruppierungen Auseinandersetzungen mit diesem Modell der westlichen Moderne statt. Vermeidlich traditionalistische und nationalistische Strömungen wie Islamismus, Hindufundamentalismus, aber auch verschiedene links- und rechtsterroristische Strömungen sind daher als modern einzustufen.

Postkoloniale Gesellschaften

Von antikolonialen Aufständen zur Vielfalt der Moderne in postkolonialen Gesellschaften

Antikoloniale Aufstände

Die Idee einer eigenständigen Modernisierung entwickelte sich bereits zur Zeit des Kolonialismus. Hier gab es zahlreiche antikoloniale Aufstände, die religiös legitimiert waren und sich nicht nur gegen Fremdherrschaft, sondern gegen die mit dem Kolonialismus gebrachte Fremdkultur richtete. Zu nennen sind hier etwa der indische Aufstand von 1857, der Mahdi-Aufstand im Sudan von 1881 bis 1899 und der Boxer-Aufstand in China von 1899 bis 1901. Ich folge hier Pankaj Mishra (2017), der seine Betrachtungen auf die asiatische und arabische Welt richtet.

Bereits Mitte des 19. Jahrhunderts kommentierte Leo Tolstoi muslimische Aufstände im Kaukasus gegen den Zaren-Kolonialismus. Er brach mit dem Klischee der Kolonialpolitik, den Einheimischen die Zivilisation zu bringen und verurteilte in seiner Novelle »*Hadschi Murat*« (1896–1904) den brutalen russischen Krieg gegen die Muslime und ihre Kultur.

Der indische Aufstand war die von lokalen Eliten instrumentalisierte Angst von Muslimen und Hindus vor Christianisierung. Die Umma verbreitete die Freiheitsideologie auch in anderen Weltregionen. Sie wurde von Sayyed Dschamal ad-Din al-Afghani (der sich zu dieser Zeit in Indien aufhielt) mit seiner Idee einer panislamischen Revolte unter einem modernistischen Islam aufgegriffen. In dem indischen Aufstand richtete sich der Norden Indiens gewalttätig gegen die europäische Fremdherrschaft und ihre Kultur. Männer, Frauen und Kinder wurden ermordet, und die Briten schlugen extrem brutal zurück. Die Kämpfe dauerten fast zwei Jahre und die Briten gingen als Sieger hervor. Sie zerbrachen die alte muslimische Macht der Moguln in Nordindien, und als Folge dessen verbreitete sich bis in die heutige Zeit der Hindu-Nationalismus zur Renaissance alter indischer Herrschaft gegen Fremdherrschaft (Muslime und Briten).

Besonders hartnäckig war die chiliastische Mahdi-Revolte im Sudan unter dem charismatischen Führer Muhammad Ahmad (genannt Mahdi), der nicht nur gegen die Ägypter, sondern auch die Engländer kämpfte und zahlreiche Siege erstritt. Dschamal ad-Din al-Afghani war von Mahdi fasziniert und träumte vom panislamischen ›Dschihad‹ gegen westliche Dominanz unter osmanischer Führung.

Der Boxeraufstand[38] in China war die Folge der beiden Opiumkriege (1839–42 und 1856–60). Der britische Kolonialismus wurde als Angriff auf die chinesische Kultur interpretiert. Blutige Gewalt wurde gegen alles Fremde, technische Errungenschaften (z. B. die Eisenbahn, die durch chinesische Grabstätten gelegt worden war), wie auch Konvertiten zum Christentum angewandt. Die Bezeichnung der Ausländer als Teufel lebte in der antiimperialistischen Iranischen Revolution 1976 wieder auf. Klammer dieser kolonialen Bewegungen war also der antikoloniale Kampf gegen westlich-kulturelle Überfremdung.

Dekolonisierung

Im Zuge der Dekolonisierung, die insb. nach dem Zweiten Weltkrieg begann und bis 1990 andauerte, wurde das europäische Nationalstaatenmodell globalisiert. Während die neuen (National-)Staaten auf Modernisierung nach westlichem Vorbild setzten, fand gleichzeitig eine Abgrenzung zum Kolonialismus statt. So etwa wurden und werden immer noch Staaten und Städte umbenannt, und es wird eine Sprachenpolitik zur Förderung der eigenen Nationalsprache betrieben. Die antikolonialen Nationalismen sind, so Jansen und Osterhammel (2013: 111), dabei keine Kopien des europäischen Modells und auch nicht antimodern als Ablehnung alles westlich Modernen, sondern eine Art Bricolage und eine Aushandlung zwischen den Begriffen modern-traditionell und indigen-fremd.

Modernität

Aus der reflexiven Auseinandersetzung mit der westlichen Moderne suchen zahlreiche außereuropäische Gesellschaften nach einer alternativen Modernität auf Basis der eigenen kulturellen Muster. So argumentieren Wissenschaftler heute, es gibt nicht nur eine Modernität, wie sie von der Soziologie des Westens beschrieben wird, sondern alternative Modernitäten, die die kulturellen Belange stärker berücksichtigen, etwa eine islamische oder spezifisch asiatische Modernität (vgl. Tetzlaff 2000). Politische und religiöse Führer setzen sich mit antiwestlichen und insbesondere antiamerikanischen Parolen und Ideologien vom Westen ab. Nach ihrer Rhetorik ist westliche Modernität individualistisch und konsumistisch und daher für die stärker kollektivistisch orientierten Menschen Asiens oder des Mittleren Ostens ungeeignet. Individualismus sei destruktiv und führe in eine Sackgasse, die letztendlich in gesellschaftlicher Anomie endet: Desorientierung, wachsende Kriminalität, Konflikte zwischen Generationen, Entscheidungsschwierigkeiten usw. Dies schlage sich auch in einer ökonomischen und politischen Krise nieder. Der Beibehalt und die Unterstützung eigener Werte auf dem indigenen Entwicklungspfad zur Moderne könne aber diese pathologischen Zustände vermeiden. In solchen Diskursen, die wir mit Variationen auch in anderen Kulturen, z. B. in Russland insb. auch durch die orthodoxen Kirchen finden, stehen diese indigenen Werte für Kollektivismus, d. h. die Familie oder die erweiterte, ›imaginierte Familie‹ von Menschen, die dieselbe Identität, dasselbe Glaubenssystem, dieselben geteilten Erfahrungen und kulturellen Kontexte teilen. Ordnung und Moral, Konsens und Unterordnung stehen im Zentrum dieser Argumentation. Verantwortung gegenüber der Verwandtschaft und Gemeinschaft zählen hierbei mehr als individuelle Rechte und Ziele (Robison 1996; Schrader 1997c).

Wertedebatte

Gegen diese kulturelle-Werte-Debatte argumentiert Senghaas (1995: 25), dass es überhaupt nichts ›Nichtwestliches‹ an diesen vermeintlich nichtwestlichen Werten gibt, sondern dass sie mehr oder weniger identisch sind mit den westlichen Werten der Vergangenheit – genau denjenigen Werten, die Tönnies mit der idealtypischen Gemeinschaft assoziierte und sie mit der im Westen verkörperten Gesellschaft kontrastierte. Anders herum formuliert: Was asiatische Politiker oder islamische religiöse und politische Führer als ›westlich‹

herausstellen, sind in Wahrheit Verhaltensweisen und Einstellungen, die durch die Modernisierung und Differenzierung entstanden: Individualismus, Pluralismus, das Mehrheitsprinzip, Partizipation usw. Traditionelle europäische Werte waren genauso kollektivistisch wie die vermeintlich nichtwestlichen Werte, aber sie haben im Zuge der Modernisierung an Bedeutung verloren. Individualismus und Rationalismus sind daher, so schließt Senghaas, ein Produkt der Moderne, nicht einer westlichen Moderne. Durch das Fortschreiten der Modernisierung werden nun die tradierten Führungsansprüche politischer und religiöser Führer untergraben. Sie versuchen daher, eine Ideologie nichtwestlicher Werte zu schaffen – eine Gegenmoderne – die ihren Herrschaftsanspruch sichert.

Kern des Diskurses über alternative Modernen ist die Säkularisierungsthese Max Webers, die Säkularisierung als inhärenten Bestandteil der Modernisierung begreift.

Säkularisierungsthese

Definition

Die Weber'sche Säkularisierungsthese besagt, dass im Zuge der Modernisierung durch die Entzauberung der Welt durch die Wissenschaft ein Spannungsverhältnis entsteht, das in Europa dadurch gelöst wurde, dass die Religion als überwölbendes Ganzes einen sozialen Bedeutungsverlust erfuhr und nun eine Wertsphäre neben anderen darstellt.

In den aktuellen Diskussionen der Säkularisierungsthese geht es neben der Trennung der Wertsphären um das Verschwinden des Religiösen im Privaten (Berger/Luckmann). Die Kritik an dieser am nordamerikanischen Kontext entwickelten These geht dahin, dass die Universalität und Linearität der Säkularisierung in Frage gestellt werden. So begreifen Charles Taylor (2001) und Hans Joas (2012) Religion und Glauben als Optionen. Andere Autoren stellen zunehmend durch Überlegungen der kulturellen Pfadabhängigkeit die Zwangsläufigkeit der Säkularisierung infrage (exemplarisch Pickel 2018; Pollack 2016b).

Modernisierungstheoretisch ist bedeutsam, dass Säkularisierung als Trennung von Kirche und Staat als notwendige Voraussetzung für Modernisierung und Demokratisierung verstanden wird. So argumentiert Robert Bellah, dass vormals religiöse durch zivilreligiöse Werte wie Freiheit, Gleich-

heit und Solidarität ersetzt werden, die den Zusammenhalt einer modernen Gesellschaft schaffen.
Eine Übertragung der Säkularisierungsthese auf christlich-orthodoxe Gesellschaften ist problematisch und erst recht auf islamische Gesellschaften, da der Islam im Gegensatz zur christlich-abendländischen Kultur, die die Einheit von Politik und Religion historisch nie erreichte, eine solche Untrennbarkeit von religiöser und politischer Herrschaft propagiert.
José Casanova (1994) stellt fest, dass in der Säkularisierungsthese drei Dimensionen religiösen Wandels vermengt seien: die funktionale Differenzierung von Religion (z. B. Weber), die Erosion religiöser Überzeugungen und Praktiken (z. B. Individualisierungsthese) und die Zurückdrängung der Religion ins Private (z. B. Luckmann). Daher schlägt er vor, diese drei Tendenzen getrennt zu untersuchen. Die funktionale Differenzierung von Religion, Politik und Ökonomie sei nicht gleichbedeutend mit einem Rückgang religiöser Überzeugungen und Praktiken, sondern weltweit sei eher eine Deprivatisierung von Religion zu beobachten, eine Tendenz zur Politisierung religiöser Traditionen.
Wie sich im Folgenden mit der Diskussion der multiplen Moderne zeigen wird, ist in der islamischen Welt die intrinsische Spannung der Modernisierung bis heute nicht gelöst. Während mit der Unabhängigkeit westlich eingestellte Modernisierungseliten die Säkularisierung vorantreiben wollten (Ägypten, Türkei, Irak, Syrien, Nordafrikanische Länder usw.), zeigte gerade die Islamische Revolution im Iran ein alternatives Modernisierungsmodell zum westlichen Entwicklungsmodell. Die fundamentalistischen Bewegungen seit den 1970er Jahren können als Ausdruck einer gegenmodernen Bewegung gegen Säkularisierung verstanden werden, auch wenn sie ebenfalls die Unzufriedenheit mit den entwicklungspolitischen Fortschritten ihrer politischen Regime zum Ausdruck bringen.

Multiple Modernitäten

Die oben dargelegten Überlegungen zur Säkularisierung verdichten sich im Konzept der Multiplen Modernitäten von **Eisenstadt.** In seinem Text »*Die Vielfalt der Moderne*« (Shmuel N. Eisenstadt 2005) konkretisiert er, was er seit den späteren 1990er Jahren mit dem Begriff der Multiplen Modernitäten bereits diskutierte. Er hinterfragt die

Eindimensionalität von Modernisierung, die er in den 1960er Jahren selbst vertrat.

> »Historisch gesehen bezeichnet Modernisierung den Prozess der Entwicklung hin zu denjenigen sozialen, ökonomischen und politischen Systemen, die sich in Westeuropa und Nord-Amerika zwischen dem 17. Und 19. Jahrhundert herausbildeten und anschließend in andere europäische Länder sowie nach Südamerika, Afrika und Asien verbreitet wurden. Moderne Gesellschaften entwickelten sich aus einer großen Vielzahl unterschiedlicher traditioneller vormoderner Gesellschaften heraus« (Eisenstadt 1966: 1, übersetzt aus dem Englischen).

Während er, wie die meisten Autoren seinerzeit, davon ausging, dass die strukturelle, institutionelle und kulturelle Dimension der Modernisierung einem Trend zur Angleichung folgen würden, ging er im Laufe der Zeit zunehmend auf Distanz zu dieser Annahme. Aus der Vielfalt der Vormoderne resultiere letztendlich nicht die Konvergenz moderner Gesellschaften (eine Eindimensionalität, wie sie Lerner, Inkeles, Parsons u. a. unterstellten), sondern eine Vielfalt der Moderne. Im Konzept der *»multiple modernities«* steckt die Sichtweise, Moderne als kulturell pfadabhängig zu begreifen.

> »Dieser Blick auf die Moderne impliziert, dass diese als eine sich neu herausbildende Form von Kultur zu sehen ist, analog etwa zur Entstehung und Verbreitung der (verschiedenen, H.S.) Weltreligionen. In dieser Sichtweise besteht der Kern der Moderne in der Herausbildung und Entwicklung eines oder mehrerer Interpretationsmuster für die Welt, die eine grundlegende ontologische Vision, einen bestimmten sozialen ›Vorstellungsraum‹ (imaginaire) darstellen (...) Es geht also um ein spezifisches kulturelles Programm, das mit der Herausbildung einer Reihe institutioneller Neubildungen einhergeht«. (Eisenstadt 2001: 170)

Modernisierung

Modernisierung, so Eisenstadt, hat drei Dimensionen: eine strukturelle (Beispiel: Marktwirtschaft), eine institutionelle (Beispiel: wirtschaftliche Institutionen) und eine kulturelle Dimension.[39] Das Programm der Moderne breitete sich mit Westeuropa im Zuge des Kolonialismus über die ganze Welt aus. In der strukturellen und institutionellen Dimension fanden im Zuge der Modernisierung tendenziell Angleichungen statt, wobei die in den westlichen Universitäten ausgebildeten Modernisierungseliten der unabhängigen Länder und westliche Berater die Modernisierungsprogramme adaptierten. Die Übernahme des kulturellen Programms des Westens stelle aber ein Fremdverhältnis dar, das zunehmende Spannungen mit den eigenen kulturellen Interpretationsmustern erzeuge. Diese Spannung bilde den Rahmen für die Reflexivität und den heutigen Diskurs um die Moderne. An ihm seien verschiedene politisch Aktive und Intellektuelle, sowie soziale Bewegungen beteiligt. Die historische Entwicklung Europas sei daher, so stellt Eisenstadt abschließend fest, das erste, aber ein sehr spezifisches Muster der Entwicklung der Moderne, das keine Allgemeingültigkeit beanspruchen könne. Wir sehen also, dass die Theorie der reflexiven Modernisierung mit dieser spezifischen Konnotation auch Bedeutung für die postkolonialen und postsozialistischen Gesellschaften hat. Ein Beispiel für den Versuch der Lösung dieser Spannung stellt die Ausrichtung des islamischen Bankwesens auf die Vorgaben des Korans dar.[40]

Orthodoxer Fundamentalismus

In vielen außereuropäischen Ländern hat sich die immanente Spannung in der Modernität in der Revitalisierung der kulturellen (teilweise imaginierten) Tradition und Religion manifestiert (Eisenstadt 1998: 9 ff.; Stauth 1998). Mit Ken Wilber (2007) wurde im Unterschied zu Westeuropa die kulturelle (Wilber: spirituelle) Dimension nicht durch wissenschaftliche Rationalität verdrängt, sondern als mythische Religion eingefroren. Dies gehe oftmals einher mit einem orthodoxen Fundamentalismus, der mit einer traditionell-konformistischen Moral jegliche Art religiöser Modernisierung ablehnt und im Namen Gottes die aus sich heraus entstehende religiöse Modernisierung noch stärker bekämpft als die Ungläubigen anderer Religionen.

Antiwestliche Entwicklung

Einen wichtigen Beitrag zum Verhältnis des Ostens zum Westen aus östlicher Sicht hat Pankaj Mishra (2013) geschrieben, indem er den Zeitraum Mitte des 19. Jahrhunderts bis zur Gegenwart betrachtet. Mishra versucht nicht einen Gegenentwurf zur Perzeption des

Westens, weil dies selbst wiederum ein Orientalismus wäre, sondern er untersucht die wechselseitigen Kräfte anhand seiner drei intellektuellen Helden Daschamal ad-Din al-Afghani (1838–1897), Rabindranath Tagore (1861–1941) und Liang Qichao (1873–1929). Die drei Protagonisten sind Teile des Modernisierungsprozesses im Zuge des Kolonialismus und europäischen Imperialismus in Auseinandersetzung mit westlicher Rationalisierung, Wissenschaft und Säkularisierung, Verwestlichung und Unterdrückung der eigenen Kultur durch die Europäer. Modernisierungseliten wie Atatürk, Nasser oder Nehru adaptierten dagegen als Entwicklungspfad für die Zukunft ihrer Länder die modernisierungstheoretische Blaupause.

Al-Afghani entwickelt ein instrumentelles Verhältnis zum Islam, um seine Rhetorik als antikolonialen Kampf zu nutzen (mit dem Ziel eines Panislamismus). Der Hindu Tagore kritisierte die Übernahme der westlichen Lebensweise beim Vergessen der eigenen Wurzeln, und Liang Qichao dachte über eine eigene Modernisierung auf der Basis der konfuzianistischen Kultur nach. Neben diesen eher moderaten Vertretern einer antiwestlichen Entwicklung gab es aber auch wesentlich radikalere Strömungen, so etwa in der islamischen Welt die Gründungsväter des Salafismus oder heutige militante Hindu-Nationalisten, die Muslime und Christen aus Indien verdrängen wollen. Sie können als Reaktion auf die Moderne und insbesondere Säkularisierung mit dem Versuch zur Anknüpfung an die vermeintlichen Ursprünge verstanden werden.

Asianismus

Mishra zeigt auf, wie das kulturelle Unterlegenheitsgefühl im Kolonialismus durch die Übernahme des Paradigmas der nachholenden Modernisierung und Fixierung auf das westliche Kulturbild seitens der neuen Modernisierungseliten auch in die postkoloniale Zeit hineingetragen wurde. Die eigene Hochkultur wurde dabei ›vergessen‹ und kehrte teilweise erst in der Übersetzung alter Schriften in die Kolonien zurück. Erst im späten Kolonialismus entstanden koloniale Widerstandsbewegungen, aber von den Gründungsvätern der unabhängigen Kolonien wurde modernisierungstheoretisches Denken – teilweise allerdings in Ablehnung des Westens unter dem Schirm kommunistischer Ideologien – weitergeführt. Mit dem Aufstieg Japans um 1900, dem ersten asiatischen Land, hatte der Osten ein neues Entwicklungsbild vor Augen, dass die Asiaten hinsichtlich Modernisierung mit dem Westen gleichziehen könnten. In Japan gab es zahlreiche Intellektuelle, die die Idee des Panasianismus weiterverfolgten. Der Japaner Okakura Kakuzō etwa schrieb, dass ganz Asien eins sei. Während der Westen in seinem kolonialen Schuldbewusstsein oftmals eine ›gelbe Gefahr‹ hinaufbeschwöre, sollten die Asiaten sich des ›weißen Unglücks‹ bewusst sein und sich gegen dieses Unglück richten. Ōkawa, ein anderer japanischer Intellektueller, bezog sich in seinen Schriften immer wieder auf Tagore und stütze damit seine Überzeugung, Japan müsse Asien zusammenführen und es führen. Er ermunterte einen bengalischen Revolutionär, ein Buch zu schreiben, in dem die These des Zusammenpralles zwischen der weißen und gelben Rasse als unausweichlich erschien. Tagore sah im Nacheifern des Westens die größte Gefahr für die eigenen Lebensaussichten und die eigene Identität (Mishra 2013, passim 291). Dies ist ein Vorgriff auf Huntingtons Kampf der Kulturen (Huntington 1993).

Im April 1943 erklärte Japan offiziell die Befreiung Asiens zum Kriegsziel. Im selben Jahr wurde auf einem Kongress Ostasiens der Panasianismus bestätigt. Auch Nehru, der zu dieser Zeit im Gefängnis saß, hatte dieses Bild vor Augen. Der Geist dieses Kongresses ist später in die Bandung-Konferenz von 1955 eingegangen, die die Bewegung der blockfreien Staaten schuf.

Allerdings zerstörte der japanische Imperialismus den Glauben an den Panasianismus. Aber die Japaner schafften es dennoch, den Glauben an den Westen und dessen Unbesiegbarkeit nachhaltig zu untergraben. Die Generation der asiatischen und auch arabischen Politiker, die die Nachkriegszeit prägten, wurde von diesem Geist getragen, so etwa Nehru, Lee Quan Yew, Mossadegh und andere.

Neuausrichtung der Tradition

Viele Intellektuelle teilten mit ihrer Kritik am Westen das Bild des ›Teufels der modernen Welt‹, das von Gandhi in *Hind Swadesh* entworfen worden war. Hier trafen sich liberale Intellektuelle, islamische Modernisierer, marxistische Revolutionäre und Traditionalisten in ihrer gemeinsamen Erfahrung westlich kolonialer Herrschaft und östlicher Unterwürfigkeit. Gleichzeitig teilten sie die Auffassung, dass die Tradition in Asien neu erfunden werden müsse als Kritik an der westlichen Moderne mit ihrer nihilistischen Logik eines säkularisierten, materialistischen und individualisierten Weltbildes, das in Anomie und zerstörerischen Kriege endete (passim 311). Chinesische Intellektuelle etwa knüpften am Konfuzianismus an, nachdem sie ihn mehrere Jahrzehnte lang verworfen hatten. Auch Mao verknüpfte die moralischen und spirituellen Tugenden des Einzelnen mit dem kollektiven Handeln der Massen.

Modernisierung und die muslimische Welt

Islamischer Staat

In der islamischen Welt, so Mishra, brachte der Westen mit seinem Säkularismus und seinem Selbstbild die muslimische Weltordnung eines bestimmenden, alles überwölbenden Gottes durcheinander. Schon al-Afghani, und nach ihm Muhammad Iqbāl, der intellektuelle und spirituelle Vater Pakistans, argumentierte, dass der Fortschritt der südasiatischen Muslime nicht in der Nachahmung Europas, sondern in der Reform und Wiederbelebung der religiösen Gemeinschaft liege. Wie viele andere Intellektuelle entwickelte auch er sich langsam in Richtung eines ›reinen Islam‹ mit Einhaltung der Scharia und sah einen zukünftigen Konflikt zwischen Islam und anderen Religionen. Sayyid Abul A'la al-Maududi wendete sich sowohl gegen den Nationalismus als auch gegen Sozialismus und Kapitalismus und entwarf das erste Programm für einen »Islamischen Staat« mit Gott als absoluten Herrscher. Khomeini hat interessanterweise seine Schriften ins Persische übersetzt.

In der islamischen Welt hatten radikale Atheisten wie Mao kaum eine Chance. Dort wurde der Islam als Mobilisierungsfaktor benötigt, selbst in weltlichen nationalistischen Parteien wie der Baath-Partei in Syrien und im Irak. Selbst Sukarnos Politik war eine Mischung aus Nationalismus, Islam und Kommunismus. Die gemeinsame Kritik am Westen war, dass der Liberalismus in Europa noch lange nicht zu einem Liberalismus in der kolonialen Welt führte, sondern ein nach Rassen unterschiedener Liberalismus sei.

Revolution

In der Dekolonisierungsphase wurde der säkularistische Kurs vieler Modernisierungseliten allmählich untergraben, weil der volkstümliche Islam weiterlebte. In vielen Gesellschaften des arabischen Raums wurden muslimische Gruppen, die einen fundamentalistischen Kurs vertraten, von den westlich geprägten Modernisierungseliten brutal unterdrückt, so zum Beispiel die Muslimbruderschaft in Ägypten. Im Iran kam es 1978 zur Revolution, die die gesamte islamische Welt erschütterte. Drei Jahre später wurde Sadat ermordet, und viele salafistische Gruppen begannen ihren Dschihad gegen arabische Regime, die mit dem Westen kollaborierten (Tunesien, Ägypten, Algerien, Syrien und Libyen). Erstaunlich war die starke Politisierung des Islams sowohl in sunnitischen als auch schiitischen Ländern (ebd. 320).

Dar al-Islam

Der Modernisierungskurs der westlich orientierten Modernisierungseliten konnte wirtschaftliches Wachstum und Fortschritt nicht erfüllen. Dies lag an verschiedenen Faktoren, unter anderem einem religiös bedingten starken Bevölkerungswachstum, einer vertikal nicht mobilen Gesellschaft, Korruption usf. Die Folge war eine starke Unzufriedenheit der Bevölkerung angesichts des Luxuskonsums und Nepotismus der Eliten, so dass viele von ihnen sich dieser Modernisierung ab- und dem Islam zuwandten. Die antiwestliche Haltung in der Bevölkerung wurde auch durch den Misserfolg des Panarabismus verstärkt, der auf Ethnizität anstatt auf den Islam setzte. Die einstige Idee eines grenzenlosen *Dar al-Islam* (Haus des Islam) wurde durch europäische Grenzziehungen in Arabien (vorgenommen durch Absprachen zwischen Briten und Franzosen) zerstört. Es entstanden willkürlich neue Staaten wie Irak, Jordanien und Libanon sowie Israel im britisch besetzten Palästina. Das Auftreten des jungen Israel in der Region mit einem harten Kurs gegen die Araber verschärfte den Konflikt, der bis heute anhält. Der Hass gegen den Westen zeigte sich in zahlreichen Schriften, aber auch im Boykott, Studierende nicht mehr nach Paris oder London zu schicken, sondern in den Osten nach Indien oder Japan bzw. in die Sowjetunion.

Radikaler Islam

Die jüngsten wahhabitischen Erfolge, der Aufstieg Al-Qaidas und des IS sind letztendlich extreme Folgen der hier beschriebenen Entwicklungen des Scheiterns der arabischen Modernisierung und des Erstarkens eines radikalen Islams, der Islamische Staaten mit Scharia Recht einführen will, also Staaten, wo die Religion wieder das überwölbende Ganze bildet über Politik, Wirtschaft, Recht, Ästhetik, Geschlechterverhältnisse, usf.

Der ›Krieg (des Westens) gegen den Terror‹ setzt aus der Sicht der islamischen Welt den alten westlichen Kurs der Nichtbeachtung der islamischen Souveränität fort. Dadurch erhalten Prediger eines neuen, gegen den Westen gerichteten globalen Islams ihren Auftrieb, sie verbreiten ihre Botschaften über das Fernsehen, YouTube Videos und Social Media, und diese Botschaften werden auch von Migranten in Europa aufgenommen. Das Scheitern des Nationalismus in der arabischen Welt bedeutet auch, dass heute transnationale Netzwerke eine größere Bedeutung haben können als nationale Loyalitäten. Der wahhabitische Islam ist ein Netzwerk, das von Zentralasien über Malaysia bis Indonesien und Pakistan reicht. Der Iran spielt wiederum eine wichtige politische Rolle in der arabischen schiitischen Welt und hat starken Einfluss im Libanon und Syrien.[41]

Moderner Islam

Aber auch in der islamischen Welt gibt es modernistische Gegenbewegungen. Unter dem Titel »Wem gehört Mohammed?« thematisiert und fordert Ansary[42] jüngst ein modernes Weltbild des Islam, das bereits in den Schriften angelegt ist.

> »Natürlich! alle Zutaten sind vorhanden. Toleranz gegen Andersgläubigen z. B. (mit Verweis auf die Gemeindeordnung von Medina, H. S.). Und Frauenrechte? Unter der Führung von Mohammed spielten im inneren Kreis der Gemeinde überragende Frauenpersönlichkeiten eine zentrale Rolle (und er legt dar, dass zwar auch das dschihadistische Weltbild existiert, aber eben neben anderen Weltbildern, H. S.). Keinerlei theologische Gründe sprechen dagegen, dass ein mächtiges Gegenbild in Konkurrenz zum Dschihadismus treten kann (Allerdings, so stellt er fest, haben es die islamischen Modernisten schwer aufgrund der Haltung des Westens, die die Kopfbedeckung verbietet, ein Feindbild Islam aufbaut und die Grenzen des Abendlandes schließt, H. S.). Stellen Sie sich vor, Sie lebten irgendwo auf der Welt als Muslim. Sie fänden sich zwischen zwei Weltbildern wieder. Das eine besagt, dass ein Kampf epischen Ausmaßes begonnen hat. Sie haben die Gelegenheit, sich der Seite anzuschließen, die vom Schicksal als Sieger vor-

> bestimmt ist, und Sie könnten zum unsterblichen Helden aufsteigen. Die andere Seite wiederum erklärt, dass einige Menschen zivilisiert und würdig sind, Sie aber nicht dazugehören. Sie sind nichts als verabscheuungswürdiges Geschmeiß, das zwar leben, es aber nicht zu etwas bringen darf. Sie wird man verachten und ständig im Blick haben. Wahrscheinlich werden Sie im Gefängnis landen und gefoltert werden. Nun frage ich Sie: Für welches Weltbild würden Sie sich entscheiden?«

Zeitgleich erleben wir den Islam als einen antiwestlichen Mobilisierungsfaktor in der islamischen Welt, wie dies mit dem Charlie Hebdo Mohammed-Karikaturen in Frankreich oder der jüngsten Koranverbrennung deutlich wird.

Das neue Selbstbewusstsein in der asiatischen Welt

Westliche Modernisierung

Während der letzten 50 Jahre erfuhren die Entwicklungsstaaten insbesondere Ostasiens, aber auch Südostasiens einen enormen Aufschwung, von dem nicht nur die Elite, sondern auch große Teile der Bevölkerung profitieren konnten. Die Mittelklasse fordert zur Wahrung ihrer Interessen zunehmend politische und wirtschaftliche Rechte ein. Deshalb befürchten die alten politischen und wirtschaftlichen Eliten die Durchsetzung des westlichen kulturellen Programms der Moderne, was deren bisherige Legitimation in Frage stellt; dies macht Senghaas' Interpretation hinsichtlich der Ideologisierung asiatischer Werte plausibel.

Türkei

Unter Erdoğan setzt heutzutage die Türkei nach nahezu einem Jahrhundert Modernisierung im westlichen Stil auf einen eigenständigen Panislamismus unter türkischer Führung und versucht, ökonomisch eine Brückenfunktion zwischen Asien und Europa einzunehmen. Politisch begeht sie einen Spagat zwischen NATO und EU-Annäherung, politischer Vermittlung im Russland-Ukraine Krieg und panislamischer Politik im Interesse aller Muslime. Die AKP ist ein Beispiel, dass bisher unterrepräsentierte Menschen an der Politik teilnehmen können. Der arabische Frühling zeigt – trotz der Rückschläge – den Versuch eines Neubeginns ohne die alten säkularisierten politischen Eliten.

China Aber auch China spielt heute in der Welt eine ganz andere politische Rolle. Mit dem Abzug der Briten gelangte Hongkong wieder unter chinesische Kontrolle. Unter Mao gelang es China, mit dem Konfuzianismus zu brechen und das Land auf eine Massenbasis zur Unterstützung der KPCh zu stellen. China geht nach dem Maoismus in Differenz zum Kapitalismus und sowjetischen Kommunismus einen eigenen Weg mit wirtschaftlicher Öffnung nach innen, aber politischer Kontrolle durch die KPCh, die unter Xi Jinping wieder zunehmend stärker wird. Weltökonomisch kann China durch Weltmarktintegration hinsichtlich Exporten und starker Importsubstitution als aufsteigendes Zentrum der Weltwirtschaft verortet werden, neben den USA, die ihre wirtschaftliche Position bisher verteidigen können, während Europa technologisch an Bedeutung verliert. Daran wird auch die Neue Seidenstraße nichts ändern, die den Handel zwischen China und Europa weiter intensivieren soll. Weltpolitisch gewinnt China über seine Entwicklungspolitik als Geberland und seine Position in internationalen Organisationen enormen internationalen Einfluss. Im Gegensatz zur Auffassung des Westens, dass sich nur Modernisierung und Wachstum über Demokratisierung erreichen lassen, lehrt China eine andere Geschichte, die heutzutage im Weltmaßstab das eher akzeptierte Entwicklungsmodell als das westliche Demokratiemodell zu sein scheint: Staatsautoritarismus mit wirtschaftlichen Freiheitsräumen (Schrader 2010b).

Indien Indien war während der Kolonialzeit bis zur Zeit der Strukturanpassungsprogramme Anfang der 1990er Jahren eine blockfreie gelenkte Wirtschaft mit sozialistischen Zügen, die auf Importsubstitution setzte. Sie führten zur Deregulierung, teilweisen Privatisierung und Öffnung des Marktes und zur Weltmarktintegration. Dem seit den 1980er Jahren aufkommenden Hindu-Nationalismus liegt ein essentialistisches Konzept von eigenen Wurzeln und Fremdheit zugrunde, das die Bedeutung der Fremdherrschaft durch die muslimischen Moguln und die Briten durch Neuerfindung von Hindu-Tradition, Neuschreibung von Geschichte und Umbenennung von Städten kleinschreibt. Die radikalen BJP-nahen Organisationen schüren auch den Konflikt zwischen Muslimen und Hindus oder Christen und Hindus. Unter Indiens Intellektuellen findet sich nach wie vor viel marxistisches Gedankengut.

Für unsere Thematik der Modernisierung ist relevant, wie der indische Soziologe Deshpande (2003) die indische Gesellschaft charakterisiert. Er verortet die Auseinandersetzung mit Moderne und Tradition als eines der Kernthemen des unabhängigen Indiens (S. 25). Während der Kolonialzeit lag das Interesse der Ethnologie auf dem Studium des Fortbestands der Tradition und weniger auf sozialem Wandel. Dies änderte sich mit der Unabhängigkeit, wo der Entwicklungsbegriff und Entwicklungspolitik/-planung ihren Einzug hielten. Dabei zeigt der Autor deutlich, wie der Diskurs über Modernität einerseits durch den westlichen Diskurs über Entwicklung geprägt wurde, der in der Tradition das Hindernis für Entwicklung sah, andererseits über den Kolonialismusdiskurs die Ursache für Unterentwicklung in kolonialer Unterdrückung verortete (S. 34 f.). Der Dualismus zwischen Tradition und Moderne sei als Gleichzeitigkeit und weniger als Prozess tief in die indische Persönlichkeit eingegraben und führe zu einem Spagat zwischen Westernisierung und Traditionalität, den manche Autoren als Schizophrenie bezeichnet haben (36, 37). Die Selbstreflexivität der indischen Sozialwissenschaft erkenne aber, dass sie selbst am Modernisierungsprozess teilhabe. Das alte westliche Modernisierungsparadigma sei durch Dependenztheorie und Weltsystemtheorie erschüttert worden, die beide stark im indischen Diskurs rezipiert werden wie auch die Postkolonialismus-Debatte, und die indische Gesellschaft erfahre heutzutage ein wesentlich stärkeres Selbstvertrauen gegenüber dem Westen (S. 43), aber auch eine eigentümliche Mischung von Teilhabe an globaler Kultur und deren gleichzeitiger Ablehnung in Bezug auf die kulturellen Wurzeln *(swadesh)*, wie ich bei meiner Lehrtätigkeit in Indien immer wieder erlebt habe.

Globalisierungskritik

Der einstige Erfolgskurs des Westens vom Anfang der Kolonialzeit bis in die Nachkriegszeit ist nicht nur über den Prozess der Dekolonisierung, sondern auch durch eine selbstreflexive Sichtweise der postkolonialen Sozialwissenschaften gebrochen. Die Kritik am Westen geht einher mit der Globalisierungskritik und verstärkt – wie dies als Folge des Russland-Ukraine Krieges deutlich wird, ein anti-westlich-antikapitalistisches Bündnis. Das entstehende Zentrum der Weltwirtschaft im asiatisch-pazifischen Raum stellt neue Herausforderungen an das alte Europa wie auch das neue Selbstbewusstsein Putins, zur Größe des Sowjetimperiums zurückkehren zu wollen. Wenn Russland auch durch den Ukraine-Krieg militärisch geschwächt ist, inszeniert es außenpolitisch den Schulterschluss zwischen postkommunistischen und postsozialistischen Staaten. Dass die ganze Welt das europäische Demokratiemodell übernehmen wird, ist aus der globalen Perspektive heute nicht mehr als ein alter modernisierungstheoretischer Wunschtraum.

Kommen wir nun zur dritten Formation von Kößler/Schiel: den postsozialistischen Gesellschaften seit dem Kollaps der Sowjetunion.

Transition/Transformation im postsowjetischen Raum

Parsons und Rostow hatten den sozialistischen Weg der Modernisierung, der sich nicht im Ziel (Wachstum, Industrialisierung), sondern im Weg (Planwirtschaft, Eigentumsverhältnisse etc.) vom kapitalistischen Weg unterschied, als Irrweg bzw. Sackgasse bezeichnet, aber auch kaum mit der Implosion des Staatssozialismus gerechnet. So stellte sich nun die Frage der weiteren Entwicklung und Modernisierung vormals sozialistischer Länder. Um dies diskutieren zu können, beginnen wir der Frage nachzugehen, wie es zu dieser Implosion kam.

Erosion der Wirtschaft und Gesellschaften Mittel-Osteuropas

Sozialistische Volkswirtschaft

Der RGW (Rat gegenseitiger Wirtschaftshilfe, im Englischen COMECON) wurde 1949 gegründet mit dem Ziel seitens der Sowjetunion, eine Wirtschaftsorganisation dem westlichen Pendant OEEC (Organisation für europäische wirtschaftliche Zusammenarbeit) und dem Marshallplan zum Wiederaufbau nach dem *Großen Vaterländischen Krieg* (II. Weltkrieg) entgegenzustellen, die nach dem Krieg geschaffenen neuen Volksdemokratien aneinander zu binden und sie vom

Empfang von Hilfsgütern und -geldern aus dem Marshallplan abzuhalten. Es ging auch darum, die neuen sozialistischen Länder politisch und wirtschaftlich an das sowjetische Wirtschaftsmodell anzupassen. Neben der wirtschaftlichen Kooperation wurde auch auf die militärische Kooperation im Warschauer Pakt als Pendant zur NATO hingezielt. Aufgelöst wurde der RGW im Jahr 1991.

Die sozialistischen Volkswirtschaften waren planwirtschaftlich organisiert.

Planwirtschaft

Definition

Planwirtschaft (besser: Zentralverwaltungswirtschaft) bezeichnet eine der Marktwirtschaft ideologisch antagonistische Wirtschaftsordnung. Hierbei werden die ökonomischen Prozesse einer Volkswirtschaft, insbesondere die Produktion und die Verteilung von Gütern und Dienstleistungen der Allokation des Marktes (Angebot-Nachfragesteuerung, Preis-Mengenmechanismus) entzogen und einem zentral gesteuerten Plan unterworfen. Dabei ist eine Planwirtschaft hierarchisch aufgebaut, d. h. der politisch beschlossene und veröffentlichte Gesamtplan steuert die Einzelpläne der Wirtschaftssubjekte – Betriebe und Haushalte. Er übernimmt die Zuteilung der Waren an die Wirtschaftsteilnehmer und die vielfältigen Abstimmungen hinsichtlich Zulieferungen und Verteilungen. Die Planwirtschaft wird sowohl binnenwirtschaftlich, also in der einzelnen Volkswirtschaft, wie auch im Rahmen des RGW angewendet. Hier wurde eine Arbeitsteilung zwischen den einzelnen Mitgliedsstaaten des RGW vereinbart und geplant, so dass sie für den gesamten RGW produzierten und aus ihm ihre Zuteilungen erhielten. Dies erklärt auch, dass sich im RGW die gleichen Metros, Straßenbahnen, Blockbauweisen usw. wiederfanden lassen.

Während Marktwirtschaft und Planwirtschaft immer als systemischer Antagonismus dargestellt werden, finden sich planwirtschaftliche Elemente auch in den meisten realen Marktwirtschaften, wo bestimmte Wirtschaftsgüter aus öffentlichem Interesse dem Markt entzogen werden bzw. wo dem freien Spiel des Marktes Schranken gesetzt werden. Wirtschafts- und Entwicklungspläne (Fünf- oder Zehnjahrespläne) waren nicht nur Kennzeichen sozialistischer Länder, sondern auch vieler sog. Entwicklungsländer, und in der Hochphase der Modernisierungstheorie war die Entwicklungsplanung Kernbestand der Wirtschafts- und Entwicklungspolitik.

In der Praxis der ehemaligen sozialistischen Länder zeigte sich regelmäßig ein erhebliches Defizit zwischen Planung und Realisierung der beschlossenen und geforderten Leistungen (Ist und Soll); das Kernproblem einer Planwirtschaft ist, dass die Informationskapazität des Preis-Mengenmechanismus des Marktes fehlt und daher kaum Rückschlüsse auf die Qualität und Begehrtheit von Dienstleistungen und Gütern zulässt. Insbesondere haben es die real existierenden Planwirtschaften nicht geschafft, die für eine langfristige Weiterentwicklung moderner Volkswirtschaften notwendigen E&F Investitionen zu sichern.

Probleme des RGW

Zusammengefasst waren die wichtigsten wirtschaftlichen Probleme des RGW:

- Fehlen eines Preissystems als Informationsbündel; Fehlen von privatwirtschaftlichen Anreizen
- Die hegemonial-imperialistische Stellung der UdSSR innerhalb des RGW
- Die Unterschiede bei den Anfangsvoraussetzungen der Mitgliedsländer und der Wirtschaftsstruktur (Industrialisierungsgrad, Agrarstuktur, Eintrittszeitpunkt in den Sozialismus, Infrastrukturbedingungen nach der Zerstörung durch den Krieg)
- Technologische Lücken aufgrund systembedingter Restriktionen (Technologieimporte aus dem Westen waren nötig und mussten in Devisen bezahlt werden)
- Der hohe Zentralisierungsgrad von wirtschaftlichen Entscheidungen im Planwirtschaftssystem machte das System unflexibel.
- Keine Anreize und oftmals keine Möglichkeit zu rationalem Wirtschaften (fehlende Marktpreise, fehlendes Leistungsprinzip, »Abzweigen« von Volkseigentum zu privaten Zwecken)
- Unterlaufen der Planvorgaben durch gefälschte Statistiken
- Massive Rüstungsausgaben im Kalten Krieg erzeugten extrem hohe volkswirtschaftliche Kosten.

Mit dem Ende der Breschnew Ära fand eine stärkere Annäherung an den Westen statt, die dann unter Gorbatschow ihren Höhepunkt fand. »*Glasnost*«, die Politik der stärkeren Transparenz und Offenheit ab 1985 leitete die Reformbewegung (*Perestroika*) auf gesellschaftlich-politischer und wirtschaftlicher Ebene ein. Allerdings glaubte Gorbatschow noch daran, das sozialistische System reformieren zu können, ohne es gänzlich aufzugeben.

Reformbewegung

So können wir in diesen Vorbemerkungen zur Transformation festhalten: Der Kommunismus ist letztendlich einerseits anhand der systemimmanenten Schwächen (politisch, gesellschaftlich, wirtschaftlich) implodiert, andererseits ist er aber auch über die Wettrüstung seitens der USA in den Ruin getrieben worden.

Transition und Transformation

Transition[43] bezeichnet den geplanten Übergang von kommunistischen zu Marktsystemen. Der Begriff basiert auf der Vorstellung zahlreicher Ökonomen und Politikberater im Hinblick auf die Neue Institutionenökonomik, dass die alten, ineffizienten Institutionen (des Staatssozialismus) durch effizientere (des Kapitalismus) ersetzt werden. Die Auffassung war, dass es sich bei der Transition um ein kurzfristiges, auch als schmerzhaft erlebtes Projekt des Systemtransfers, des institutionellen Systemwandels (Stichwort Schocktherapie) handelte, das im Verlauf von fünf bis zehn Jahren die vormals sozialistischen Gesellschaften von ihrem Sonderweg der Modernisierung auf den kapitalistischen Entwicklungspfad »nach Europa zurückhole«. Die Entwicklungsstrategie der Strukturanpassung bedeutete dabei, nach westlichem Vorbild Institutionen zu implementieren, die für das Funktionieren einer weitgehenden Selbststeuerung des Marktes notwendig sind, damit der Angebot-Nachfrage Mechanismus in Gang gesetzt werde (Stichworte: Modell-Transfer-Konzepte, Kapitalismus nach Design; vgl. Fürstenberg 1997; Kollmorgen et al. 2015; Merkel 2006).

Transition

Einer der ersten Schritte und Kern des Institutionentransfers, der massiv in den vormals sozialistischen Ländern vorangetrieben wur-

Privatisierung

de, war die Privatisierung des Staatseigentums. Die Idee hierbei war, Eigentumsverhältnisse zu schaffen, die die Rückkehr zum sozialistischen System unmöglich machten (Stichwort: kleine und große Privatisierung; Jelzin). Damit einher ging die Etablierung marktwirtschaftlicher Prinzipien (freier Kauf und Verkauf von Produktionsmitteln und Produkten, Selbstregulierung des Marktes mit der Ausnahme bestimmter Grundsicherungsprodukte, die erst allmählich liberalisiert werden – Mieten, Energieversorgung, Brot etc.). Die Privatisierung vormals staatlicher Produktionsmittel war zwar dahingehend gedacht, dass die Arbeiter und Angestellten an den Betrieben beteiligt wurden, aber ehemalige Funktionäre kauften ihnen ihre Anteile weit unter Wert ab und wurden somit zu Transformationsgewinnern. Aus einer vormals relativ egalitären Gesellschaft entstand in kurzer Zeit eine sehr ungleiche Gesellschaft.

Transformation

Während das orthodoxe Verständnis des Transitionsansatzes (der auch oftmals synonym mit dem Betriff »Transformation« arbeitet) somit impliziert, dass mit der Übernahme der Strukturmerkmale der Marktwirtschaft der soziale Wandel in den vormals sozialistischen Ländern demjenigen kapitalistischer Länder entspricht und mit denselben Theorien beschrieben werden kann, vertreten die heterodoxen Transformationsforscher die These, dass der Transformationsbegriff in Differenz zum Transitionsbegriff verstanden werden sollte: Transformation ist ein langfristiger, pfadabhängiger Prozess, den ich wie folgt zusammengefasst habe (Schrader 2004):

- Transformation ist kein Projekt, das nach einer relativ kurzen Zeitspanne abgeschlossen ist, sondern ein Prozess der Modernisierung, der unter den spezifischen Gegebenheiten der sozialistischen Geschichte nicht nur spezifische kurzfristige Probleme beim Um- und Aufbau von Institutionen hervorbringt, sondern eine längere Dauer umfasst und viele gesellschaftliche Bereiche tangiert.
- Transformationsprozesse sind kulturell eingebettet. Dies impliziert, dass die lange Dauer der Transformation in unmittelbarem Zusammenhang mit der Veränderung von Handlungsmustern, Hal-

tungen und Einstellungen, Normen und Werten steht. Letztere Veränderungen gehen wesentlich langsamer vonstatten als die rein technische Implementierung von Institutionen, und diese Veränderungen ent- und behalten immer Kulturspezifika. Es kann – um mit Eisenstadt (2005) zu sprechen – zu Spannungen zwischen dem strukturellen, institutionellen und kulturellen Programm kommen.

- Transformation bekommt eine Konnotation, die sich aus dem Systemwandel in Bezug auf die eigene Vergangenheit bzw. in Abgrenzung zu ihr und in Bezug auf Fremdkultur ergibt (Referenzfolien bilden etwa der im Sozialismus als feindlich perzipierte Kapitalismus, v. a. die Vereinigten Staaten, Europa, aber auch etwa Russland als koloniales Mutterland bzw. die Sowjetunion als Hegemonialland). Daher ist das langfristige Ergebnis dieses Systemwandels bisher nicht eindeutig voraussehbar und kann ggf. im Kontext einer multiplen, wie auch einer reflexiven Moderne gedeutet werden.

Ich möchte diese Hypothesen näher erläutern:

Westliche Ökonomen geben heute weitgehend eine monokausale Erklärung für den Kollaps der Planwirtschaften sozialistischer Länder an – mangelnde Effizienz in Produktion, Organisation und Verteilung. Dies ist eine Tatsache, aber, wie ich seinerzeit festgestellt habe, genau so einseitig und zu kurz gedacht wie der Transitionsansatz selbst. Der Grund dafür ist, dass er insbesondere soziokulturelle Faktoren des Scheiterns des sozialistischen Modells im Realsozialismus vernachlässigt. In Osteuropa stellt bis auf wenige Ausnahmen der Sozialismus keine alternative Ideologie zum Kapitalismus mehr dar, aber in Russland, das die Sowjetzeit unzureichend aufgearbeitet hat, lässt sich unter Putin die Restaurierung des Stalinbildes und das Festhalten an dem Ideal eines russischen (Einfluss-)Raumes mit den Grenzen der vormaligen Sowjetunion beobachten, wobei Putin den Kollaps der Sowjetunion als größte Tragödie nach dem Zweiten Weltkrieg bezeichnet. Zur Wiederverbreitung seines Weltbildes setzt er (Des-)Information ein, dass der Westen nur ein Ziel hätte: Russland zu zerstören.

Kollaps

Osteuropaforschung

Die Perspektive der Osteuropaforschung auf den europäischen Teil des postsozialistischen Raums ist eher geographischer als systemischer Natur. Sie argumentierte, die ›nachholende‹ Entwicklung im postsozialistischen Raum würde einen schnellen Prozess der Modernisierung durchlaufen, wie sie vorher in Westeuropa vonstattenging. Der Transformationsansatz geht dagegen von exogenen und endogenen Faktoren der Entwicklung und Modernisierung aus. Wir sehen etwa an den Spannungen in der Ukraine vor 2014, wie ein Land hinsichtlich eines Entwicklungspfades an verschiedenen Zukunftsausrichtungen (Russland, EU) zerbrechen konnte. Dies liegt auch daran, dass in der Sowjetunion besonders unter Stalin Umsiedlungsprogramme den gesamten Raum ethnisch russifizierten. Ethnische Russen stellen daher auch heutzutage in vielen Gesellschaften eine große ethnische Minderheit dar, die ggf. politisch mobilisiert und dann durch die russische Armee »verteidigt« wird, wie dies in Abchasien, Ossetien und Transnistrien wie auch im Donbass geschehen ist/geschieht und andere postsozialistische Staaten wie Estland oder auch Kasachstan mit hohem Anteil einer ethnisch russischen Bevölkerung in Alarmbereitschaft setzt. Der postsozialistische Raum ist weitaus größer als der europäische Teil; er umfasst den Kaukasus und die kaspische Region, Sibirien und Zentralasien. Eine Orientierung an Europa ist etwa in den zentralasiatischen Staaten, die sich stark an China (und nach wie vor wirtschaftlich an Russland) orientieren, sehr schwach (Schrader 2010b). Inzwischen nimmt die Osteuropaforschung auch eine stärkere Perspektive auf postsozialistische außereuropäische Regionen ein.

Endogene Faktoren

Schauen wir uns die endogenen Faktoren näher an, die Transformation beeinflussen: ein Faktor ist Geschichte, verstanden nicht als historische Fakten, sondern als erlebte soziale Zeit, die sich im kollektiven Gedächtnis festschreibt (vgl. Halbwachs 1967). In der Kultursoziologie bedeutet soziale Zeit, dass Zeit an sozial relevanten Ereignissen festgemacht und durch diese organisiert wird. Subjektiv erlebte Ereignisse prägen das soziokulturelle Gedächtnis jedes Individuums, aber auch ganzer Kohorten durch das gemeinsame Erleben von Umbrüchen, geteiltem Schicksal im Krieg, Naturkatastrophen usf. Vor diesem Hintergrund beeinflussen

- die vorsozialistische Entwicklung,
- die Periode des Realsozialismus, die in den verschiedenen osteuropäischen Gesellschaften nicht nur unterschiedlich lang, sondern auch unterschiedlich intensiv war,
- die Art des Systemwandels zum Sozialismus und zum Kapitalismus,
- die heutige Sichtweise auf die sozialistische Zeit und die damalige und heutige Beziehung zur Sowjetunion bzw. Russlands und zu anderen postsozialistischen Ländern,
- und die Haltung gegenüber dem Kapitalismus und dem Westen

die Transformation und Entwicklung in der postsozialistischen Zeit.[44] Die Fremdbestimmtheit von Entwicklung – sowohl im Sozialismus außerhalb der SU als auch in der Gegenwart in Bezug auf die EU – spielt eine besondere Rolle. Mit anderen Worten: Entwicklung verläuft somit pfadabhängig, wobei für diese pfadabhängige Entwicklung wesentlich mehr endogene und exogene Faktoren eine Rolle spielen als dies die orthodoxe Transitionsforschung mit ihrem technokratischen Fokus auf Institutionentransfer annimmt.

Pfadabhängigkeit

Unter Zugrundelegung des Pfadabhängigkeitstheorems argumentierten Stark (1990; 1994) und Staniszkis (1998; 1992) schon früh gegen euphorische neoliberale Empfehlungen von Politikberatern zur Schocktherapie und Prognosen, die nach einem radikalen Bruch mit dem sozialistischen System und einer zeitlich begrenzten ›Durststrecke‹ durch ein ›Tal der Tränen‹ die schnelle Entstehung einer funktionierenden Marktgesellschaft und das ›Aufblühen von Industrielandschaften‹ prognostizierten. Stattdessen betonten sie eine ›Kontinuität im Wandel‹,[45] die einen spezifischen osteuropäischen Typ des Kapitalismus hervorgebracht habe, der sich fundamental von dem westlichen Typ unterscheide.[46] Dieser Ansatz ist eine Modifikation der *»Varieties of Capitalism«* (Hall und Soskice 2009).

Kriminelle Organisationen

Es gab hinsichtlich dieser vorsichtigen Annahme im Alltag Russlands zahlreiche Fingerzeige, wie ich bei meiner Lehrtätigkeit 1997 bis 1999 in St. Petersburg/Russland beobachten konnte. In der Geschäftswelt, aber auch im Straßenverkehr kennzeichnete Korruption den Umgang mit Behörden und der Miliz. Kriminelle Organisationen erpressten Schutzgelder und kontrollieren große Bereiche der Wirtschaft. Nepotismus und Patronage waren bei Stellenbesetzungen und Beförderungen üblich und standen der Einführung des Leistungsprinzips im Weg usw. Wie ich damals feststellte, behinderte nicht so sehr ein ordnungspolitisches Vakuum – das Fehlen bestimmter Institutionen wie etwa Verwaltung, Polizei oder Gerichtsbarkeit – die Entwicklung von Wirtschaft und Gesellschaft. Was fehlte, war und ist eine rationale Bürokratie i. S. v. Weber in ihrer Berechenbarkeit und ihrem Funktionieren nach Prinzipien der Rechtstaatlichkeit, der formalen Gleichheit, der Subsidiarität und der Effizienz. Willkürliche Entscheidungen von Bürokraten und Rechtsbeugung, Käuflichkeit mit geringen moralischen, ethischen und realen Grenzen zeichneten weite Bereiche der öffentlichen Verwaltung, der Politik und des Rechtswesens aus. Selbst öffentliche Sicherheit wurde nicht als öffentliches Gut angeboten, sondern durch Kommodifizierung privatisiert und war oftmals nur über zusätzliche Zahlungen und Patronage erhältlich.[47] So vertrete ich die Ansicht, dass die Marktwirtschaft in einigen osteuropäischen Ländern in den 1990er Jahren nicht etwa nur unzureichend funktionierte, wie dies etwa Weltbank und IWF konstatierten, sondern dass sie vollkommen pervertiert war, indem sie konsequent die Venalität in allen Lebensbereichen ausgedehnt und somit ihre moralische Einbettung verloren hatte.[48]

Property Rights

Insbesondere wurde unter dem Aspekt der Entstehung von *Property Rights* (Verfügungsrechten) dem Privatisierungsprozess von Staatseigentum besondere Aufmerksamkeit geschenkt. Hierzu hoben verschiedene Autoren die Spezifität hybrider Formen – die enge Verflechtung von Politik und neuen Unternehmern – hervor, so dass aus der Sphäre der ehemaligen politischen Nomenklatur (wie auch kriminellen Organisationen) zahlreiche Privatunternehmer/Oligarchen als damalige Transformationsgewinner hervorgegangen sind, die sich Staatseigentum zu Bedingungen weit unter den Werten und teilweise zu symbolischen Preisen angeeignet haben. Diese enge Verflechtung zeigte sich auch im Wirtschaftshandeln von Managern großer Wirtschaftsunternehmen, die diese nur unzureichend nach marktwirtschaftlichen Bedingungen umstrukturierten und auch hier die Wirtschaftsleistung des Unternehmens oftmals durch klientelistische Beziehungen zur Bürokratie substituierten (Beispiel Kreditbeschaffung). Die eigenen Positionen in Wirtschaft und Verwaltung wurden darüber hinaus zur persönlichen Appropriation missbraucht (Rentierverhalten) und weitere Schlüsselpositionen oftmals zur Absicherung der eigenen Position mit ›Freunden‹ aus persönlichen Netzwerken (gemeinsames Studium, gemeinsamer Militärdienst etc.) besetzt. *Blat*-Beziehungen (›Geschenke‹ und Gefälligkeiten mit Erwartung der späteren Gegenleistung zur Absicherung von Sozialkapitel, vgl. Ledeneva 1998, 2001, 2006) kennzeichneten den Umgang mit der Bürokratie. Die sich gerade in den späten Jahren der SU herauskristallisierende Verflechtung von Politik bzw. Bürokratie und Wirtschaft und die dazu gehörenden spezifischen Handlungsweisen wurden von Jadwiga Staniszkis als ›politischer Kapitalismus‹[49] bezeichnet. Dieser Typ Kapitalismus ist eine hybride gesellschaftliche Formation und ein institutioneller Modus der Umgestaltung sozialistischer Gesellschaften unter Bedingungen einer peripheren Lage (Staniszkis 1995). Er reproduziert die Logik des sozialistischen Systems – eine Logik der Reproduktion von Macht und Abhängigkeit (Staniszkis 1992), die sich fundamental von der Logik der Akkumulation des Kapitals unterscheidet, aber an die Bedingungen des Kapitalismus angepasst wurde. Hessinger führte als Pendent zum Elitenkonzept des ›politischen Kapitalismus‹, das besonders in den frühen 90er Jahren prominent war, das Konzept des ›Mafia-Kapitalismus‹ (Hessinger 2002) als pfadabhängige postsozialistische Entwicklungsform ein. Beide Konzepte beziehen sich auf bestimmte sozialstrukturell verankerte typische Deutungsmuster sozialer Wirklichkeit, Handlungs- und Verhaltensmuster, die ich als pfadabhängig entstanden betrachte und anschließend näher diskutieren möchte.

Eine solche Sichtweise impliziert ggf. verschiedene Typen von Kapitalismus in Osteuropa und Westeuropa, wenn wir davon ausgehen, dass diese Strukturen eben nicht durch Transition beseitigt wurden. Melanie Tatur (1998) hat dies in einer Diskussion über die Idealtypen »demokratischer Kapitalismus, politischer Kapitalismus und krimineller Kapitalismus« verdeutlicht.

Tab. 8: Krimineller, politischer und demokratischer Kapitalismus (Tatur 1998)

	Krimineller Kapitalismus	Politischer Kapitalismus	Demokratischer Kapitalismus
Ökonomie	Extraktion Umverteilung »Schutzgeld« gewaltförmig organisierte und kontrollierte mafiöse »Märkte«	Extraktion/Produktion, Externalisierung von Kosten, Rent-seeking, Monopolisierung von Märkten	Produktion, Produktivitätssteigerung, Profit-seeking, Kompetitivität von Märkten
Staat	Anarchie/Faustrecht (keine Eigentumsrechte, keine Vertragsdurchsetzung)	Fragmentiertes Gewaltmonopol, schwacher Rechtsstaat und Eigentumsrechte, schwache Geltung von Verträgen	Gewaltmonopol Rechtsstaat Starke Eigentumsrechte Geltung von Verträgen
Politik		Oligarchie	Demokr. Institutionen
Gesellschaft	Atomisierung, gesellschaftliches Vakuum	Patronagepolitik oligarchischer Parteiapparate, Klientelismus, schwache Öffentlichkeit, geringe Transparenz der Politik	Vermittlungsfunktion von Parteien und Verbänden, Zivilgesellschaftliche Aktivität, starke Öffentlichkeit, Transparenz der Politik
Moralische Ressourcen	Anomie, amoralischer Familialismus Opportunismus	Tribalistisch fragmentierte Moral, Personalisierung sozialer Beziehungen, konkrete Gemeinschaft, ambivalente moralische Ressourcen, Opportunismus	Civic community, Generalisiertes Vertrauen, abstrakte Gemeinschaft, starke moralische Ressourcen, geringer Opportunismus

Transitionsansatz

Tatur bezog sich auf die frühen 1990er Jahre und meinte damals in der Sichtweise des Transitionsansatzes, es handle sich um ein Übergangsphänomen, aber die heutige Funktionsweise der russischen, teilweise auch anderer osteuropäischer und sogar zentralasiatischer

Gesellschaften lässt vermuten, dass viele postsozialistische Gesellschaften nach wie vor Besonderheiten aufweisen, wie wir sie mit dem Transformationsansatz skizziert haben (Dittrich et al. 2006; Dittrich und Schrader 2015; Schrader 2019).

Demokratischer Kapitalismus

So ist bzgl. der Typisierung von Tatur zu kritisieren, dass die Pfadabhängigkeit von Entwicklung unterschätzt wurde; darüber hinaus sind die idealtypischen Begrifflichkeiten hoch normativ. Mit den gewählten Bezeichnungen wird ›demokratische Gesellschaft‹ als die Norm, andere Gesellschaften als Abweichungen und Pathologien verstanden. Im Weltmaßstab können wir aber eher davon ausgehen, dass die Annäherung an den Idealtypus ›demokratischer Kapitalismus‹ die Abweichung darstellt, insbesondere, da das westliche Demokratiemodell in Koppelung mit einem freien Markt ein Auslaufmodell zu sein scheint.

Heutige Tendenzen in der Entwicklungssoziologie und der Post-Kolonialismusdebatte

Entwicklungsdiskussion

Wie bereits festgestellt, haben wir uns seit den 1990er Jahren von den großen Theorien der Modernisierung verabschiedet. Aber was passierte in der Entwicklungsdiskussion? Die Diskussion, die um die Modernisierung geführt wurde, wurde in die Entwicklungssoziologie bzw. auch in die postkolonialen Studien hineingetragen. Modernisierung wurde zunehmend kritisch problematisiert. Mit dem »*Cultural Turn*«, der Abkehr von strukturalistischen Makrokonzepten und der Hinwendung zu akteursorientierten Meso- und Mikrokonzepten, rückte die Bedeutung von Kultur für die Entwicklung erneut in den Vordergrund. Das Konzept der Multiplen Moderne (Eisenstadt) stellt, wie bereits gezeigt wurde, die Einzigartigkeit der westlichen Moderne in Frage. Hinzu kommen Inputs des Poststrukturalismus,[50] der Postmoderne und des Post-Developmentalismus[51]. Die Kritik gegen den Eurozentrismus, Orientalismus und gegen eine homogenisierte westliche Kultur wird laut und insbesondere von Sozialwissenschaftlern aus dem globalen Süden geführt.

Washington Konsens

Bevor wir uns näher diese Diskussion anschauen, betrachten wir zuerst einmal den entwicklungspolitischen Hintergrund. Mit der Auflösung der Trennung zwischen Wachstumstheorie und Wachstumstheorie für Entwicklungsländer unter der Erstarkung eines neoliberalistischen Denkens war das Motto von Politikberatern und internationalen Organisationen wie Weltbank und Internationaler Währungsfonds die Strukturanpassung nationaler Volkswirtschaften an die kapitalistische Marktwirtschaft. Der Konsens von Washington (1990), der ursprünglich auf die lateinamerikanischen Länder angewendet wurde, aber dann als Strukturanpassungskonzept seine Anwendung in zahlreichen verschuldeten Entwicklungsländern und in Osteuropa fand, zielt auf mehr Stabilität, den Abbau protektionistischer Handelsbeschränkungen und einen freien Kapitalverkehr. Die ihm zugrunde liegende neoliberale Argumentation ist, dass über Reformen und Marktintegration im Zuge der Globalisierung ein hohes wirtschaftliches Wachstum, eine starke Reduzierung der Armut und eine Einkommensnivellierung erreicht würde. In Bezug auf zehn Instrumente wurde ein Konsens erzielt:

- Haushaltsdisziplin
- Priorität der öffentlichen Ausgaben für Bildung, Gesundheit und Infrastruktur, Abbau von Subventionen
- Senkung von Steuern
- vom Markt bestimmte positive Zinsraten
- freie Wechselkurse
- Liberalisierung der Handelspolitik
- Offenheit für ausländische Direktinvestitionen
- Privatisierung
- Deregulierung und Abbau von Staatsbürokratie
- Schutz des Privateigentums

Der Nobelpreisträger J. E. Stiglitz ist einer der zentralen Kritiker des Washington Konsens. In seinem Buch »*Globalization and its Discontents*« (2002) (deutsche Ausgabe: »Die Schatten der Globalisierung«) kritisiert er, dass der Washington Konsens bzgl. der Kreditvergaben die Empfängerländer zur Erfüllung der Bedingungen nötige, auf dem neoklassischen Paradigma beruhe und seine unflexible Handhabung gerade durch den IWF vielen Ländern Schaden zugefügt habe. Die Länder, die sich nicht an die strikten Empfehlungen/Anweisungen gehalten und z. B. ihre Wirtschaften geschützt hätten, hätten oftmals wirtschaftspolitisch die großen Fortschritte erzielt.

Weltentwicklung

Wir können in diesem Sinne in Anlehnung an Beck den Washington Konsens als ein weiteres Risiko der Weltrisikogesellschaft begreifen. Er hat zum Ziel, alle Gesellschaften für eine globalisierte

Ökonomie durch Weltmarktintegration fit zu machen. Diese Perspektive impliziert, dass bei entwicklungspolitischen Maßnahmen keine Unterscheidung mehr hinsichtlich Entwicklungsstand getroffen werden muss; auf alle Länder seien dieselben neoliberalen/neoklassischen Paradigmen anwendbar. Hier sehen wir einen deutlichen Unterschied zur älteren Modernisierungstheorie. Dort ging es darum, durch gezielte Maßnahmen die weniger entwickelten Länder zu den entwickelten aufschließen zu lassen (nachholende Modernisierung/nachholende Industrialisierung, Transition von einer agrarischen zu einer Industriegesellschaft). Vor diesem Hintergrund wurden modifizierte Wirtschaftstheorien für Entwicklungsländer geschaffen (z. B. dahingehend, dass dem Staat durch Protektionismus eine zentrale Rolle für Entwicklung eingeräumt wurde, anstatt diese dem Markt zu überlassen). Dagegen ist die Sichtweise, die dem Washington Konsens zugrunde gelegt wurde, dass sich heutzutage alle Gesellschaften im Weltkontext weiterentwickeln und dass es daher auch nur einer Theorie bedarf. Wir sprechen also nicht mehr von einer Entwicklung der sog. Entwicklungsländer, sondern von einer Weltentwicklung (implizit verschwindet das Ziel nachholender Industrialisierung mit dem Washington Konsens in einer fast Ricardiani'schen ›Freihandelslehre‹ der Globalisierung, nach der alle Länder von der Strukturanpassung profitieren).

Diese Tendenz kann vor dem Hintergrund realer Entwicklungen interpretiert werden: Gesellschaften unterliegen alle den Paradigmen der Globalisierung, Informationalisierung und Flexibilisierung. Die ganze Welt ist im Wandel. Die frühere Struktur von Erster, Zweiter und Dritter Welt ist durcheinandergebracht worden. Die Lücke zwischen Semiperipherie (NICs) und Kern/Zentrum ist kleiner oder sogar geschlossen, während sie im Hinblick auf die Länder, die nicht von der Globalisierung profitieren, größer geworden ist. Auch wenn die Weltbank argumentiert, dass Armut insgesamt zurückgegangen ist, müssen wir differenzierter hinschauen. Einzelne Regionen (Ostasien, Südostasien, Südasien) entwickeln sich, und es entstand eine breite Mittelklasse, aber Artmut verschwindet dennoch nicht (vgl. Bogner et al. 2020). Dagegen erstarren große Teile Afrikas ökonomisch und in ethnischen Konflikten bzw. fallen nach einzelnen Erfolgen wieder zurück (Beispiel Ghana). Aber auch nationale Generalisierungen sind nicht mehr haltbar: Innerhalb von Ländern haben wir Wachstumspole (zumeist in der Hauptstadt und einigen sekundären Städten), während andere Landesteile kaum Entwicklung zeigen.[52] Um dies zusammenzufassen: Die Entwicklungseinheit ist nicht mehr, was sie war: nicht mehr national, sondern eher regional und lokal. Innerhalb von Ländern wachsen die sozialen und ökonomischen Ungleichheiten. Die Peripherie ist nun im alten Zentrum genauso sichtbar wie das Zentrum in der Peripherie, wie dies die Dependenztheorie tendenziell gezeigt hat.

Entwicklungsstaaten

Der globale Süden wurde also heterogener, die NICs schafften es, aus der durch die kritischen Theorien der Modernisierung prognostizierten Entwicklungsfalle zu entkommen. Beim näheren Hinschauen zeigt sich, dass diese NICs gerade nicht die Länder waren, die den Empfehlungen eines IWF folgten. Es handelte sich hierbei um starke ›Entwicklungsstaaten‹.

Die wichtigsten sechs Charakteristika von erfolgreichen Entwicklungsstaaten können in Anlehnung an Adrian Leftwich (vgl. Braig 2022) wie folgt zusammengefasst werden:

- Es gibt eine *Entwicklungselite*, die der Entwicklung verpflichtet ist und von einer oftmals charismatischen Präsidenten-Persönlichkeit geleitet wird, welche stark ist, aber nicht im Stile der persönlichen Bereicherung herrscht.
- Entwicklung wird als nationalistisches Projekt erklärt und von der Bevölkerung angenommen.
- Die Entwicklungselite kann relativ unabhängig von gesellschaftlichen Partikularinteressen im übergeordneten Interesse der nationalen Entwicklung handeln. Sie ist nicht völlig losgelöst von der Gesellschaft, sondern in ein enges Netz mit staatlichen wie auch nicht-staatlichen Akteuren eingebunden; diese definieren bzw. implementieren die Entwicklungsziele kollektiv.
- Die Entwicklungsorientierung der Elite führt zu einer kompetenten, mächtigen, mit Ressourcen ausgestatteten und somit handlungsfähigen Entwicklungs-Bürokratie, die sowohl das Wissen

wie auch die Autorität hat, um im Entwicklungsprozess eine zentrale Rolle zu spielen.

- Die Elite hat die Kapazität für ein effektives Management von privaten wirtschaftlichen Interessen und wird nicht von ihnen dominiert.
- Die Stärke der Bürokratie und der Entwicklungselite ist verbunden mit einer freiwillig oder zwangsweise schwach ausgeprägten Zivilgesellschaft. Dies bedeutet Repression (Ruhe und Ordnung, aber gewährleistete Eigentumsrechte) und geringere Achtung der Menschenrechte bei gleichzeitiger Legitimität durch Entwicklungsleistung.

Post-Washington-Konsens

In jüngster Zeit wird allerdings das neoliberale Credo des Washington Konsens zunehmend wieder in Frage gestellt. Der Ruf nach Regulierung durch den Staat wird hinsichtlich eines ungezügelten Kapitalismus und Spekulationen ausgesetzten Finanzmarktes wieder laut. Die Weltbank agiert nun wesentlich vorsichtiger und weicht bei konkreten Verhandlungen mit Staaten zunehmend vom Washington Konsens ab (so sprechen wir nun vom Post-Washington Konsens).

Poor Economics

In der Entwicklungsökonomie gibt es einen vielversprechenden empirischen Ansatz, der von Banerjee und Duflo (Banerjee et al. 2012) angewendet wird. Mit ihren *randomized controlled trial (RCT)* beschäftigen sie sich nicht mit großtheoretischen Ansätzen, sondern mit groß angelegten experimentellen Studien, die dann kleinteilige Aussagen treffen können (so z. B.: welche sind die Bedingungen, dass in X Moskitonetze von der Bevölkerung angenommen werden, in Y aber nicht?). Es geht letztendlich darum, die zentralen Variablen für den Erfolg einer entwicklungspolitischen Maßnahme herauszuarbeiten und als möglichen Handlungsansatz darzustellen (hierzu siehe www.pooreconomics.com). Hier kommen die Denkweisen der Entwicklungsökonomie und Entwicklungssoziologie zusammen.

Entwicklungsdiskurs

Die Reflexivität hinsichtlich Modernisierung und Entwicklung ist, wie bereits gezeigt wurde, aber eben nicht nur auf die (post)industriellen Länder beschränkt, sondern bezieht die Sozialwissenschaftler aus dem globalen Süden ein. So ist bewusst geworden, dass die

Modernisierungstheorie zahlreiche Projekte beinhaltet wie etwa Differenzierung und Rationalisierung, die eher endogen ansetzen, aber auch Diffusion, Verwestlichung, Nation-Building usf., die eher exogen induziert werden. Denn ohne diese exogenen Aspekte würde ja eine internationale Entwicklungspolitik keinen Sinn machen. Genau diese Spannung zwischen endogener und exogener Entwicklung ist Kern der Entwicklungspolitik und des Entwicklungsdiskurses. Und genau hier setzt auch die Kritik aus dem globalen Süden an, dass dieser exogen induzierte soziale Wandel eine Fortsetzung der Sequenz von Kolonialismus, Imperialismus, internationaler Arbeitsteilung und Globalisierung darstellt, wie ich dies bei meiner Lehrtätigkeit in Indien immer wieder zu hören bekam. Dabei kommt mit dem Erstarken der Diskursanalyse ein weiterer Aspekt hinzu: Zunehmend rückt die hegemoniale Definitionskompetenz hinsichtlich des Begriffs von Entwicklung, aber auch von Modernität ins Zentrum der Kritik. Wohin geht die Entwicklungssoziologie, fragt Dieter Neubert (2020) rhetorisch – in die Richtung der Soziologie, der Entwicklungsstudien, oder ist sie sogar schon tot? Meine Position wird hoffentlich in diesem Buch deutlich: Neben empirischen Fallstudien im Entwicklungskontext geht es um die Hinterfragung des verallgemeinernden modernisierungstheoretischen Denkens und der mit ihm zusammenhängenden Terminologie.

Entwicklungspolitik

Wichtig zu sehen ist, dass der Begriff der Entwicklung immer dual und normaiv gedacht ist, da implizit die Begrifflichkeit der Nichtentwicklung, Fehlentwicklung, Unterentwicklung, unausgeglichenen Entwicklung usf. mitschwingt. Das Kernproblem der entwicklungspolitischen Perspektive ist, dass normative Konzepte der Politikwissenschaft wie ›Gute Regierungsführung‹, die in der heutigen entwicklungspolitischen Diskussion gängig sind, eine Norm darstellen, die festlegt, was ›gut‹ ist. Diese wurde aus der westlichen Bürokratieentwicklung hergeleitet und Regierungen, die die Norm nicht erfüllen, eine schlechte Regierungsführung attestiert. Dies dokumentiert den nach wie vor hegemonialen Anspruch der Entwicklungspolitik.

Dependenztheorie

Wissenschaftler aus dem globalen Süden knüpfen auch nach 1980 mit ihrer Kritik weiter an die Dependenztheorien an, indem sie sie auf eine globalisierte Welt erweitern. So argumentiert z. B. Cardoso (zitiert nach Nederveen Pieterse 2001), wir müssen Abhängigkeit heutzutage umdefinieren. Die Entwicklungsländer hätten heutzutage ihre komparativen Vorteile verloren: Verfügbarkeit von Land, billige Arbeitskraft und Rohstoffe seien für eine postindustrielle Wirtschaft nicht mehr von zentraler Bedeutung. So kommt er resignativ zu dem Schluss, dass die Länder des Südens stark in Forschung und Entwicklung einsteigen und in einer globalisierten Wirtschaft ihren Platz finden müssen oder unbedeutend und unausbeutbar/irrelevant bleiben. Auch Manuel Castells (2017) geht tendenziell in diese Richtung, indem er die Entstehung einer Vierten Welt beobachtet, die aus der strukturellen Position der Ausbeutung in die strukturelle Position der Irrelevanz verschwindet. Dann handelt es sich tatsächlich um Exklusion.

Abkopplung

Samir Amin, einer der damaligen führenden Vertreter der Dependenztheorie außerhalb Lateinamerikas, hält dagegen nach wie vor an der Idee der Abkoppelung *(De-linking)* von der Weltwirtschaft und autozentrierten Entwicklung fest, denn die weltkapitalistische Struktur – so sein Hauptargument – lässt eine nachholende Industrialisierung gar nicht zu. Die NICs seien gerade nicht der Kern von morgen, sondern die neue Peripherie, während die jetzige Peripherie auf dem Weg zu ihrer Zerstörung sei. Daher ginge das Programm der Strukturanpassung als Schlüssel der Entwicklung von völlig falschen Annahmen aus und sei zum Scheitern verurteilt, denn es vernachlässige die Struktur des Weltkapitalismus.

> »Delinking is the refusal to submit to the demands of world-wide law of value, or the supposed ›rationality‹ of the system of world prices that embody the demands of reproduction of world capital. It, therefore, presupposes the society's capacity to define alternative range of criteria of rationality of international economic options, in short a ›low value of national application‹« (Amin 1990, zitiert nach Nederveen Pieterse 2001: 52).

Post-Development

»Post-Development« und ähnliche Ansätze (Anti-Development, ›Beyond Development‹) sind ein Sammelbegriff, der vielleicht so umschrieben werden kann, dass er eine Kritik am Prozess der Wissensproduktion und dessen Artikulation über andere Gesellschaften darstellt (Williams und Chrisman 1994). Verschiedene Autoren stellen sogar den Entwicklungsbegriff gänzlich in Frage, da er die Neue Religion des Westens sei (Rist 1997) und ein Mittel, Wissenschaft als Machtmittel gegen Entwicklungsländer einzusetzen (Nandy 1988). Der Entwicklungsbegriff sei nicht neutral, sondern ein Interpretationsmuster, das mit Problematiken (Armut, Krankheit, schlechter Regierungsführung, Bürgerkriegen usw.) verbunden sei und eine vermeintliche Lösung für diese Probleme über Intervention/Entwicklungszusammenarbeit impliziere (vgl. Ferguson 1990). Entwicklungspolitik habe bisher nichts als Misserfolge geschaffen (Kothari 1989), bedeute eine Bevormundung subalterner Schichten (Spivak 2008), Westernisierung und Homogenisierung (Contantino 1985) und führe zur Umweltzerstörung. Entwicklungspolitik sei durch einen Ökonomismus geprägt und daher reduktionistisch. Die Annahme, dass alle Gesellschaften dieser Welt zu Mittelklassengesellschaften mit entsprechenden Lebensstilen gemacht werden können, sei heutzutage nicht mehr haltbar (Dasgupta 1985) – schon allein nicht aus ökologischen Gründen. Man sieht an diesen Argumentationsmustern, dass sie reflexiv i. S. v. Beck sind und die westliche Kritik der Moderne gegen den Westen umkehren. Das Problem dieser Ansätze ist, wie Nederveen Pieterse feststellt, dass sie dekonstruktivistisch sind, ohne Alternativen zu bieten. Sie entstammen intellektuellen Zirkeln aus Lateinamerika (Escobar 2007), Indien (›Delhi School‹), Pakistan, Malaysia und Europa (Latouche 1993, Rist 1997, Sachs 1995, Ziai 2007, 2004 und andere).

Armut

So wird aus verstehender Perspektive etwa der Armutsbegriff hinterfragt, da er nach westlichen Standards definiert ist. Kulturell wahrgenommene Armut sei nicht notwendigerweise materielle Armut. Wer nicht am Markt teilhabe (absolute bzw. relative Armut werden monetär gemessen), werde nach westlichen Standards als arm definiert, während in vielen Ländern des globalen Südens ein Charakteristikum ›Armut an Beziehungen‹ (wenig Sozialkapital) ist (vgl. Sen 2000). Schon das Wachstumsziel alleine sei ein zumeist nicht hinterfragtes Paradigma, das etwa mit einem selbstgenügsamen, zufriedenen Leben nicht in Einklang stehe. Armut könne sogar eine Waffe darstellen, wie dies die Franziskaner oder Gandhi gezeigt haben.

Verwestlichung

Einher geht diese Sichtweise des »Post-Development« mit der Sicht, dass Entwicklung immer Verwestlichung der Welt bedeutet hat (Latouche 1993: 160). In diesem Sinne argumentiert auch Kothari, dass dort, wo der Kolonialismus aufhörte, die Entwicklungspolitik begann (Kothari 1988: 143). Escobar (zitiert nach Nederveen Pieterse 2001) stellt fest, dass Entwicklung eine externe, exogene Sichtweise sei, die auf dem Modell der industrialisierten Welt basiere. Deshalb müsse sie abgelehnt und durch endogene Sichtweisen auf Entwicklung und endogene Diskurse abgelöst werden. Das bedeutet mit anderen Worten, dass die Reflexivität dieser Intellektuellen die Fremdbestimmtheit der eigenen Diskurse als Übernahme westlicher Diskurse erkennt und sich nun dagegen zur Wehr setzt. Das Problem hierbei ist, dass der alte Eurozentrismus teilweise durch einen neuen Dritte-Welt-Zentrismus ersetzt wird. So wird etwa übersehen, dass gerade mit der Entwicklung und dem Wachstum in Ostasien japanische und andere ostasiatische Managementstile zum Vorbild für den Westen wurden.

Entwicklung

Wie wir gerade gesehen haben, ist ein Teil der Kritik an der Moderne die Kritik der Wissenschaft und die Verbindung von Wissenschaft und Macht. Sie ist Kern verschiedener neuer sozialer Bewegungen im Norden und Süden, wobei gerade in der Technik nach Alternativen, nach ›grüner‹ Wissenschaft und Entwicklung gesucht wird. Wie wir die Reflexivität der Moderne im Westen beobachten können, wird sie auch im globalen Süden sichtbar – allerdings in der Gestalt, dass nicht ganze Gesellschaften, sondern wie auch im Westen bestimmte Schichten von ihr durchdrungen sind. Wir erleben die Gleichzeitigkeit von Erster und Zweiter Moderne auch in sog. Entwicklungsländern, das Streben nach Wachstum, Marktintegration, technischem Fortschritt, das Wachsen einer Mittelklasse mit westlichen Lebensstilen, aber auch populistisch-nationalistische Bewegungen als Auflehnung gegen westlich-amerikanische Überfremdung durch Produkte und Lebensstile.

Produktion Dritte Welt

Spezifisch für zahlreiche Post-Developmentalisten ist die Dimension der Analyse von Entwicklung als Diskurs (Bsp. Okzident und

Orient als Diskurs). Escobar vergleicht ihn mit Edward Saids Analyse des Orientalismus. Er argumentiert, der Diskurs über Entwicklung sei ein Mechanismus zur *»Produktion und zum Management der Dritten Welt«* (Escobar 1992).

Entwicklung verbinde Wissensformen über die Dritte Welt mit Macht; der Begriff ziele auf Intervention und produziere eine Dritte Welt (Escobar 1995).

Diskursanalyse

Diskursanalyse, wie sie hier benutzt wird, betrachtet Sprache und Text als Mittel, hegemoniale Strukturen aufzudecken. Das Problem ist hier, dass viele Diskurstheoretiker zu Vereinfachungen neigen und mit ihrem Bias auf Diskurs (sozial)strukturelle Zusammenhänge und ›strukturelle Gewalt‹ (Johan Galtung 1988, 1972) vernachlässigen (vgl. Kapoor 2008: 12 f.). So zeigt Nederveen Pieterse (2001), wie etwa die Weltbank mit dem IWF in eine Ecke gestellt wird, obwohl gerade die Weltbank allzu oft zum IWF auf Distanz geht (vgl. Stiglitz) und verschiedene Wandelungen durchgemacht hat. Zahlreichen Vertretern dieser Richtung ginge es daher nicht um Alternativen zu Entwicklung, sondern um das Ende von ihr, und viele Behauptungen wie etwa die, dass Entwicklung nicht funktionieren könne, werden nicht belegt. Nederveen Pieterses Kritik an dieser Richtung fällt vernichtend aus:

> »In its reliance on deprofessionalized intellectuals and distrust of experts, post-development rubs shoulders with anti-intellectualism (...). Like some forms of alternative development, post-development involves populism« (2001: 108).

Selbstorganisationskapazität

Die negative Grundhaltung des Dekonstruktivismus ohne Rekonstruktivismus lasse keinen Raum für eine vorwärts gerichtete Politik. Die Forderung sei, die Entwicklungszusammenarbeit von außen ganz einzustellen und sich dabei auf die Selbstorganisationskapazität der armen Bevölkerung zu verlassen. Damit werde Gemeinschaft mit ihrer Selbstorganiationskapazität überhöht und übersehen, dass sie kollektiven Handelns bedarf, was oftmals scheitere.

Modernisierung

In ihrem Buch *»Rethinking Modernity«* greift Bhambra (2007) nicht den Entwicklungsbegriff an, sondern die Idee der Modernisierung und des sozialen Wandels. Sie begreift alle klassischen, modernen und teilweise auch postmodernen Theorien der Moderne als Konstrukte, die auf zwei Annahmen basieren:

- Brüchen (von der Vormoderne zur Moderne und von der Moderne zur Postmoderne, reflexiven Moderne etc. wie auch hinsichtlich Entwicklungsstufen)
- Differenz (zeitlich wie geographisch – kulturell sowie bzgl. dieser Entwicklungsstufen).

Konzept der Moderne

Das Kernproblem sieht sie daher nicht nur darin, dass europäische Prozesse als universelle Entwicklungspfade verallgemeinert wurden, sondern dass diese europäischen Prozesse selbst auf Konstrukten basieren. Während in der postmodernen und auch postkolonialen Kritik die Normativität dieses westlichen Entwicklungspfades als universelles Modell dekonstruiert wurde, bleibe die Tatsache, dass der Westen nach wie vor als Referenzfolie – positiv wie auch negativ – für Wandel stehe, an dem sich die Gesellschaften des globalen Südens abarbeiten. So wird die postmoderne Wende wiederum im Westen verortet, und von dort aus diffundiere sie in den globalen Süden. Daher folgert die Autorin – und es gibt an zahlreichen Stellen Hinweise auf die Berechtigung dieser Folgerung – wir müssen das Konzept der Moderne selbst in Frage stellen. So geht Bhambra also wesentlich weiter als die Post-Development Ansätze. Dabei untersucht sie den Zusammenhang zwischen Moderne, postmoderner Theorie und Eurozentrismus. Ihr Kernargument ist:

(1) wenn wir die Vergangenheit nicht verstehen,
(2) wenn wir die Gegenwart nicht verstehen können,
(3) weil wir ein fragwürdiges Konstrukt aus der Vergangenheit in der Soziologie weiterschleppen,
(4) so ist auch unsere heutige Sichtweise in diesem Konstrukt verankert.

Daher reihe ich meine Herangehensweise in die Kritik Bhambras ein: wir können viel reflexiver an die Theorien des sozialen Wandels herangehen, als dies in den gängigen Lehrbüchern aus dem Westen geschieht. Dies beinhaltet, tatsächlich eine Weltperspektive auf die Theorien einzunehmen.

Die Autorin stellt fest, die Klassiker der Soziologie (Durkheim, Marx und Weber) basierten ihre Sichtweise des sozialen Wandels auf der Annahme, dass Europa sich einzigartig in eine moderne fortschrittliche, rationale Gesellschaft weiterentwickelt und damit eine Differenz zu außereuropäischen, vormodernen, traditionalen Gesellschaften herstellt. Auch bei späteren Theorien der Moderne wie Parsons oder Luhmann, Giddens oder Beck wird diese Sichtweise übernommen. Die Identifikation als moderne Gesellschaft basiere auf einem Konzept, was bedeutet, modern zu sein – in normativer Differenz zu anderen Gesellschaften. Dabei wird Modernität an verschiedenen Faktoren festgemacht: der Sozialstruktur, kognitiven Prozessen (Rationalität und Diskurs), Herrschaftsformen, Marktexpansion usf. – alles Faktoren, die historisch aus der westlichen Entwicklung hergeleitet wurden und als Frames für Moderne herhalten. Dies ist Eurozentrismus.

Eurozentrismus

Bisher haben wir diesen Begriff verwendet, ohne ihn zu definieren. Nun greife ich Bhambras Definition auf:

Definition

»the belief – implicit or otherwise – in the world historical significance of events believed to have developed endogenously within the cultural-geographical sphere of Europe« (Bhambra 2007: 5).

Bhambra geht jedoch weiter und stellt selbst die fortschrittlicheren kultursoziologischen Ansätze, die auf dem Konzept der Multiplen Moderne basieren, infrage, da auch diese Prozesse auf den spezifischen westlichen Programmen basieren. So reiche es nicht, die außereuropäische Welt auf der Suche nach einer eigenen kulturellen Moderne zu klassifizieren (Eisenstadt), die sich eben nur im kulturellen Programm vom Westen unterscheidet, und so eine Pluralität von Geschichte und Entwicklung in Differenz zu konstatieren.

Brüche

So argumentiert Bhambra gegen regional unterscheidbare Prozesse. Das Differenzprinzip in der Soziologie sowie das Konzept der Brüche seien interpretative Kategorien und nicht Fakten. Insofern lässt sich Bhambra als Kritikerin des theoretischen Denkens des sozialen Wandels und der Modernisierung verorten, die Kern der Soziologie sind und als fiktives Narrativ dekonstruiert werden können. Leider dringt ihre Sichtweise unzureichend in die Allgemeine Soziologie vor.

Rassismus

Quijano (2000) und Ha (2014) verknüpfen die politökonomische Perspektive der Ausbeutung mit der rassistischen Perspektive, die sich tief in das Denken und Fühlen postkolonialer Subjekte eingeschrieben hat. So schreibt Ha, Rassismus könne nicht als individuelles Problem (als Vorurteil oder als Angst) verortet werden, sondern müsse als ein kolonialer Frame zur Klassifizierung von Menschen verstanden werden. Der koloniale Rassismus schrieb sich als Klassifikationsschema der Welt in die Perspektive des globalen Nordens ein, und dasselbe Schema der Höher- und Minderwertigkeit findet sich im globalen Süden, das an den Faktoren Hautfarbe, Wissen, Technologie, Kultur- und Naturbeherrschung usf. festgemacht wird und sich im Alltag als Diskriminierung manifestiert.

Moderne

Auch Meinhof (2020) argumentiert mit Quijano – und ich teile diese Auffassung – dass die deutsche, europäische und westliche Soziologie Denktradition der Kolonialismus-Analyse und Postkolonialismus-Debatte vernachlässigt hat. Es sei sinnvoll, mit Quijano (2008) die Unterscheidung zwischen Kolonialismus und Kolonialität einzunehmen. Erster beschreibe ein historisches System, das mit der »Entdeckung von Amerika« begann und mit der Entkolonisierung endete und zu wenig Relevanz in der soziologischen Theorie der Moderne habe. Doch das Machtmodell der Kolonialität als regionales System existiert weiter. Der moderne (oder auch postmoderne) Kapitalismus bleibt damit immer kolonial im Sinne von Kolonialität. Diese Struktur ist weder zeitlich noch räumlich zu verankern. Die Moderne sei aus kolonialen, globalen Verflechtungszusammenhängen entstanden.

Eurozentrischer Diffusionismus

Blaut (1995) kritisiert in den Theorien der Moderne zu Recht den ›eurozentrierten Diffusionismus‹. Viele Aspekte, die den Begriff der Moderne konkretisieren, seien erst im Austausch zwischen Europa und anderen Regionen der Welt entstanden. Stattdessen macht es Sinn, Bhambras Sichtweise als postkoloniale Kritik aufzunehmen, die die moderne Identität Europas als Konstrukt, als kontrafaktische Grenzziehung zu den Kolonien interpretiert. Diese Verleugnung von Tatsachen schreibe Europa die Erfindung oder Entdeckung allen modernen Wissens zu.

Majoritäts-verhältnis

Aber auch neben dem akademischen Diskurs um Post-Development/Westliche Hegemonie und Modernisierung gibt es andere Gründe, die dafürsprechen, dass sich etwas im Verhältnis von »Okzident« zum »Orient« ändert. Diese Gründe liegen in der Demographieentwicklung und Machtverschiebung. In den Vereinigten Staaten bilden Weiße inzwischen die Minderheit, und auch in Europa ändert sich das Majoritätsverhälnis, wenn auch wesentlich später. Am 15.11.2012 schrieb die ZEIT – und dies hat genauso heute Relevanz – über

> »Macho, weiß, von gestern: (...) Die Männer des Westens sind bedroht: von Frauen, Migranten und vom Rest der Welt«.

Als Aufhänger für diesen Artikel diente die amerikanische Wahl und das Scheitern von Mitt Romney. Die Autoren arbeiten seinen Habitus und sein Programm insbesondere bei Frauen, Schwarzen und Latinos heraus.

> »Der allmähliche Machtverlust des weißen Mannes gegenüber Migranten und Frauen findet zudem auch noch eine globale Entsprechung. Die Dominanz des Westens geht in diesen Jahrzehnten zu Ende, Schwellenländer wie Indien, Brasilien und China gewinnen an Bedeutung, ökonomisch wie politisch. Und die Fähigkeit des Westens, durch militärische Interventionen die Welt nach seinen Wünschen umzugestalten, ist in den vergangenen zehn Jahren schroff an ihre Grenzen gestoßen (...).
>
> Tatsächlich stirbt nicht eine Hautfarbe aus und kein Geschlecht ab, sondern ein Habitus, allerdings einer, der jahrtausendealt ist, der hundertfach von einer Generation zur nächsten weitergegeben wurde. Lange war der weiße Mann ganz selbstverständlich das Maß aller Dinge und aller anderen Menschen, er war die Norm. Er bestimmte, was Zivilisation ist, er war Zivilisation in Persona und fuhr in die Welt

> hinaus, um sie den anderen beizubringen. Sein ›westlich aufgeklärter‹ Blick bestimmte, was der ›Orient‹ war, wie Afrika funktionierte oder Asien, wie sich andere weiterzuentwickeln hatten. Er besaß die Macht, die anderen zu definieren, nie war es so, dass die anderen den weißen Mann definierten oder Ansprüche an die Vorherrschaft in der Welt stellten. Sie verehrten ihn oder rebellierten gegen ihn, doch immer stand er im Zentrum.« (Die ZEIT, 15.11.2012, 3).

Heute wird diese Vorherrschaft nicht nur rhetorisch in Frage gestellt, sondern in einigen Fällen wird der »weiße Mann« demokratisch ganz einfach abgewählt, und sein Niedergang wird oft mit Häme begleitet. Der »weiße Mann« muss sich auf eine veränderte Weltordnung einstellen.

Anmerkungen

1 Geschlechterneutralität: Aus Gründen der Lesbarkeit wird durchgängig auf die verschiedenen Genderformen (d/m/w) verzichtet; die meisten Begriffe diesbezüglich sind kategorial und nicht personenbezogen. Alle kategorialen Formulierungen sprechen gleichermaßen alle Geschlechter an.

2 »Die Trogodyten zum Beispiel ›kriechen in Höhlen und nähren sich von Schlangen‹; kein Wunder, das sie nicht sprechen: Sie zischen eher. In Indien gibt es Wesen ohne Mund, die von Gerüchen leben, und Zyklopen, die ihr einziges Auge auf der Stirn tragen. Andere haben nur einen Fuß, doch der fällt dafür umso größer aus: ›Wenn sie die Sonne mit großer Hitze quält, legen sie sich auf den Rücken und beschatten sich selbst mit ihrem Fuß.‹ Den armen ›Blemyern‹ in Afrika hingegen ›fehlen die Köpfe‹, doch das macht nichts: ›Ihr Gesicht ist auf der Brust‹« (Eckhard o. J.: 13).

3 Siehe https://www.spektrum.de/lexikon/philosophen/comte-auguste/75 (Zugriff 11.03.2023), auch Klages (1972).

4 Im Historischen Materialismus ist Geschichte nicht eine zufällige Abfolge von Ereignissen, sondern ihr unterliegt ein deterministisches Entwicklungsgesetz der Gesellschaft, das auf ökonomischen Beziehungen basiert. Die Spannungen zwischen sozialen und ökonomischen Bedingungen spitzen sich auf jeder Entwicklungsstufe zu und erzwingen einen neuen Gesellschaftstyp.

5 Vgl. Nassehi, Armin (2012): Klassengesellschaft – Analog oder Digital? NF, FH 3/2012: 23 ff.

6 Siehe hierzu Schimank (1996); Hughes et al. (1995), Morrison (1995).

7 Sekundärliteratur zu Simmel z. B. Nedelmann 1984; Stinchcombe 1992; Dahme und Ramstedt 1983; Ziemann 2000, Bianco 2014.

8 Literatur: Weber, M. (1924). Gesammelte Aufsätze zu Sozial- und Wirtschaftsgeschichte. Tübingen, Mohr; Weber, M. (1924). Gesammelte Aufsätze zur Soziologie und Sozialpolitik. Tübingen, Mohr; Weber, M. (1929). Gesammelte Aufsätze zur Religionssoziologie, 3 Bände. Tübingen, Mohr; Weber, M. (1948). Aus den Schriften der Religionssoziologie. Frankfurt a. M., Schauer; Weber, M. (1984). Die protestantische Ethik. Gütersloh, Gütersloher Verlagshaus Mohn; Weber, M. (1985). Wirtschaft und Gesellschaft. Tübingen, Mohr; Weber, M. (1988). Religionssoziologie. Tübingen, Mohr/UTB.

9 Marx setzte sich allerdings auch mit der vorkapitalistischen asiatischen Produktionsweise der staatlich gesteuerten Bewässerungslandwirtschaft auseinander, die aus seiner Perspektive Klassenbildung verhinderte und Statik hervorbrachte.

10 Allerdings kann – wie bei Ken Wilber (2007) – die Ausdifferenzierung der Wertsphären während des 18.–19. Jh. auch anders interpretiert werden. Als mit der Aufklärung der mythische Gott durch die Vernunft ersetzt wurde, erhob sich allmählich die Wissenschaft als Repräsentantin der Vernunft mit der Methode des wissenschaftlichen Beweises als Wertsphäre über die Religion (Wilber: *the grand displacement; the disaster of modernity*). Der nicht beweisbare Gott wurde als Agnostizismus oder als Atheismus erklärt. In Westeuropa wurde die Religion mit der Kirche ›eingefroren‹. Die spirituelle Modernisierung konnte nicht mit der kognitiven, ästhetischen und moralischen Entwicklung fortschreiten.

11 In der Realität zeigt sich auch in europäischen Gesellschaften in den 2020er Jahren eine zunehmende Aushebelung gerichtlicher Unabhängigkeit durch die Politik (Beispiele: Polen, Russland), die in vielen außereuropäischen Gesellschaften üblich ist (Beispiele: China, Nordkorea, Iran, und bei der Fertigstellung dieses Buches nun gerade Israel).

12 Hier soll Luthers Antisemitismus nicht verschwiegen werden. »Luther diente das Feindbild [der Juden, H. S.] dazu, sein reformatorisches Verständnis des rechten christlichen Glaubens in striktem Gegensatz zum jüdischen Glauben auszudrücken. Juden strebten durch eigenes Handeln nach Erlösung, suchten durch Werke Gott zu dienen, hätten aber dabei ihre irdischen Interessen fest im Blick. Dieser ›Gesetzesreligion‹

setzte Luther seine Vorstellung entgegen, nur durch die Gnade Gottes könne der Gläubige das Heil erlangen« (Die ZEIT, 24. Nov. 2016, 21).

13 vgl. hierzu Schluchter 1984.

14 Die Hölle ist der Ort des Schmerzes und des Feuers, das Paradies der Ort der Kühle und des Schattens, wo Früchte und Getränke und ewige Jungfrauen auf die Gerechten warten (Suren 44 ff.; 56 ff.). Diese Verheißungen werden außerhalb und innerhalb des Islams stark kritisiert. V. a. in der Mystik gilt die Vorstellung der Erschauung Gottes im Paradies, die uns für das irdische Leben verschlossen bleibt.

15 Nach Baldwin und Wilson (1988) verstehen einige heterodoxe Muslime unter *riba* den exzessiven Zins, während die orthodoxen Richtungen jegliche Zinsen ablehnen. Der Koran unterstellt, dass Gott in seiner Allmacht die Menschheit mit ausreichenden Ressourcen ausgestattet hat. Wettbewerb ist daher kein Element der natürlichen Ordnung. Stattdessen ist der Mensch zu einem gewissen Grad sozial verantwortlich, was allerdings nicht die Ablehnung des Privateigentums impliziert. Zum islamischen Bankwesen siehe auch Schrader (2000).

16 Ich folge hier Otsuka (1996).

17 Hierzu Braudel (1990b, 1990a); Le Goff (1989).

18 Hierzu Braudel (1985).

19 Vor mehr als 4000 Jahren entstand in Gebieten, in denen Bewässerungs-Feldanbau nicht von einzelnen Bauern oder Dorfgemeinschaften allein geleistet werden konnte, eine staatliche Bewässerungsinfrastruktur (Lexikon Sociologus). Die Kennzeichen einer originären asiatischen Produktionsweise sind: (a) dass es kein Privateigentum an Boden gibt; (b) dass die Dorfgemeinschaften autark sind; (c) dass die Herrschaftsform als Despotie bezeichnet werden kann; (d) dass diese Produktionsweise sozio-ökonomische Stagnation hervorbrachte.

20 Hier folge ich Goetze (1997).

21 Zum Begriff der ›einfachen‹ Modernisierung ist anzumerken, dass er nicht von der Modernisierungstheorie der 1930er bis 1970er Jahre entworfen wurde, sondern erst in einer späteren Phase in den 1980er/1990er Jahren beim Wiedererstarken der Modernisierungstheorie, um die erste Phase abzugrenzen.

22 Weiterführend zur Parsons'schen Modernisierung Jetzkowitz (Jetzkowitz 2018).

23 Vgl. Max Webers Unterscheidung zwischen formaler und materialer Gleichheit.

24 Benjamin Barber (2007) spitzt diese Sichtweise noch dahingehend zu, dass konsumistische Triebbefriedigung die Menschen auf der Entwicklungsstufe von Kleinkindern hält.

25 Für eine knappe Zusammenfassung siehe https://www.getabstract.com/de/zusammenfassung/orientalismus/12614 (Zugriff 11.03.2023).

26 Die These wurde letztendlich empirisch weitgehend widerlegt.

27 Hierzu siehe die Diskussion in Senghaas (1979b).

28 Nach Lenin ist der Imperialismus durch eine Konzentration von Produktion und Kapital und Monopolisierungstendenzen, das Verschmelzen von Bank- und Industriekapital und die Entstehung einer Finanzoligarchie, einen starken Anstieg an Kapitalexporten als Antwort auf die Stagnation der einheimischen Ökonomie und die Entstehung transnationaler Unternehmen und kapitalistischer Assoziationen gekennzeichnet.

29 Vgl. hierzu die jüngste Diskussion um das Lieferkettengesetz.

30 Vgl. Armin Nassehi 2016: Fatale Blicke, in DIE ZEIT 3, 14. Januar, S. 39.

31 Cinema.de https://www.cinema.de/film/der-marsch,1314995.html, Zugang 23.03.23.

32 https://www.welthungerhilfe.de/lebensmittelverschwendung/was-ist-der-oekologische-fussabdruck, Zugriff 07.03.2023.

33 https://www.ewe.com/de/zukunft-gestalten/klimaschutz/klimapedia/klimaschutz/oekologischer-fussabdruck; Zugriff 07.03.23.

34 Zeit Onliner Umwelt, 8.5.12: Der Weltuntergang zieht sich.

35 Taz.de: Dritte Moderne. 25.05.2006.

36 DIE ZEIT, 04.06.2009 Nr. 24.

37 Soziale Bewegungen stellen daher wichtige kollektive Akteure für die Selbstproduktion von Gesellschaft dar. Gesellschaft produziert auch Historizität, sie schreibt ihre eigene Geschichte selbst. Der Wandel der Gesellschaft zur Moderne sei kein evolutionärer Prozess, sondern eine gewalttätige Transformation, in der sich bestimmte kollektive Akteure durch Macht durchsetzen.

38 Boxer bezog sich nicht nur auf den Namen der Bewegung, die »Fäuste der Gerechtigkeit und Harmonie«, sondern auch die Kampfkunst.

39 Tibi (2001) ist allerdings der Meinung, dass es nur eine, nicht aber eine halbe Moderne gibt, in der nur die strukturelle und institutionelle Dimension übernommen wird, nicht aber die kulturelle Dimension.

40 Als islamisches Bankwesen wird die Ausrichtung der Institution auf die Regeln und den religiös-ethischen Wertekanon des Islam/Koran und seinen Verpflichtungen zu sozialer Verantwortung bezeichnet. Dies bedeutet Verzicht auf verzinsten Geldverleih (*Riba*) und Gewinne aus Geschäften mit Glücksspielcharakter (*Maysir*) oder Investitionen in Unternehmen, die nicht mit den ethischen Grundsätzen des Islam vereinbar sind (Beispiele: Rüstungs-, Tabak- oder Alkoholindustrie, Schweinefleischproduktion und -handel). Ebenfalls unterlassen werden intransparente und hochriskante Spekulationen (*Gharar*). Zinsen für Spareinlagen (Habenzinsen) werden durch Sachkompensationen umgangen. Islamische Banken bilden für Muslime ethische Alternativen zum herkömmlichen Bankwesen und schaffen neue ethische Finanzinstrumente (Habib 2018; Hassan & Lewis 2007; Chibli Mallat 1988; Schrader 2000).

41 Eine Weiterführung der hier mit Mishra aufgezeigten Argumentation findet sich in seinem Buch »*Zeitalter des Zorns*« (2017) und der heutigen Nachzeichnung des US-amerikanischen und europäischen Zentrismus in »*Freundliche Fanatiker*« (Mishra 2021).

42 Ansary, Tamim in DIE ZEIT nr. 50, 10. Dez. 2015 (S. 6).

43 Ich folge in der Unterscheidung von Transition und Transformation Kollmorgen und Schrader (2003) sowie Schrader (2004a).

44 Schon dem Begriff »Postsozialismus« liegt ein Verständnis der Pfadabhängigkeit zugrunde (K. Müller 1998).

45 Der Begriff der »Kontinuität im Wandel« findet sich heutzutage in verschiedenen Schriften zur Transformation, die die Pfadabhängigkeit des Wandels hervorheben (vgl. Dittrich et al. 1997). Dieser Begriff wurde bereits implizit und explizit in den 1960er und 1970er Jahren bzgl. der Entwicklung postkolonialer Gesellschaften verwendet (vgl. Geertz 1963, Eisenstadt 1972, Dalton 1971).

46 Zur kontroversen Diskussion eines neoinstitutionalistischen und eines evolutionären Ansatzes siehe Müller (1998); Pickel (1998).

47 Während die Akkumulation der Produktionsmittel als normal gilt, gibt es nach Elwert (Eckert 2004; Elwert 1985, 1987) einen weiteren Typus der Akkumulation: die venale Akkumulation oder Appropriation über Macht. Hierbei, so Elwert, greift ein oberflächliches Verständnis von Korruption zu kurz, weil es das generelle Muster der Kommodifizierung öffentlicher Güter bzw. Leistungen verschleiert. Für die von mir beschriebene Zeit gab es für Geschäftsleute die Option, sich Sicherheit über Patronagebeziehungen zu kaufen (vgl. Varese 1994), und zwar entweder bei der Miliz oder bei der russischen Mafia – beides war etwa gleich teuer.

48 Zum Begriff der Einbettung siehe Polanyi (1978); Granovetter (1983); Schrader (1997c).

49 Auch hier weist das Konzept eine starke Nähe zu entwicklungssoziologischen Konzepten des »*rent-seeking capitalism*«, des »Rentierstaats« (Bierschenk et al. 2001; Elwert 1987) in Afrika oder des »*crony capitalism*« (Schiel 2001) auf. Auch das Konzept der strategischen Gruppen (Evers & Schiel 1988; Schubert et al. 1994) könnte für eine Verfeinerung des Konzepts des »politischen Kapitalismus« nutzbar gemacht werden.

50 Der Poststrukturalismus geht auf geistes- und sozialwissenschaftliche Ansätze zurück, die in den 1960er Jahren in Frankreich entstanden und den Zusammenhang von sozialer Wirklichkeit und Sprache untersuchten. Die klassische »starre« Sichtweise des Strukturalismus, wie wir ihn bei Ferdinand de Saussure oder Claude Lévi-Strauss finden, wird von den Poststrukturalisten in Frage gestellt, da gesellschaftliche Strukturen und Wissensordnungen über Diskurse ständig verändert werden. Für unseren Zusammenhang sind die postkolonialen Studien als Teil des Poststrukturalismus relevant.

51 Wir werden den Post-Development Ansatz, der sich dezidiert mit dem Entwicklungsbegriff und seinem Diskurs auseinandersetzt, an späterer Stelle betrachten.

52 Wir haben bereits gesehen, dass erfolgreiche Modernisierung nur eine von verschiedenen Pfaden ist (Shmuel N. Eisenstadt 1979), während ungleichgewichtige Entwicklung innerhalb eines Landes nicht nur Resultat einer kolonialen Plantagenökonomie (Boeke 1953) ist, sondern auch in der Gegenwart mit bestimmten Exportsektoren im extraktiven Bereich und agrarischen Subsistenzbereichen fortlebt.

Literatur

Alavi, H., 1962: Capitalism and Colonial Production. London: Croom Helm.

Albrow, M. & E. King, 1990: Globalization, knowledge and society: readings from International sociology. London: Sage in association with the International Sociological Association.

Amin, S., 1979: »Self-reliance« und die Neue internationale Arbeitsteilung. 317–336 in: D. Senghaas (Hg.), Kapitalistische Weltökonomie. Frankfurt a. M.: Suhrkamp.

Amin, S., 1990: Delinking: towards a polycentric world. London: Zed Books.

Anderson, B., 1988: Die Erfindung der Nation. Zur Karriere eines erfolgreichen Konzepts. Frankfurt a. M.: Campus.

Andreski, S., 1984: Max Weber on Capitalims, Bureaucracy and Religion. A Selection of Texts. London, Boston and Sydney: Allen and Unwin.

Antweiler, C., 1999: Immanuel Wallerstein. Alle Entwicklung ist eingebettet im kapitalistischen Welt-System. Bonn: Zeitschrift E+Z – Entwicklung und Zusammenarbeit 9: 253–255.

Archer, M. S., 1991: Sociology for One World. Unity and Diversity. International Sociology 6: 131–148.

Axelrod, R., 1995: Die Evolution der Kooperation. 3. Aufl. München u. a.: Oldenbourg.

Bacha, E. L., 1978: An interpretation of unequal exchange from Prebisch-Singer to Emmanuel. Journal of Development Economics 5: 319–330.

Baldwin, C. & R. Wilson, 1988: Islamic Finance in Principle and Practice. in: C. Mallat (Hg.), Islamic Law and Finance. London, Dordrecht and Boston: Graham and Trotman.

Balibar, E. & I. Wallerstein, 1988: Rasse, Klasse, Nation: Ambivalente Identitäten Argument Classics. Hamburg: Argument.

Bamyeh, M. A., 1993: Transnationalism. Current Sociology 41 (Special Issue).

Banerjee, A. V., E. Duflo, 2012: Poor Economics: Plädoyer für ein neues Verständnis von Armut. München: Knaus.

Banton, M., 1966: The Social Anthropology of Complex Societies. London: Tavistock.

Barber, B. R., 2007: Consumed!: wie der Markt Kinder verführt, Erwachsene infantilisiert und die Bürger verschlingt. München: Beck.

Bauman, Z., 2003: Flüchtige Moderne. Frankfurt a. M.: Suhrkamp.

Bayertz, K., 1998: Solidarität. Begriff und Problem. Frankfurt a. M.: Suhrkamp.

Beck, U., 1986: Risikogesellschaft. Auf dem Weg in eine andere Moderne. Frankfurt a. M.: Suhrkamp.

Beck, U., 2007: Weltrisikogesellschaft: auf der Suche nach einer verlorenen Sicherheit. Edition Zweite Moderne. Frankfurt a. M.: Suhrkamp.

Beck, U., A. Giddens & S. Lash, 1996: Reflexive Modernisierung: eine Kontroverse. Frankfurt a. M.: Suhrkamp.

Beigel, F., 2015: Das Erbe des lateinamerikanischen Dependentismo und die Aktualität des Begriffs der Abhängigkeit. Journal für Entwicklungspolitik XXXI: 11–38.

Bell, D., 1985: Die nachindustrielle Gesellschaft. Frankfurt a. M. und New York: Campus.

Bell, D., 1991: Die kulturellen Widersprüche des Kapitalismus. Frankfurt a. M. und New York: Campus.

Bennholdt-Thomsen, V., 1981: Subsistenzproduktion und erweiterte Reproduktion. Ein Beitrag zur Produktionsweisendiskussion, in: Gesellschaft, Beiträge zur Marxschen Theorie 14: 30–51.

Berner, E. & R. Korff, 1994: Globalization and Local Resistance. The Creation of Localities in Manila and Bangkok. International Journal of Urban and Regional Research 19: 208–222.

Bhambra, G. K., 2007: Rethinking Modernity: Postcolonialism and the Sociological Imagination. Rethinking Modernity: Postcolonialism and the Sociological Imagination. London: Palgrave Macmillan.

Bhowmik, S., 2005: Globalization, Governance and Labor: A Perspective from India. in: Institute of Rural Management Anand (IRMA) (Hg.), Globalization, Governance Reforms and Development in India. Mumbai: Institute of Rural Management Anand (IRMA).

Bianco, A., 2014: Domination and subordination as a social organization principle in Georg Simmel's Soziologie. Washington D. C.: Rowman and Littlefield.

Bierschenk, T., 2023: Ethnologie und Entwicklung in Deutschland. Eine Geschichte der Gegenwart. Working Paper 202 des Instituts für Anthropologie und Afrikastudien Studies, Johannes Gutenberg Universität Mainz.

Bierschenk, T., J.-P. Chaveau & J.-P. Olivier de Sadan, 2001: Lokale Entwicklungsmakler. Zur Soziologie von Zivilgesellschaft und Partizipativer Entwicklungshilfe in Afrika. S. 211–238 in: H. Schrader, M. Kaiser & R. Korff (Hg.), Markt, Kultur und Gesellschaft: Zur Aktualität von 25 Jahren Entwicklungsforschung. Münster, Hamburg, London: Lit Verlag.

Boeke, J. H., 1953: Economics and Economic Policy of Dual Societies as Explified by Indonesia. New York: Institute of Pacific Relations.

Bogner, A. u. a., 2020: Die Welt aus der Perspektive der Entwicklungssoziologie. Baden-Baden: Nomos Verlagsgesellschaft mbH & Co. KG.

Bourdieu, P., 1982: Die feinen Unterschiede. Kritik der gesellschaftlichen Urteilskraft. Frankfurt a. M.: Suhrkamp.

Bourdieu, P. et al., 2005: Das Elend der Welt. Konstanz: UVK-Verl.-Ges.

Braidotti, R., 2020: Posthuman knowledge. Cambridge: Polity.

Braig, M., 2022: Staat und Entwicklung. In: Manuela Boatca/Karin Fischer/Gerhard Hauck (Hrsg.): *Handbuch Entwicklungsforschung.* Wiesbaden: Springer Fachmedien: 1–12.

Braudel, F., 1985: Sozialgeschichte des 15.–18. Jahrhunderts. Bd. 1: Der Alltag. München: Kindler.

Braudel, F., 1990a: Sozialgeschichte des 15.–18. Jahrhunderts. Bd. 2: Der Handel. München: Kindler.

Braudel, F., 1990b: Sozialgeschichte des 15.–18. Jahrhunderts. Bd. 3: Aufbruch zur Weltwirtschaft. München: Kindler.

Bude, H., 2014: Gesellschaft der Angst. Hamburg: Edition HIS.

Cardoso, F. H. & E. Faletto, 1977: Dependencia y desarrollo en América Latina. Buenos Aires: Siglo XXI editores S. A. (dt., Frankfurt a. M. 1976).

Casanova, J., 1994: Public religions in the modern world. Chicago: Univ. of Chicago Press.

Cassirer, E., 1995: Zur Metaphysik der symbolischen Formen. Leipzig: Felix Meiner Verlag.

Castells, M., 1991: The Informational City. Information Technologies, Economic Restructuring, and the Urban-Regional Process. Oxford and Cambridge, MA: Basil Blackwell.

Castells, M., 2001: Der Aufstieg der Netzwerkgesellschaft. Opladen: Leske und Budrich.

Castells, M., 2017: Jahrtausendwende: das Informationszeitalter. Wirtschaft. Gesellschaft. Kultur. Band 3. Wiesbaden: Springer.

Claessens, D., 1991: Die Fremde, Fremdheit und Identität. 45–55 in: O. Schäffter (Hg.), Das Fremde. Erfahrungsmöglichkeiten zwischen Faszination und Bedrohung. Opladen: Westdeutscher Verlag.

Claussen, D., 2013: Nachwort: Neues Zeitalter, neue Weltbilder. 381–408 in: P. Mishra (Hg.), Aus den Ruinen des Empire. Frankfurt a. M.: S. Fischer.

Cole, G. D. H. 1953: A history of socialist thought. Macmillan: London.

Comte, A., 2004: System der positiven Politik. Wien: Turia + Kant.

Conrad, S., 2012: Kolonialismus und Postkolonialismus. 62. Jg. Bonn: APuZ.

Contantino, R., 1985: Synthetic Culture and Development. Quezon City: Foundation for Nationalist Studies.

Cuzzort, R. P., 1969: Humanity and modern sociological thought. New York: Holt Rinehart and Winston.

Dahme, H.-J. & O. Ramstedt, 1983: Einleitung. in: G. Simmel (Hg.), Schriften zur Soziologie. Eine Auswahl. Frankfurt a. M.: Suhrkamp.

Dahrendorf, R., 1979: Lebenschancen. Anläufe zur sozialen und politischen Theorie. Frankfurt a. M.: Suhrkamp.

Dalton, G., 1971: Economic Anthropology and Development. New York, London: Basic Books Inc. Publishers.

Daly, H., 1973: Toward a steady-state economy. San Francisco: W. H. Freeman.

Daly, H., 2014: From uneconomic growth to a steady-state economy. Cheltenham: Elgar.

Dannecker, P., 2013: Entwicklungssoziologie. 94–107 in: R. & E. F. Forster (Hg.), Forschungs- und Anwendungsbereiche der Soziologie. Wien: Facultas.

Dasgupta, S., 1985: Towards a Post Development Era. London: Mittal.

Decker, O. & E. Braehler, 2020: Leipziger Autoritarismus-Studie 2020. Berlin: Heinrich-Böll-Stiftung e. V.

Dehne, M., 2016: Soziologie der Angst. Wiesbaden: Springer.

Deshpande, S., 2003: Contemporary India. A sociological view. Delhi: Penguin Viking.

Dewey, J., 1999: Liberalism and Social Action (Great Books in Philosophy). 93. Prometheus Books.

Dittrich, E., F. Fürstenberg & G. Schmidt, 1997: Kontinuität im Wandel. München, Mehring.

Dittrich, E. & H. Schrader, 2015: »When Salary is not Enough …« Private Households in Central Asia. Münster, Hamburg and London: Lit Verlag.

Dittrich, E., H. Schrader & C. Stojanov, 2006: Von Wirten und anderen Entrepreneuren: Kleinunternehmen in Bulgarien, Tschechien und der Russischen Föderation. Gesellschaftliche Transformationen. Berlin [u. a.]: Lit Verlag.

Dörre, K., S. Lessenich & H. Rosa, 2009: Soziologie Kapitalismus Kritik. Frankfurt a. M.: Suhrkamp.

Douglas, M. & B. Isherwood, 1996: The World of Goods. Towards an Anthropology of Consumption (repr. 1979). London: Routledge.

Durkheim, E., 1964: The Division of Labour in Society. New York: The Free Press.

Durkheim, E., 1988: Über soziale Arbeitsteilung. Studie über die Organisation höherer Gesellschaften. Vorwort von Niklas Luhmann. Frankfurt a. M.: Suhrkamp.

Easterlin, R. A., 2002: Happiness in economics. Cheltenham [u. a.]: Edward Elgar Publ.

Eckert, J., 2004: Anthropologie der Konflikte. Georg Elwerts konflikttheoretische Thesen in der Diskussion. Bielefeld: transcript.

Eckhard, A., 2006: Predigt der Gewalt? Betrachtungen zu Franz Fanons Klassiker der Kolonisation. Zeithistorische Forschung/Studies in Comparative History 3: 169–175.

Eckhard, E. (o. J.) GEO Epoche Nr. 105 – Denker, Forscher, Pioniere 1500–1950 – [GEO]. Geo.

Eisenstadt, S. N., 1966: Modernization: protest and change. Modernization of traditional societies series. Englewood Cliffs, N. J. Hoboken: Prentice-Hall.

Eisenstadt, S. N., 1971: Continuities and Change in Systems of Stratification. in: B. Barber & A. Inkles (Hg.), Stability and Social Change. Boston: Little, Brown and Co.

Eisenstadt, S. N., 1998: Die Antinomien der Moderne: die jakobinischen Grundzüge der Moderne und des Fundamentalismus. Frankfurt a. M.: Suhrkamp.

Eisenstadt, S. N., 1972: Social Evolution. 228–234 in: D. L. Sills (Hg.), International Encyclopedia of the Social Sciences. London, New York: Mcmillan.

Eisenstadt, S. N., 1979: Tradition, Wandel und Modernität. Frankfurt a. M.: Suhrkamp.

Eisenstadt, S. N., 2001: Vielfältige Moderne (Multiple Modernities). Zeitschrift für Weltgeschichte 2: 9–33.

Eisenstadt, S. N. 2005: Die Vielfalt der Modern: ein Blick zurück auf die ersten Überlegungen zu den »Multiple Modernities«. 63–173 in: R. Hohls (Hg.), Europa und die Europäer: Quellen und Essays zur modernen europäischen Geschichte. Stuttgart: Steiner.

Elias, N., 1981: Über den Prozeß der Zivilisation Bd. 1. Frankfurt a. M.: Suhrkamp.

Elias, N., 1993: ·Über den Prozess der Zivilisation: Soziogenetische und psychogenetische Untersuchungen. Frankfurt a. M.: Suhrkamp.

Elwert, G., 1985: Märkte, Käuflichkeit und Moralökonomie. 509–519 in: B. Lutz (Hg.), Soziologie und gesellschaftliche Entwicklung. (Verhandlungen des 22. Deutschen Soziologentages in Dortmund 1984). Frankfurt a. M.: Campus.

Elwert, G., 1987: Ausdehnung der Käuflichkeit und Einbettung der Wirtschaft. Markt und Moralökonomie. 301–321 in: K. Heinemann (Hg.), Soziologie wirtschaftlichen Handelns. Kölner Zeitschrift für Soziologie und Sozialpsychologie, Sonderheft 28.

Engels, F., 1884: Der Ursprung der Familie, des Privateigentums und des Staates. Zürich: Hottingen.

Entwicklungssoziologen, AG Bielefelder, 1979: Subsistenzproduktion und Akkumulation. Bielefelder Studien zur Entwicklungssoziologie 5: Saarbrücken, Ford Lauderdale: Breitenbach.

Escobar, A., 1992: Reflections on Development: Grassroots Approaches and Alternative Politics in the Third World. Futures: 411–436.

Escobar, A., 1995: Encountering development: the making and unmaking of the Third World. Princeton studies in culture/power/history. Princeton, N. J.: Princeton Univ. Press.

Escobar, A., 2007: »Post-Development« as Concept and Social Practice. 18-32 in: A. Ziai (Hg.), Exploring Post-Development. Theory, Practice, Problems and Perspectives. London: Routledge.

Esser, H., 2001: Integration und ethnische Schichtung (No. Arbeitspapier 40). Mannheim.

Evers, H.-D., 1987: Subsistenzproduktion, Markt und Staat, der sogenannte Bielefelder Verflechtungsansatz. 36–40 in Geographische Rundschau 39 (3).

Evers, H.-D. & T. Schiel, 1988: Strategische Gruppen: vergleichende Studien zu Staat, Bürokratie und Klassenbildung in der Dritten Welt. Berlin: Reimer.

Fanon, F. & J.-P. Sartre, 1969: Die Verdammten dieser Erde – Rororo: aktuell; 1209/1210. Reinbek bei Hamburg: Rowohlt.

Ferguson, J., 1990: The Anti-Politics Machine: »Development«, Depoliticization and Bureaucratic Power in Lesotho. Cambridge: Cambrige Univ. Press.

Foucault, M., 2007: Überwachen und Strafen: die Geburt des Gefägnisses. Suhrkamp-Taschenbuch. Frankfurt a. M.: Suhrkamp.

Frank, A. G., 1966: Die Entwicklung der Unterentwicklung. in: A. G. Frank et al. (Hg.), Kritik des bürgerlichen Antiimperialismus. Berlin: Wagenbach, Rotbuch.

Frank, A. G., 1969: Kapitalismus und Unterentwicklung in Latein Amerika. Frankfurt a. M.: Europäische Verlangsanstalt.

Frank, A. G., 1998: ReORIENT: Global Economy in the Asian Age. Los Angeles: University of California Press.

Fürstenberg, F., 1997: Perspektiven der soziologischen Transformationsforschung in postsozialistischen Ländern. in: E. Dittrich, F. Fürstenberg & G. Schmidt (Hg.), Kontinuität im Wandel. Betriebe und Gesellschaften Zentraleuropas in der Transformation. München, Mering: Hampp.

Galtung, J., 1988 Typologies of Violence, 271–272 in Transarmament and the Cold War. Essays in Peace Research Vol. VI (Copenhagen: Christian Ejlers).

Galtung, J., 1972: Eine strukturelle Theorie des Imperialismus. in: D. Senghaas (Hg.), Imperialismus und strukturelle Gewalt. Frankfurt a. M.: Suhrkamp.

Geertz, C., 1963: Agricultural Involution. The Process of Ecological Change in Indonesia. Berkley, CA: University of California Press.

Gellner, E., 1983: Nations and Nationalism. Oxford: Basil Blackwell.

Gellner, E., 1999: Nationalismus: Kultur und Macht. Frankfurt a. M. [u. a.]: Büchergilde Gutenberg.

Gerschenkron, A., 1966: Economic Backwardness in Historical Perspective. Cambridge, Mass: Belknap.

Giddens, A., 1995: Konsequenzen der Moderne. Frankfurt a. M.: Suhrkamp.

Giddens, A., 1996: Leben in einer posttraditionalen Gesellschaft. in: U. Beck, A. Giddens & S. Lash (Hg.) Reflexive Modernisierung. Eine Kontroverse. Frankfurt a. M.: Suhrkamp.

Goetze, D., 1997: Modernisierung. Bd. 4, 380–384 in: D. Nohlen et al. (Hg.), Lexikon der Politik: Die östlichen und südlichen Länder. München: Beck.

Goetze, D., 2008: Die Entwicklung des Wandels und der Wandel der Entwicklung. Unpublizierter Vortrag an der Univ. Regensburg am 31.01.2008.

Goffman, E., 1976: Wir alle spielen Theater. Die Selbstdarstellung im Alltag. München: Pieper.

Granovetter, M., 1983: The Strength of Weak Ties: A Network Theory Revisited. in: P. V Marsden & N. Lin (Hg.) Sociological Theory 1: 201–233.

Grieve, R. H., 2004: Appropriate Technology in a Globalizing World. International Journal of Technology Management and Sustainable Development 3: 173–187.

Ha, N., 2014 (5. Mai): Perspectives of urban decolonization: The european city as »Contact Zone«. sub\urban 2: 27–48. Halle: suburban eV.

Habermas, J., 1981: Theorie des kommunikativen Handelns. 2 Bde. Frankfurt a. M.: Suhrkamp.

Habib, S. F., 2018: Fundamentals of Islamic Finance and Banking. Fundamentals of Islamic Finance and Banking. Hoboken: Wiley.

Hagen, E. E., 1975: The Economics of Development. Homewood/Ill: Richard D. Irwin, Inc.

Halbwachs, M., 1967: Das kollektive Gedächtnis. Mit einem Geleitwort von H. Maus. Stuttgart: Enke.

Hall, P. A. & D. Soskice, 2009: An introduction to varieties of capitalism. in: Debating varieties of capitalism. Oxford u. a.: Oxford Univ. Press.

Harvey, D., 2005: The new imperialism. Oxford [u. a.]: Oxford Univ. Press.

Hassan, K. & M. Lewis, 2007: Handbook of Islamic banking. Edward Elgar.

Hein, W., 2013: PERIPHERIE-Stichwort Dependenz. PERIPHERIE 130/131: 349–352.

Hessinger, P., 2002: Mafia und Kapitalismus als totales soziales Phänomen. Ein Versuch über die Beziehungen von Moral und Sozialstruktur in zivilen und nicht-zivilen Gesellschaften. Arbeitsbericht Nr. 14. Magdeburg: Institut für Soziologie.

Hobbes, T., 1966: Leviathan – oder Stoff, Form und Gewalt eines bürgerlichen und kirchlichen Staates (ed. I. Fetscher). Neuwied: Luchterhand.

Hobsbawm, E. & T. Ranger, 1983: The Invention of Tradition. Cambridge: Polity Press.

Hobsbawm, E. J., 1998: On History. London: Abacus.

Hobsbawm, E. J. & S. Amin, 2000: Das Manifest – heute: 150 Jahre Kapitalismuskritik. Hamburg: VSA-Verl.

Honneth, A., 2017: Die Idee des Sozialismus. Frankfurt a. M.: Suhrkamp.

Huff, T. E. & Schluchter, W., 1999: Max Weber and Islam. New Brunswick: Transaction.

Hughes, A. & R. Cohen, 1971: Towards the emergence of a Nigerian working class: the social identity of the Lagos labour force. Occasional paper/University of Birmingham, Faculty of Commerce and Social Science ; no. 7, Series D.

Hughes, J. A., P. A. Martin & W. W. Sharrock, 1995: Understanding Classical Sociology. Marx, Weber, Durkheim. London: Sage.

Huntington, S., 1993: The Clash of Civilizations? Foreign Affairs 72: 37–44.

Husain, S. A., 2004: Max Weber's Sociology of Islam: A Critique. Bangladesh e-journal of Sociology 1(1): 48–51.

Imbusch, P., 1999: Moderne und postmoderne Perspektiven der Gewalt. 147–160 in: N. Sieghard & M. Schwab-Trapp (Hg.), Ordnungen der Gewalt. Beiträge zu einer politischen Soziologie der Gewalt und des Krieges. Opladen: Leske & Budrich.

Inglehart, R., 1998: Modernisierung und Postmodernisierung: kultureller, politischer und wirtschaftlicher Wandel in 43 Gesellschaften. Frankfurt a. M.: Campus.

Jackson, T., 2013: Wohlstand ohne Wachstum: Leben und Wirtschaften in einer endlichen Welt. München: Ökom.

Jansen, J. C. & J. Osterhammel, 2013: Dekolonisation: das Ende der Imperien – Beck'sche Reihe; 27–85: C.-H.-Beck-Wissen. München: Beck.

Jaspers, K., 1949: Vom Ursprung und Ziel der Geschichte. München: Pieper.

Jetzkowitz, J., 2018: Die Modernisierungstheorie von Talcott Parsons. 67–98 in: C. Lahusen & C. Stark (Hg.), Theorien der Gesellschaft. Berlin: De Gruyter.

Joas, H., 2012: Glaube als Option: Zukunftsmöglichkeiten des Christentums. Freiburg i. Br. [u. a.]: Herder.

Kaplinsky, R., 2011: Schumacher meets Schumpeter: Appriopriate technology below the radar. Research Policy 40: 193–203.

Kapoor, I., 2008: The Postcolonial Politics of Development. London, Routledge.

Klages, H., 1972: Geschichte der Soziologie, 2. Auflage. München: Juventa.

Kolland, F., 2005: Entwicklung und sozialer Wandel im globalen Kontext. 9–43 in: F. Kolland & A. Gächter (Hg.), Einführung in die Entwicklungssoziologie. Themen, Methoden, Analysen. Wien: Mandelbaum.

Kollmorgen, R., W. Merkel & H.-J. Wagener, 2015: Handbuch Transformationsforschung. Wiesbaden: Springer VS.

Kollmorgen, R. & H. Schrader, 2003a: Einleitung: Postsozialistische Transformation und Transformationsforschung. 7–18 in: R. Kollmorgen & H. Schrader (Hg.), Postsozialistische Transformationen: Gesellschaft, Wirtschaft, Kultur. Theoretische Perspektiven und empirische Befunde. Würzburg: Ergon.

Kollmorgen, R. & H. Schrader, 2003b: Postsozialistische Transformationen: Gesellschaft, Wirtschaft, Kultur: theoretische Perspektiven und empirische Befunde. Würzburg: Ergon.

Kößler, R., 2023: Socialism and Colonialism. 617–638 in: M. Van der Linden (Hg.), The Cambaridge History of Socialoism, Vol. II. Cambridge: CUP.

Kößler, R. & T. Schiel, 1996: Auf dem Weg zu einer kritischen Theorie der Modernisierung. Frankfurt a. M.: IKO.

Kößler, R., 2006: Entwicklung nach der Teleologie – Essay über die Möglichkeiten. in: A. Bührmann et al. (Hg.), Gesellschaftstheorie und die Heterogenität empirischer Sozialforschung. Festschrift für Hanns Wienold. Münster: Westfälisches Dampfboot.

Kothari, R., 1989: Rethinking Development: In Search of Humane Alternatives. Delhi: Ajanta.

Kruse, V. & U. Barrelmeyer, 2012: Max Weber: Eine Einführung. Konstanz: UVK UTB GmbH.

Le Goff, J., 1988: Wucherzins und Höllenqualen. Ökonomie und Religion im Mittelalter. Stuttgart: Klett-Kotta.

Le Goff, J., 1989: Kaufleute und Bankiers im Mittelalter. Frankfurt a. M.: Fischer.

Ledeneva, A. V., 1998: Russia's Economy of Favors: Blat, Networking and Informal Exchange. Cambridge: Cambridge University Press.

Ledeneva, A. V., 2001: Unwritten Rules. Centre for European Reforms.

Ledeneva, A. V. 2006: How Russia Really Works. Cornell University Press.

List, G. F., 1930: Das Nationale System der Politischen Ökonomie. Berlin: Heptagon.

Louven, E., 1980: Technologietransfer und angepaßte Technologien. Bochum: Ruhr Universität Bochum.

Love, J. L. & R. Prebisch, 1980: Raúl Prebisch and the Origins of the Doctrine of Unequal Exchange. Latin American Research Review 15: 45–72.

Lübke, Ch. & J. Delhey, 2019: Diagnose Angstgsellschaft? Was wir wirklich über die Gefühlslage der Menschen wissen. Bielefeld: transcript.

Luhmann, N., 1971: Die Weltgesellschaft. 51–71 in: N. Luhmann (Hg.), Soziologische Aufklärung 2. Aufsätze zur Theorie der Gesellschaft. Opladen: Westdeutscher Verlag.

Luhmann, N., 1984: Theorie sozialer Systeme. Grundriß einer allgemeinen Theorie. Frankfurt a. M.: Suhrkamp.

Luhmann, N., 1997: Die Gesellschaft der Gesellschaft. Frankfurt a. M.: Suhrkamp.

Luhmann, N., 2001: Vertrautheit, Zuversicht, Vertrauen. 143–160 in: M. Hartmann & C. Offe (Hg.), Vertrauen. Die Grundlagen des sozialen Zusammenhalts. Frankfurt a. M., New York: Campus.

Luxemburg, R., 1966: Die Akkumulation des Kapitals. Berlin: Vorwärtz Dietz.

Lyotard, J.-F., 1986: The Postmodern Condition. Manchester: Manchester University Press.

Maddison, M., 2001: The World Economy: A Millennial Perspective. OECD Development Centre.

Mallat, C., 1988: Islamic Law and Finance. London, Dordrecht, Boston: Graham and Trotman.

Marcuse, H., 1994: Der eindimensionale Mensch: Studien zur Ideologie der fortgeschrittenen Industriegesellschaft. München: dtv.

Marx, K., 1975: Zur Kritik der politischen Ökonomie. in: K. Marx & F. Engels (Hg.), Werke Bd. 13. Berlin: Dietz.

Marx, K., 1987: Das Kapital. Bd. 1. Berlin: Dietz.

Masubuchi, T., 1966: Wittfogel's Theory of Oriental Society (or Hydraulic Society) and the Development of Studies of Chinese Social and Economic History in Japan. The Developing Economies 4 (3): 316–326.

Meadows, D., 1973: Die Grenzen des Wachstums: Bericht des Club of Rome zur Lage der Menschheit. rororo; 6825 Sachbuch. Reinbek b. Hamburg: Rowohlt.

Meinhof, M., 2020: Postkoloniale Soziologie oder Soziologie des Kolonialismus? Soziologie 49 (4): 410–422.

Menzel, U., 1992: Das Ende der Dritten Welt und das Scheitern der großen Theorien. Frankfurt a. M.: Suhrkamp.

Merkel, W., 2006: Systemtransformation: eine Einführung in die Theorie und Empirie der Transformationsforschung. Wiesbaden: VS Verlag für Sozialwissenschaften.

Merz-Benz, P.-U. & G. Wagner, 2002: Der Fremde als sozialer Typus. Konstanz: UVK UTB GmbH.

Mishra, P., 2013: Aus den Ruinen des Empires die Revolte gegen den Westen und der Wiederaufstieg Asiens. Frankfurt a. M.: S. Fischer.

Mishra, P., 2017: Das Zeitalter des Zorns. Frankfurt a. M.: S. Fischer.

Mishra, P., 1969, 2021: Freundliche Fanatiker: über das ideologische Nachleben des Imperialismus. Frankfurt a. M.: S. Fischer.

Morgan, L. H., 1891: Die Urgesellschaft. Stuttgart: Dietz.

Morrison, K., 1995: Marx, Durkheim, Weber: Formations of Modern Social Thought. London: Sage.

Müller, K., 1991: Nachholdende Modernisierung. Die Konjunktur der Modernisierungstheorie und ihre Anwendung auf die Transformation der osteuropäischen Gesellschaft. 2: 261–291.

Müller, K., 1998: Postsozialistische Krisen. 177–249 in: K. Müller (Hg.), Postsozialistische Krisen. Theoretische Aufsätze und empirische Befunde. Opladen: Leske und Budrich.

Myrdal, G., 1980: Asiatisches Drama. Eine Untersuchung über die Armut der Nation. Frankfurt a. M.: Suhrkamp.

Nandy, A., 1988: Science, Hegemony and Violence: A Requiem for Modernity. Oxford: Oxford University Press.

Nassehi, A., 2012: Klassengesellschaft – Analog oder Digital? in: Neue Gesellschaft/Frankfurter Hefte 3/2012: 23–27.

Nedelmann, B., 1984: Georg Simmel als Klassiker soziologischer Prozessanalysen. 91–115. in: H.-J. Dahme & O. Ramstedt (Hg.), Georg Simmel und die Moderne. Neue Interpretationen und Materialien. Frankfurt a. M.: Suhrkamp.

Nederveen Pieterse, J., 2001: Development Theory: Deconstructions – Reconstructions. London: Sage.

Neubert, D., 2020: Sociology of development: sociology, development studies or already dead? 25–40 in: S. Kurfürst & S. Wehner (Hg.), Southeast Asian Transformations. Bielefeld: transcript.

Nisbet, R. A., 1969: Social Change and History. Oxford: Oxford Univ. Press.

Nisbet, R. A., 1994: History of the idea of progress. New Brunswick: Transaction Publishers.

North, D. C., 1991: Institutions. Journal of Economic Perspectives 5: 97–112.

Offe, C., 1986: Die Utopie der Null-Optionen – Modernität und Modernisierung als politisches Gütekriterium. 97–118 in: J. Berger (Hg.), Die Moderne: Kontinuitäten und Zäsuren. Sonderband 4 der Sozialen Welt. Göttingen: Otto Schwarz und Co.

Osterhammel, J., 1995: Kolonialismus: Geschichte, Formen, Folgen. München: Beck.

Osterhammel, J. & J. C. Jansen, 2012: Kolonialismus: Geschichte, Formen, Folgen – Beck'sche Reihe: Wissen; 2002. München: Beck.

Paech, N., M. Rommel, I. Antoni-Komar & D. Posse, 2020: Das Wirtschaftsprinzip der kleinen Einheiten – Resilienz durch gemeinschaftsgetragene Versorgungsstrukturen am Beispiel Solidarischer Landwirtschaftsbetriebe. Haushalt in Bildung & Forschung 9: 47–63.

Parsons, T., 1951: The Social System. Glencoe/Ill: The Free Press.

Parsons, T., 1977: The Evolution of Societies. Englewood Cliffs, New York: Prentice-Hall Inc.

Parsons, T. & N. J. Smelser, 1984: Economy and Society. A Study in the Integration of Economic and Social Theory. London: Routledge and Kegan Paul.

Perinbam, B. M. & J. M. Blaut, 1995: The Colonizer's Model of the World: Geographical Diffusionism and Eurocentric History. African Studies Review 38: 164.

Peters, C. H. & P. Schulz (Hg.), 2017: Resonanzen und Dissonanzen. Hartmut Rosas kritische Theorie in der Diskussion. Bielefeld: transcript.

Pickel, A., 1998: Theorie, Strategie und Ideologie: Grundprobleme ökonomischer Transformation. 113–131 in: K. Müller (Hg.), Postsozialistische Krisen. Theoretische Ansätze und empirische Befunde. Opladen: Westdeutscher Verlag.

Pickel, G., 2018: Religion und Wertorientierungen. 957–979 in Detlev Pollack u. a. (Hg.), Handbuch Religionssoziologie. Wiesbaden: Springer VS.

Pimmer, S. & L. Schmidt, 2015: Dependenztheorien reloaded. Journal für Entwicklungspolitik XXXI: 4–10.

Polanyi, K., 1978: The Great Transformation. Frankfurt a. M.: Suhrkamp.

Pollack, D., 2016a: Modernisierungstheorie-revised: Entwurf einer Theorie moderner Gesellschaften Modernization Theory-Revised: Designing a Theory of Modern Societies. Zeitschrift für Soziologie 45: 219–240.

Pollack, D., 2016b: Wiederkehr der Religion oder Rückgang ihrer Bedeutung: Religiöser Wandel in Westdeutschland. Soziale Passagen 8: 5–28.

Quijano, A., 2000: Coloniality of Power and Eurocentrism in Latin America. International Sociology 15: 215–232.

Quijano, A., 2008: Coloniality of Power, Eurocentrism and Latin America. 181–224 in: E. D. Morana, E. D. Duddel & C. A. Járegui (Hg.), Coloniality at large. Latin America and the postcolonial debate. Durham: Duke University Press.

Reckwitz, A., 2019: Die Gesellschaft der Singularitäten: Zum Strukturwandel der Moderne. Frankfurt a. M.: Suhrkamp Insel.

Reckwitz, A. & H. Rosa, 2021: Spätmoderne in der Krise – was leistet die Gesellschaftstheorie? Berlin: Suhrkamp.

Rist, G., 1997: The History of Development: from Western Origin to Global Faith. London: ZED.

Robison, R., 1996: The Politics of »Asian Values«. The Pacific Review 3: 309–327.

Rosa, H., 2005: Beschleunigung: Eine Veränderung der Zeitstrukturen in der Moderne. Frankfurt a. M.: Suhrkamp.

Rosa, H., 2019: Resonanz. Eine Soziologie der Weltbeziehung. Frankfurt a. M.: Suhrkamp.

Rostow, W. W., 1971: The Stages of Economic Growth (2nd ed). Cambridge: Cambridge University Press.

Rousseau, J.-J., 2003: Vom Gesellschaftsvertrag oder Grundsätze des Staatsrechts, übers. v. H. Brockhard. Ditzingen: Reclam, Philipp jun. GmbH.

Sachs, W., 1995: The Development Dictionary: a Guide to Knowledge as Power. Johannesburg: Witwaterstrand Univ. Press.

Said, E., 1978: Orientalism. London: Routledge and Kegan Paul.

Sassen, S., 1994: Cities in a World Economy. Sociology for a new century. Thousand Oaks, Calif.; London: Pine Forge Press.

Sassen, S., 2002: Global networks, linked cities. New York, London: Routledge.

Scharmer, C. O. 2019: Essentials der Theorie U: Grundprinzipien und Anwendungen. Heidelberg: Carl-Auer-Systeme Verlag.

Schiel, T. & G. Stauth, 1981: Subsistenzproduktion und Unterentwicklung. Peripherie No 5/6.

Schiel, T., 2001: Stände, Klassen, Strategische Gruppen: (noch) eingebettete und ausgebettete Gesellschaften. in: H. Schrader, M. Kaiser & R. Korff (Hg.), Markt, Kultur und Gesellschaft: Zur Aktualität von 25 Jahren Entwicklungsforschung. Münster, Hamburg, London: Lit Verlag.

Schimank, U., 1996: Theorien gesellschaftlicher Differenzierung. Opladen: Leske und Budrich.

Schluchter, W., 1984: Max Webers Studie über Hinduismus und Buddhismus: Interpretation und Kritik. Frankfurt a. M.: Suhrkamp.

Schmidt, A., 1982: Ungleicher Tausch. in: D. Nohlen & F. Nuscheler (Hg.), Handbuch 3. Welt, Band 1. Hamburg: Hoffmann und Campe.

Schmidt, A., 2011: Denken und Sein. Heidelberg: Winter.

Schmitz, A. & C. Schmidt-Wellenburg, 2020: In welcher Gesellschaft forschen wir eigentlich? Struktur und Dynamik des Feldes der deutschen Soziologie. Zeitschrift für Theoretische Soziologie 8: 245–279.

Schrader, H., 1997a: Globalisierung, (De)Zivilisierung und Moral. 83–87 in: K. S. Rehberg (Hg.), Differenz und Integration. Die Zukunft der Modernen Gesellschaft. Verhandlungen des 28. Kongresses der DGS im Oktober 1996 in Dresden, Bd. II. Opladen: Westdeutscher Verlag.

Schrader, H., 1997b: Changing Financial Landscapes in India and Indonesia. Sociological Aspects of Monetisation and Market Integration. Münster, Hamburg, London: Lit Verlag.

Schrader, H., 1997c: Market, State and Morality in Western and Non-Western Societies. Chinmaya Management Review 1: 60–73.

Schrader, H., 1999: Globalisierung, (De)Zivilisierung und Moral: Zur Struktur der Weltgesellschaft in der Postmoderne. 135–158. in: R.

Kößler, D. Neubert & A. v. Oppen (Hg.), Gemeinschaften in einer entgrenzten Welt. Berlin: Zentrum Moderner Orien Studien 12.

Schrader, H., 2000: Modernization between Economic Requirements and Religious Law: Islamic Banking in Malaysia. Internationales Asienforum 1-2: 36–59.

Schrader, H., 2004a: Trust and social transformation: theoretical approaches and empirical findings from Russia. Münster: Lit Verlag.

Schrader, H., 2004b: Spheres of Trust, Social Capital and Transformation in Russia. 391–410 in: H. Schrader (Hg.), Trust and Social Transformation. Theoretical approaches and empirical findings from Russia. Münster: Lit Verlag.

Schrader, H., 2010a: Entwicklungssoziologie. 105–122 in: G. Kneer & M. Schroer (Hg.), Handbuch Spezielle Soziologien. Wiesbaden: VS Verlag.

Schrader, H., 2010b: Entwicklungsmodelle für und Entwicklungen in Zentralasien. Otto-von-Guericke-Universität, Institut für Soziologie. Magdeburg: ISOZ Arbeitsbericht Nr. 58.

Schrader, H., 2017: Kapitalismus und Nachhaltigkeit – Ein Widerspruch in sich? Otto-von-Guericke-Universität, Institut für Soziologie. Magdeburg: ISOZ Arbeitsbericht Nr. 74.

Schrader, H., 2019: Continuity and Change in Societies in Post-Socialist Transformation: Research into Households and the Economy. IDE Journal 6: 11–29.

Schubert, G., R. Tetzlaff & H. Vennefeld, 1994: Demokratisierung und politischer Wandel. Theorie und Anwendung des Konzeptes der strategischen und konfliktfähigen Gruppen (SKOG). Münster und Hamburg: Lit Verlag.

Schulze, G., 1992: Die Erlebnisgesellschaft. Kultursoziologie der Gegenwart. Frankfurt a. M., New York: Campus.

Sen, A. K., 2000: Ökonomie für den Menschen. Wege zu Gerechtigkeit und Solidarität in der Marktwirtschaft. München, Wien: Hansa.

Senghaas, D., 1974: Elemente einer Theorie des peripheren Kapitalismus, Vorwort. in: D. Senghaas (Hg.), Peripherer Kapitalismus. Frankfurt a. M. Suhrkamp.

Senghaas, D., 1979a: Dissoziation und autozentrierte Entwicklung. 376–412. in: D. Senghaas (Hg.), Kapitalistische Weltökonomie. Frankfurt a. M.: Suhrkamp.

Senghaas, D., 1979b: Kapitalistische Weltökonomie. Frankfurt a. M.: Suhrkamp.

Senghaas, D., 1995: Über asiatische und andere Werte. Epd- Entwicklungspolitik 4.

Sennett, R., 1998: Der flexible Mensch. Berlin: Berlin Verlag.

Sennett, R., 2005: Die Kultur des neuen Kapitalismus. Ulm: Berlin Verlag.

Siebel, W., 2004: Stadtsoziologie: eine Einführung. Frankfurt a. M. [u. a.]: Campus.

Simmel, G., 1908a: Sociologische Studien. Berlin: Duncker & Humbolt.

Simmel, G., 1908b: Exkurs über den Fremden. 509–512 in: Soziologie. Untersuchgen über die Formen der Vergesellschaftung. Berlin: Duncker & Humbolt.

Simmel, G., 1989: Philosophie des Geldes (repr.). Frankfurt a. M.: Suhrkamp.

Smith, A., 1976: An Inquiry into the Nature and Causes of the Wealth of Nations [repr1776]. (Ed. by G. Stigler). Chicago: University of Chicago Press.

Soeffner, H.-G., 2003: Die Perspektive der Kultursoziologie. 171–194 in: K. E. Müller (Hg.), Phänomen Kultur. Perspektiven und Aufgaben der Kulturwissenschaft. Bielefeld: transcript.

Sombart, W., 1927: Der moderne Kapitalismus. 2 Bände. München, Leipzig: Duncker & Humbolt.

Spencer, H., 1851: Social Statics. London: Chapman.

Spencer, H., 1875: The social organism. 384–428 in: H. Spencer (Hg.), Illustrations of universal progress: A series of discussions. New York: D. Appleton & Company.

Spencer, H., 1972: On Social Evolution (orig1857). Chicago: Univ. of Chicago Press.

Spivak, G., 2008: Can the subaltern speak?: Postkolonialität und subalterne Artikulation. Wien: Turia + Kant.

Staniszkis, J., 1998: Post-Communism. A Sociological Analysis. Prokla 112, Osteu: 17–30.

Staniszkis, J., 1992: Continuity and change in post-communist Europe. Clingendael. The Hague: Netherlands Inst. of Internat. Relations.

Stark, D., 1994: Nicht nach Design: Rekombiniertes Eigentum im osteuropäischen Kapitalismus. Prokla 94: 127–142.

Stark, D. & L. Bruszt, 1990: Negotiating the institutions of democracy: contingent choices and strategic interactions in the Hungarian and Polish transitions. Working papers on transitions from state socialism; 90, 8. Ithaca, NY: Cornell Univ.

Stauth, G., 1998: Geschichte, Modernität, Fundamentalismus. Eisenstadts Zivilisationstheoretischer Ansatz zum vergleichenden Studium moderner fundamentalistischer Bewegungen. Nachwort. in: S. N. Eisenstadt (Hg.), Die Antinomien der Moderne. Frankfurt a. M.: Suhrkamp.

Stichweh, R., 2010: Der Fremde: Studien zur Soziologie und Sozialgeschichte. Berlin: Suhrkamp.

Stiglitz, J., 2002: Globalization and its Discontents. London: Norton.

Stinchcombe, A., 1992: Simmel Systematized. Theory and Society 21: 183–202.

Tatur, M., 1998: Ökonomische Transformation, Staat und moralische Ressourcen in post-sozialistischen Gesellschaften. Prokla 112: 334–374.

Taylor, C., 2001: Die Formen des Religiösen in der Gegenwart. Frankfurt a. M.: Suhrkamp.

Tetzlaff, R., 2000: Weltkulturen unter Globalisierungsdruck. Erfahrungen und Antworten aus den Kontinenten. Texte der Stiftung Entwicklung und Frieden. Bonn: Dietz.

Tibi, B., 2001: Die neue Weltunordnung. Westliche Dominanz und islamischer Fundamentalismus. München: Econ.

Toffler, A., 1980: The Third Wave. London: Pan.

Turner, B. S., 1974: Islam, Capitalism and the Weber Theses. The British Journal of Sociology 25: 230–243.

Varese, F., 1994: Is Sicily the Future of Russia? Private Protection and the Rise of the Russian Mafia. Archives Europeennes De Sociologie XXXV: 224–258.

Veblen, T., 1953: The Theory of Leisure Class (repr. 1899). New York: Mentor.

Wallacher, J., 2018: Ethische Maßstäbe für gerechte Regeln des Welthandels. Wirtschaftsdienst 98: 63–68.

Wallerstein, I., 1976: The modern world-system. Studies in social discontinuity. New York: Academic Press.

Wallerstein, I., 1979: Aufstieg und künftiger Niedergang des kapitalistischen Weltsystems. in: D. Senghaas (Hg.), Kapitalistische Weltökonomie. Frankfurt a. M.: Suhrkamp.

Wallerstein, I., 1980: The capitalist world-economy: essays. Studies in modern capitalism. Cambridge Eng.; New York: Cambridge University Press.

Wallerstein, I., 1986: Das moderne Weltsystem: kapitalistische Landwirtschaft und die Entstehung der europäischen Weltwirtschaft im 16. Jahrhundert. Frankfurt a. M.: Syndikat.

Wallerstein, I., 1995: Die Sozialwissenschaft »kaputtdenken«. Die Grenzen der Paradigmen des 19. Jahrhunderts. Weinheim: Beltz Athenäum.

Weber, M., 1968: The Religion of China. New York: Free Press.

Weber, M., 1978a: Hinduismus und Buddhismus – Gesammelte Aufsätze zur Religionssoziologie; 2. Auflage. Tübingen: Mohr.

Weber, M., 1978b: Economy and Society. Berkeley: Univ. of California Press.

Weber, M., 1985: Wirtschaft und Gesellschaft. Tübingen: Mohr.

Weber, M., 2006: Religion und Gesellschaft. Gesammelte Aufsätze zur Religionssoziologie. Frankfurt a. M.: Zweitausendeins.

Welzer, H., 2008: Klimakriege. Wofür im 21. Jahrhundert getötet wird. Bonn: bpb.

Wengrow, D. & D. Graeber, 2022: Anfänge: eine neue Geschichte der Menschheit. Berlin: ZpB, Zentralen für Politische Bildung.

Wilber, K., 2007: Integral Spirituality. Boulder, Colorado: shambala publications.

Williams, P. & L. Chrisman, 1994: Colonial Discourse and Post-Colonial Theory: An Introduction, in: dies. (ed.): Colonial Discourse and Post-Colonial Theory. A Reader. 1–20. New York: Columbia Univ. Press.

Wittfogel, K.-H., 1957: Oriental Despotism A Comparative Study of Total Power. New Haven: Yale University Press.

Zapf, W., 1979: Theorien sozialen Wandels. Königstein: Verlagsgruppe Athenaeum, Hain, Scriptor, Hanstein.

Zapf, W., 1992: Entwicklung und Zukuft moderner Gesellschaften. in: H. Korte & B. Schäfers (Hg.), Einführung in die Hauptbegriffe der Soziologie. Opladen: VS Verlag für Sozialwissenschaften.

Zapf, W., 1997: Entwicklung als Modernisierung. 31–45 in: M. Schulz (Hg.), Entwicklung. Die Perspektive der Entwicklungssoziologie. Opladen: Westdeutscher Verlag.

Ziai, A., 2004: Entwicklung als Ideologie?: Das klassische Entwicklungsparadigma und die Post-Development-Kritik: ein Beitrag zur Analyse des Entwicklungsdiskurses. Schriften des Deutschen Übersee-Instituts Hamburg; 61. Hamburg: DÜI.

Ziai, A., 2007: Development Discourse and Its Critics. An Introduction to Post-Development. 3–17 in: A. Ziai (Hg.), Exploring Post-Development. Theory, Practice, Problems and Perspectives. London: Routledge.

Ziemann, A., 2000: Die Brücke zur Gesellschaft, Erkenntniskritische und topographische Implikationen der Soziologie Georg Simmels. Konstanz: UVK.

Zimmerer, J., 2012: Geschichte des europäischen und deutschen Kolonialismus. Bonn: APuZ 62. Jg.

Zinn, K. G., 2015: Vom Kapitalismus ohne Wachstum zur Marktwirtschaft ohne Kapitalismus. Hamburg: VSA.